Die Mehrheitsentscheidung über
die Gewinnthesaurierung im
Personenhandelsgesellschaftskonzern

Europäische Hochschulschriften

European University Studies
Publications Universitaires Européennes

Reihe II	**Rechtswissenschaft**
Series II	Law
Série II	Droit

Band/Volume **5549**

Michael Knott

Die Mehrheitsentscheidung über die Gewinnthesaurierung im Personenhandelsgesellschaftskonzern

Zum Minderheitenschutz bei Grundlagenentscheidungen

PL ACADEMIC RESEARCH

Bibliografische Information der Deutschen Nationalbibliothek
Die Deutsche Nationalbibliothek verzeichnet diese Publikation in der Deutschen Nationalbibliografie; detaillierte bibliografische Daten sind im Internet über http://dnb.d-nb.de abrufbar.

Zugl.: Hamburg, Univ., Diss., 2013

D 18
ISSN 0531-7312
ISBN 978-3-631-64751-6 (Print)
E-ISBN 978-3-653-03520-9 (E-Book)
DOI 10.3726/978-3-653-03520-9

PL Academic Research ist ein Imprint der Peter Lang GmbH.
Peter Lang – Frankfurt am Main · Bern · Bruxelles · New York · Oxford · Warszawa · Wien

Dieses Buch wurde vor Erscheinen peer reviewed.

www.peterlang.com

Meinen Eltern

Vorwort

„Die Rechtswissenschaftliche Fakultät der Universität Hamburg hat diese Arbeit im Wintersemester 2012/2013 als Dissertation angenommen. Rechtsprechung und Literatur sind bis einschließlich Juli 2013 berücksichtigt. Mein besonderer Dank gilt meinem Doktorvater Herrn Prof. Dr. Heribert Hirte, LLM (Berkeley), der die Arbeit betreut hat. Herrn Prof. Dr. Reinhard Bork danke ich sehr für die zügige Erstellung des Zweitgutachtens, Herrn Prof. Dr. Dr. Dr. h.c. Klaus Hopt für die Teilnahme an der Disputation sowie Herrn Prof. Dr. Hans-Joachim Priester für die Bereitschaft zum Gespräch. Im Übrigen gilt mein Dank für wertvolle Diskussionen den damaligen Kollegen am Seminar für Handels-, Schifffahrts- und Wirtschaftsrecht der Rechtswissenschaftlichen Fakultät der Universität Hamburg, wo diese Arbeit hauptsächlich entstanden ist."

Inhaltsverzeichnis

Literaturverzeichnis

Altmeppen, Holger — Die Haftung des Managers im Konzern, München 1998.

Armbrüster, Christian — Nachschusspflicht im Personengesellschaftsrecht, ZGR 2009, 1-30.

Assmann, Heinz-Dieter — Der faktische GmbH-Konzern, in: Festschrift 100 Jahre GmbH-Gesetz, Köln 1992, S. 657-735.

Bamberger, Heinz Georg/ Roth, Herbert — Kommentar zum bürgerlichen Gesetzbuch, Bd. 1, 3. Aufl., München 2012.

Dies. — Kommentar zum bürgerlichen Gesetzbuch, Bd. 2, 3. Aufl., München 2012.

Baumbach, Adolf/ Hopt, Klaus — Handelsgesetzbuch, 35. Aufl., München 2012.

Baumbach, Adolf/ Hueck, Alfred — Gesetz betreffend die Gesellschaften mit beschränkter Haftung, 20. Aufl., München 2013.

Bayer, Walter — Der an der Tochter beteiligte Mehrheitsgesellschafter der Mutter: herrschendes Unternehmen? Zugleich Besprechung der Entscheidung BGHZ 148, 123 (MLP), ZGR 2002, 933-954.

Bayer, Wilhelm F. — Mehrstufige Unternehmensverbindungen, in: Beiträge zum Zivil- und Wirtschaftsrecht. Festschrift für Kurt Ballerstedt zum 70. Geburtstag am 24. Dezember 1975, Berlin 1975, S. 157-183.

Binnewies, Burkhard — Die Konzerneingangskontrolle in der abhängigen Gesellschaft, Köln [u.a.] 1996.

Bitter, Georg — Konzernrechtliche Durchgriffshaftung bei Personengesellschaften, Köln [u.a.] 2000.

Bork, Reinhard — Die Parteirollen im Streit um die Zugehörigkeit zu einer Personenhandelsgesellschaft, ZGR 1991, 125-143.

ders. — Zurechnung im Konzern, ZGR 1994, 237-265.

Cahn, Andreas — Die Holding als abhängiges Unternehmen? Zugleich Anmerkung zu BGH v. 18.6.2001 – II ZR 212/99 – „MLP“, AG 2002, 30-35.

Canaris, Claus-Wilhelm	Die Vertrauenshaftung im Lichte der Rechtsprechung des Bundesgerichtshofs, in: 50 Jahre Bundesgerichtshof, Festgabe aus der Wissenschaft, Band I. Bürgerliches Recht, München 2000, S. 129-197.
ders.	Schutzgesetze – Verkehrspflichten – Schutzpflichten, in: Festschrift für Karl Larenz zum 80. Geburtstag am 23. April 1983, München 1983, S. 27-110.
Canaris, Claus-Wilhelm/ Habersack, Mathias/ Schäfer, Carsten (Hrsg.)	Staub, Handelsgesetzbuch, Großkommentar, Dritter Band, §§ 105-160, 5. Aufl., Berlin 2009.
dies.	Staub, Handelsgesetzbuch, Großkommentar, Dritter Band, §§ 105-237, 4. Aufl., Berlin 1988 ff.
Casper, Matthias	Das Anfechtungsklageerfordernis im GmbH-Beschlußmängelrecht, ZHR 163 (1999), 54-86.
ders.	Die Heilung nichtiger Beschlüsse im Kapitalgesellschaftsrecht, Köln 1998.
Dauner-Lieb, Barbara	Die Existenzvernichtungshaftung als deliktische Innenhaftung. Besprechung der Entscheidung BGH DStR 2007, 1586 (TRIHOTEL), ZGR 2008, 34-47.
Drygala, Tim	Abschied vom qualifizierten faktischen Konzern – oder Konzernrecht für alle?, GmbHR 2003, 729-740.
ders.	Der Gläubigerschutz bei der typischen Betriebsaufspaltung, Köln 1991.
ders.	Gesellschafterregress im Personengesellschaftskonzern, in: Festschrift für Thomas Raiser zum 70. Geburtstag am 20. Februar 2005, Berlin 2005, S. 63-80.
Emmerich, Volker	Das Konzernrecht der Personengesellschaften – Rückblick und Ausblick, in: Festschrift für Walter Stimpel zum 68. Geburtstag am 29. November 1985, Berlin [u.a.] 1985, S. 743-757.
Emmerich, Volker/ Habersack, Mathias	Aktien- und GmbH-Konzernrecht, 6. Aufl., München 2010.
Ensthaler, Jürgen	Die Liquidation von Personengesellschaften. Gewinn- und Verlustverteilung bei der Liquidation der Gesellschaft und beim Ausscheiden eines Gesellschafters, Berlin 1985.

Fleischer, Holger	Aktienrechtliche Legalitätspflichten und „nützliche“ Pflichtverletzungen von Vorstandsmitgliedern, ZIP 2005, 141-152.
ders.	Grundfragen der ökonomischen Theorie im Gesellschafts- und Kapitalmarktrecht, ZGR 2001, 1-32.
ders.	Kompetenzüberschreitungen von Geschäftsleitern im Personen- und Kapitalgesellschaftsrecht. Schaden – rechtmäßiges Alternativverhalten – Vorteilsausgleichung, DStR 2009, 1204-1210.
ders.	Vorstandspflichten bei rechtswidrigen Hauptversammlungsbeschlüssen, BB 2005, 2025-2030.
Frey, Kaspar	Tod des einzigen Komplementärs – Besprechung der Entscheidung BGHZ 101, 123, ZGR 1988, 281-292.
Gelhausen, Friedrich/ Gelhausen, Wolf	Die „Zuweisung“ des Gewinns – eine neue bilanzrechtliche Kategorie? – Anmerkungen zum Urteil des EuGH vom 27.6.1996 in der Rechtssache C-234/94 Tomberger ./. Gebrüder von der Wettern GmbH, WPg 1996, 573-580.
Geßler, Ernst/ Hefermehl, Wolfgang/ Hildebrandt, Wolfgang/ Schröder, Georg/ Martens, Klaus-Peter/ Schmidt, Karsten (Hrsg.)	Schlegelberger, Handelsgesetzbuch, Band III, 1. Halbband, §§ 105-160, 5. Aufl., München 1992.
Goette, Wulf	Zur Verteilung der Darlegungs- und Beweislast der objektiven Pflichtwidrigkeit bei der Organhaftung, ZGR 1995, 648-674.
Goette, Wulf/Habersack, Mathias (Hrsg.)	Münchener Kommentar zum Aktiengesetz, Bd. 1, §§ 1-75, 3. Aufl., München 2008 (zitiert: MüKo).
dies	Münchener Kommentar zum Aktiengesetz, Bd. 4, §§ 179-277, 3. Aufl., München 2011 (zitiert: MüKo).
dies	Münchener Kommentar zum Aktiengesetz, Bd. 5, §§ 278-328, 3. Aufl., München 2010 (zitiert: MüKo).
Götze, Cornelius	„Gelatine” statt „Holzmüller” – Zur Reichweite ungeschriebener Mitwirkungsbefugnisse der Hauptversammlung, NZG 2004, 585-589.

Grunewald, Barbara	Gesellschaftsrecht, 7. Aufl., Tübingen 2008.
Haar, Brigitte	Die Personengesellschaft im Konzern. Privatautonomie zwischen Vertrag und Organisation, Tübingen 2006.
dies.	Unternehmensfinanzierung in der Personengesellschaft zwischen Kernbereich und Mehrheitsmacht. Grundlagengeschäfte im Lichte der „Otto"-Entscheidung des BGH vom 15. 1. 2007, NZG 2007, 601-605.
Habersack, Mathias	Die Mitgliedschaft – subjektives und ‚sonstiges' Recht, Tübingen 1996.
ders.	Mitwirkungsrechte der Aktionäre nach Macrotron und Gelatine, AG 2005, 137-149.
ders.	Unwirksamkeit „zustandsbegründender" Durchbrechungen der GmbH-Satzung sowie darauf gerichteter schuldrechtlicher Nebenabreden – Besprechung der Entscheidung BGH NJW 1993, 2246, ZGR 1994, 354-374.
Haertlein, Lutz	Vorstandshaftung wegen (Nicht-)Ausführung eines Gewinnverwendungsbeschlusses mit Dividendenausschüttung, ZHR 168 (2004), 437-467.
Henssler, Martin	Die Betriebsaufspaltung – Konzernrechtliche Durchgriffshaftung im Gleichordnungskonzern?, Besprechung des Urteils BAG ZIP 1999, 723, ZGR 2000, 479-502.
ders.	Die phasengleiche Aktivierung von Gewinnansprüchen im GmbH-Konzern, JZ 1998, 701-708.
ders.	Minderheitenschutz im faktischen GmbH-Konzern. Zugleich ein Plädoyer für die Aufwertung des Konzernabschlusses, in: Festschrift für Wolfgang Zöllner zum 70. Geburtstag, Köln 1998, S. 203-233.
Henze, Hartwig	Die Treuepflicht im Aktienrecht, BB 1996, 489-499.
ders.	Treuepflichten der Gesellschafter im Kapitalgesellschaftsrecht, ZHR 162 (1998), 186-196.
Hillers, Klaus	Personengesellschaft und Liquidation. Die Auswirkungen der Liquidation auf die vermögensrechtliche Stellung der Gesellschafter, Köln [u.a.] 1988.

Hirte, Heribert	Bezugsrechtsausschluß und Konzernbildung. Minderheitenschutz bei Eingriffen in die Beteiligungsstruktur der Aktiengesellschaft, Köln [u.a.], 1986.
ders.	Kapitalgesellschaftsrecht, 7. Aufl., Köln 2012 (zitiert: KapGesR).
Hoffmann, Wolf-Dieter	Anmerkung zu EuGH, Urteil vom 27.8.1996 – Rs. C 234/94, BB 1996, 1493-1494.
Hoffmann, Wolf-Dieter/ Sauter, Wolfgang	Vom Pyrrhussieg zur blinden Justitia? Anmerkungen und Beratungshinweise zum BGH-Urteil vom 17.2.1997 – II ZR 41/96 („Tomberger II"), GmbHR 1997, 639-642.
Hofstetter, Karl	Sachgerechte Haftungsregeln für multinationale Konzerne. Zur zivilrechtlichen Verantwortlichkeit von Muttergesellschaften im Kontext internationaler Märkte, Tübingen 1995.
Hommelhoff, Peter	Die Ergebnisverwendung in der GmbH nach dem Bilanzrichtliniengesetz, ZGR 1986, 418-437.
ders.	Die Konzernleitungspflicht. Zentrale Aspekte eines Konzernverfassungsrechts, Köln [u.a.] 1982.
ders.	Die qualifizierte faktische Unternehmensverbindung. Ihre Tatbestandsmerkmale nach dem TBB-Urteil und deren rechtsdogmatisches Fundament, ZGR 1994, 395-421.
ders.	Zur Kontrolle strukturändernder Gesellschafterbeschlüsse, ZGR 1990, 447-476.
Hopt, Klaus	Bilanz, Reservenbildung und Gewinnausschüttung bei der OHG und KG, in: Festschrift für Walter Odersky zum 65. Geburtstag am 17. Juli 1997, Berlin [u.a.] 1996, S. 799-822.
Hopt, Klaus/Wiedemann, Herbert (Hrsg.)	Aktiengesetz, Großkommentar, Zweiter Band, §§ 53a-75, 4. Aufl., Berlin 2000 ff. (zitiert: Großkomm z. AktG).
dies.	Aktiengesetz, Großkommentar, Dritter Band, §§ 76-94, 4. Aufl., Berlin 2003 ff. (zitiert: Großkomm z. AktG).
dies.	Aktiengesetz, Großkommentar, Sechster Band, §§ 150-220, 4. Aufl., Berlin 1993 ff. (zitiert: Großkomm z. AktG).

dies.	Aktiengesetz, Großkommentar, 6. Lfg., §§ 241-255, 4. Aufl., Berlin 1996. (zitiert: Großkomm z. AktG).
Huber, Ulrich	Freie Rücklagen in Kommanditgesellschaften, in: Gedächtnisschrift für Brigitte Knobbe-Keuk, Köln 1997, S. 203-227.
ders.	Gesellschafterkonten in der Personengesellschaft, ZGR 1988, 1-103.
ders.	Vermögensanteil, Kapitalanteil und Gesellschaftsanteil an Personalgesellschaften des Handelrechts, Heidelberg 1970.
Hüffer, Uwe	Aktiengesetz,10. Aufl., München 2012.
ders.	Zur Darlegungs- und Beweislast bei der aktienrechtlichen Anfechtungsklage, in: Festschrift für Hans-Joachim Fleck zum 70. Geburtstag am 30. Januar 1988, Berlin [u.a.] 1988, S. 151-167.
ders.	Zur gesellschaftsrechtlichen Treuepflicht als richterrechtlicher Generalklausel, in: Festschrift für Ernst Steindorff zum 70. Geburtstag am 13. März 1990, Berlin [u.a.] 1990, S. 59-78.
ders.	100 Bände BGHZ: Personengesellschaftsrecht, ZHR 151 (1987), 396-421.
Hüttemann, Rainer	Leistungsstörungen bei Personengesellschaften, Köln 1998.
Ihrig, Hans-Christoph	Reformbedarf beim Haftungstatbestand des § 93 AktG, WM 2004, 2098-2107.
Immenga, Ulrich	Bindung von Rechtsmacht durch Treuepflichten, in: Festschrift 100 Jahre GmbH-Gesetz, Köln 1992, S. 189-208.
ders.	Die Minderheitsrechte des Kommanditisten, ZGR 1974, 385-426.
Joost, Detlev/Strohn, Lutz (Hrsg.)	Ebenroth/Boujong/Joost/Strohn, Handelsgesetzbuch, Band 1, §§ 1-342e, München 2008.
Jungkurth, Frank	Konzernleitung bei der GmbH. Die Pflichten des Geschäftsführers, Berlin 2000.

Keller, Mathias	„Phasengleiche" Aktivierung der Gewinne von Tochtergesellschaften im Jahresabschluss der Muttergesellschaft, WM 2000, 229-235.
Kirchner, Christian	Ökonomische Überlegungen zum Konzernrecht, ZGR 1985, 214-234.
Kleindiek, Detlef	Strukturvielfalt im Personengesellschafts-Konzern. Rechtsformspezifische und rechtsformübergreifende Aspekte des Konzernrechts, Köln [u.a.] 1991.
Koppensteiner, Hans-Georg	Zur konzernrechtlichen Behandlung von BGB-Gesellschaftern und Gesellschaften, in: Festschrift für Peter Ulmer zum 70. Geburtstag am 2. Januar 2003, Berlin 2003, S. 349-363.
Köster, Bernd	Anfechtungs- und Nichtigkeitsklage gegen Gesellschafterbeschlüsse bei OHG und KG, Göttingen 1981.
Kronstein, Heinrich	Die Anwendbarkeit der §§ 311 ff. AktG über die Verantwortlichkeit im „faktischen Konzern" bei mehrstufigen Unternehmensverbindungen, BB 1976, 637-644.
Kropff, Bruno	Bilanzpolitisch motivierte Rechtsgeschäfte im Jahresabschluss, in: Rechtliche Vorfragen im Jahresabschluß, Düsseldorf 1991, S. 9-33.
ders.	Der GmbH-Beherrschungsvertrag: Voraussetzung für den Vorrang von Konzerninteressen?, in: Festschrift für Johannes Semler zum 70. Geburtstag am 28. April 1993. Unternehmen und Unternehmensführung im Recht, Berlin 1993, S. 517-540.
Kropff, Bruno	Phasengleiche Gewinvereinnahmung aus der Sicht des Europäischen Gerichtshofs – zugleich Besprechung der Entscheidung EuGH ZIP 1996, 1168, ZGR 1997, 115-128.
Kübler, Bruno	Die Gesellschaftersteuerpflicht thesaurierter Gewinne bei der GmbH & Co. KG, DB 1972, 942-945.
Kübler, Friedrich/ Assmann, Heinz-Dieter	Gesellschaftsrecht. Die privatrechtlichen Ordnungsstrukturen und Regelungsprobleme von Verbänden und Unternehmen, 6. Aufl., Heidelberg 2006.

Kütting, Karlheinz | Die phasengleiche Dividendenvereinnahmung nach der EuGH–Entscheidung „Tomberger“ – Zugleich ein Plädoyer für die Equity-Methode auch im Einzelabschluß, DStR 1996, 1947-1952.

Kütting, Karlheinz/ Tesche, Thomas | Der Stetigkeitsgrundsatz im verabschiedeten neuen deutschen Bilanzrecht, DStR 2009, 1491-1498.

Lakner, Yves | Der mehrstufige Konzern, Köln [u.a.] 2005.

Laule, Gerhard | Der herrschende Kommanditist als unbeschränkt haftendes Unternehmen?, in: Festschrift für Johannes Semler zum 70. Geburtstag am 28. April 1993. Unternehmen und Unternehmensführung im Recht, Berlin 1993, S. 541-560.

Leenen, Marcus | „Bestimmtheitsgrundsatz“ und Vertragsänderungen durch Mehrheitsbeschluß im Recht der Personengesellschaften, in: Festschrift für Karl Larenz zum 80. Geburtstag am 23. April 1983, München 1983, S. 371-393.

Liebscher, Thomas | Konzernbildungskontrolle. Rechtsformspezifische und rechtsformunabhängige Aspekte der Problematik eines konzernrechtlichen Präventivschutzes im Rahmen des Konzernierungsprozesses, Berlin 1995.

Limmer, Peter | Die Haftungsverfassung des faktischen GmbH-Konzerns. Haftungsrechtliche Konsequenzen von Konzernleitung und –organisation, Köln 1992.

Lockowandt, Peter | Stimmrechtsbeschränkungen im Recht der Personengesellschaften. Kernbereichslehre und Stimmrechtsausschluß, Berlin 1996.

Löffler, Joachim | Der Kernbereich der Mitgliedschaft als Schranke für Mehrheitsbeschlüsse bei Personengesellschaften, NJW 1989, 2656-2662.

ders. | Die abhängige Personengesellschaft: beherrschender Einfluß und Konzernherrschaft bei Personengesellschaften, Heidelberg 1988.

Lutter, Marcus | Die Business Judgment Rule und ihre praktische Anwendung, ZIP 2007, 841-848.

ders. | Die Treuepflicht des Aktionärs, ZHR 153 (1989), 446-471.

ders.	Materielle und förmliche Erfordernisse eines Bezugsrechtsausschlusses – Besprechung der Entscheidung BGHZ 71, 40 (Kali + Salz), ZGR 1979, 401-418.
ders.	Organzuständigkeiten im Konzern, in: Festschrift für Walter Stimpel zum 68. Geburtstag am 29. November 1985, Berlin [u.a.] 1985, S. 825-854.
ders.	Rücklagenbildung im Konzern, in: Festschrift zum 65. Geburtstag von Dr. Dr. h.c. Reinhard Goerdeler, Düsseldorf 1987, S. 327-384.
ders.	Theorie der Mitgliedschaft – Prolegomena zu einem Allgemeinen Teil des Korporationsrechts, AcP 180 (1980), 84-159.
ders.	Treuepflichten und ihre Anwendungsprobleme, ZHR 162 (1998), 164-185.
ders.	Zur Binnenstruktur des Konzerns, in: Festschrift für Harry Westermann zum 65. Geburtstag, Karlsruhe 1974, S. 347-368.
ders.	Zur inhaltlichen Begründung von Mehrheitsentscheidungen – Besprechung der Entscheidung BGH WM 1980, 378, ZGR 1981, 171-182.
Lutter, Marcus/ Drygala, Tim	Grenzen der Personalverflechtung und Haftung im Gleichordnungskonzern, ZGR 1995, 557-577.
Lutter, Marcus/ Leinekugel, Rolf	Kompetenzen von Hauptversammlung und Gesellschafterversammlung beim Verkauf von Unternehmensteilen, ZIP 1998, 225-232.
Marburger, Peter	Abschied vom Bestimmtheitsgrundsatz im Recht der Personengesellschaften?, NJW 1984, 2252-2258.
ders.	Zum „Verzicht“ auf den Bestimmtheitsgrundsatz in einer Personenhandelsgesellschaft – Besprechung der Entscheidung BGH NJW 1988, 411, ZGR 1989, 146-155.
Martens, Klaus-Peter	Bestimmtheitsgrundsatz und Mehrheitskompetenzen im Recht der Personengesellschaften, DB 1973, 413-420.

ders.	Der Ausschluß des Bezugsrechts: BGHZ 33, S. 175. Zum Interesse an wirtschaftlicher Selbstständigkeit, in: Festschrift für Robert Fischer, Berlin [u.a.] 1979, S. 437-460.
ders.	Die Entscheidungsautonomie des Vorstands und die „Basisdemokratie“ in der Aktiengesellschaft. Anmerkungen zu BGHZ 83, S. 122 („Holzmüller“), ZHR 147 (1983), 377-428.
ders.	Die GmbH und der Minderheitenschutz, GmbHR 1984, 265-272.
Menk, Renate	Das Verhältnis des Bestimmtheitsgrundsatzes zur Kernbereichslehre im Recht der offenen Handelsgesellschaft, Hamburg 1976.
Mertens, Hans-Joachim	Die Geschäftsführerhaftung in der GmbH und das ITT-Urteil, Festschrift für Robert Fischer, Berlin [u.a.] 1979, S. 461-475.
Michalski, Lutz	Kommentar zum Gesetz betreffend die Gesellschaften mit beschränkter Haftung, Bd. 1, 2. Aufl., München 2010.
Moxter, Adolf	Bilanzrechtsprechung, 6. Aufl., Tübingen 2007.
ders.	Phasengleiche Dividendenaktivierung. Der Große Senat des BFH im Widerstreit zu den handelsrechtlichen GoB, DB 2000, 2333-2336.
Mülbert, Peter	Aktiengesellschaft, Unternehmensgruppe und Kapitalmarkt, 2. Aufl., München 1996.
Mülbert, Peter/ Gramse, Gerold	Gesellschafterbeschlüsse bei der rechtsfähigen Personengesellschaft, WM 2002, 2085-2094.
Müller-Freienfels, Wolfram	Die Lehre vom sogenannten „Durchgriff“ bei juristischen Personen im Privatrecht, AcP 156 (1957), 522-542.
Noack, Ulrich	Fehlerhafte Beschlüsse in Gesellschaften und Vereinen, Köln [u.a.] 1989.
Palandt, Otto (Begr.)	Bürgerliches Gesetzbuch, 72. Aufl., München 2013.
Paschke, Marian	Rechtsfragen der Durchgriffsproblematik im mehrstufigen Unternehmensverbund, AG 1988, 196-206.

Pellens, Bernhard/ Amshoff, Holger/ Schmidt, André	Konzernsichtweisen in der Rechnungslegung und im Gesellschaftsrecht. Zur Übertragbarkeit des betriebswirtschaftlichen Konzernverständnisses auf Ausschüttungsregulierungen, ZGR 2009, 231-276.
Priester, Hans-Joachim	Feststellung des Jahresabschlusses bei der Personenhandelsgesellschaft – Gesellschaftervereinbarung oder Organbeschluß?, in: Festschrift für Walther Hadding zum 70. Geburtstag am 8. Mai 2004, Berlin 2004, S. 607-619.
ders.	„Holzmüller" im GmbH-Recht, in: Festschrift für Harm Peter Westermann zum 70. Geburtstag, Köln 2008, S. 1281-1294.
ders.	Jahresabschlussfeststellung bei Personengesellschaften – Grundlagengeschäft? – Mehrheitsregeln – Thesaurierung im Konzern, DStR 2007, 28-32.
ders.	Satzungsänderung und Satzungsdurchbrechung. Voraussetzung und Grenzen satzungsdurchbrechender Beschlüsse, ZHR 151 (1987), 40-57.
ders.	Stille Reserven und offene Rücklagen bei Personengesellschaften, in: Festschrift für Karlheinz Quack zum 65. Geburtstag am 3. Januar 1991, Berlin 1991, S. 373-396.
ders.	Unbeschränkte Konzernhaftung des GmbH-Gesellschafters, ZIP 1986, 137-145.
Rebmann, Kurt/Säcker, Franz Jürgen/Rixecker, Roland (Hrsg.)	Münchener Kommentar zum Bürgerlichen Gesetzbuch, Band 1, §§ 1-240, 6. Aufl., München 2006 (zitiert: MüKo).
dies.	Münchener Kommentar zum Bürgerlichen Gesetzbuch, Band 2, §§ 241-432, 6. Aufl., München 2012 (zitiert: MüKo).
dies.	Münchener Kommentar zum Bürgerlichen Gesetzbuch, Band 5, §§ 705-853, 5. Aufl., München 2009 (zitiert: MüKo).
Rehbinder, Eckard	Ausgründung und Erwerb von Tochtergesellschaften und Rechte der Aktionäre, in: Europäisches Rechtsdenken in Geschichte und Gegenwart. Festschrift für Helmut Coing zum 70. Geburtstag, Bd. 2, München 1982, S. 423-439.

ders.	Gesellschaftsrechtliche Probleme mehrstufiger Unternehmensverbindungen, ZGR 1977, 581-649.
Reuter, Dieter	Die Persongesellschaft als abhängiges Unternehmen, ZHR 146 (1982), 1-29.
Rowedder, Heinz/ Schmidt-Leithoff, Christian (Hrsg.)	Gesetz betreffend die Gesellschaften mit beschränkter Haftung. Kommentar, 5. Aufl., München 2013.
Riegger, Bodo (Hrsg.)	Münchener Handbuch des Gesellschaftsrechts, Bd. 2, 3. Aufl., München 2009 (zitiert: Münch. Hb. GesR II).
Röhricht, Volker	Die GmbH im Spannungsfeld zwischen wirtschaftlicher Dispositionsfreiheit ihrer Gesellschafter und Gläubigerschutz, in: Festschrift aus Anlass des fünfzigjährigen Bestehens von Bundesgerichtshof, Bundesanwaltschaft und Rechtsanwaltschaft beim Bundesgerichtshof, Köln [u.a.] 2000, S. 83-122.
Röhricht, Volker/ Graf von Westphalen, Friedrich (Hrsg.)	Handelsgesetzbuch, Kommentar, 3. Aufl., Köln 2008.
Röttger, Robert	Die Kernbereichslehre im Recht der Personenhandelsgesellschaften, Heidelberg 1989.
Rutke, Wolfgang	Entnahmerechte der Komplementäre in Personenhandelsgesellschaften, Gießen 1983.
Schäfer, Hans-Bernd/ Ott, Claus	Lehrbuch der ökonomischen Analyse des Zivilrechts, 4. Aufl., Berlin [u.a.] 2005.
Schießl, Maximilian	Die beherrschte Personengesellschaft, Köln 1985.
Schilling, Wolfgang	Grundlagen eines GmbH-Konzernrechts, in: Strukturen und Entwicklungen im Handels-, Gesellschafts- und Wirtschaftsrecht. Festschrift für Wolfgang Hefermehl zum 70. Geburtstag am 18. September 1976, München 1976, S. 383-403.
Schlosser, Peter	Gestaltungsklagen und Gestaltungsurteile, Bielefeld [u.a.] 1966.
Schlüter, Wilfried	Die Vertretungsmacht des Gesellschafters und die „Grundlagen der Gesellschaft“, Köln [u.a.] 1965.

Schmidt, Karsten	Die Beschlussanfechtung bei Vereinen und Personengesellschaften. Ein Beitrag zur Institutionenbildung im Gesellschaftsrecht, in: Festschrift für Walter Stimpel zum 68. Geburtstag am 29. November 1985, Berlin [u.a.] 1985, S. 217-243.
ders.	Die Handels-Personengesellschaft in Liquidation, ZHR 153 (1989), 270-299.
ders.	Fehlerhafte Beschlüsse in Gesellschaften und Vereinen (I) – Nichtigkeit, Anfechtbarkeit u. Nichtigerklärung als Strukturprinzipien des inneren Verbandsrechts, AG 1977, 205-210.
ders.	Gesellschaftsrecht, 4. Aufl., Köln [u.a.] 2002 (zitiert: GesR).
ders.	Gleichordnung im Konzern: terra incognita? Vorstudien zu einem Recht der Konzernschwestern, ZHR 155 (1991), 417-446.
ders.	Handelsrecht, 5. Aufl., Köln [u.a.] 1999 (zitiert: HandR).
ders.	Informationsrechte in Gesellschaften und Verbänden, Heidelberg 1984 (zitiert: Informationsrechte).
ders.	Konzernhaftung oder mitgliedschaftliche Haftung des privaten GmbH-Gesellschafters?, ZIP 1986, 146-149.
ders.	Konzernunternehmen, Unternehmensgruppe und Konzern-Rechtsverhältnis – Gedanken zum Recht der verbundenen Unternehmen nach §§ 15 ff., 291 ff. AktG, in: Festschrift für Marcus Lutter zum 70. Geburtstag. Deutsches und europäisches Gesellschafts-, Konzern- und Kapitalmarktrecht, Köln 2000, S. 1167-1192.
ders.	Mehrheitsbeschlüsse in Personengesellschaften, ZGR 2008, 1-33.
ders.	Mehrheitsregelungen in GmbH & Co.-Verträgen. Verständnis oder Mißverständnis des „Bestimmtheitsgrundsatzes“?, ZHR 158 (1994), 205-228.
ders.	Sternförmige GmbH & Co. KG und horizontaler Haftungsdurchgriff – Gedanken zum Stand der Gerichtspraxis, Festschrift für Herbert Wiedemann zum 70. Geburtstag, München 2002, S. 1199-1221.

ders.	Vermögensveräußerungen aus der Personengesellschaft. ein Lehrstück am Rande des neuen Umwandlungsrechts – Besprechung der Entscheidung BGH NJW 1995, 596, ZGR 1995, 675-687.
ders. (Hrsg.)	Münchener Kommentar zum Handelsgesetzbuch, Band 2, §§ 105–160, 3. Aufl., München 2011 (zitiert: MüKo).
ders. (Hrsg.)	Münchener Kommentar zum Handelsgesetzbuch, Band 3, §§ 161–237, 3. Aufl., München 2012 (zitiert: MüKo).
ders. (Hrsg.)	Münchener Kommentar zum Handelsgesetzbuch, Band 4, §§ 238-342e, 3. Aufl., München 2013 (zitiert: MüKo).
Schneider, Uwe H.	Das Recht der Konzernfinanzierung, ZGR 1984, 497-537.
ders.	Die Personengesellschaft als herrschendes Unternehmen im Konzern. Ein Beitrag zum Konzernrecht der Personengesellschaften, ZHR 143 (1979), 485-521.
ders.	Konzernleitung als Rechtsproblem. Überlegungen zu einem Konzernverfassungsrecht, BB 1981, 249-259.
ders.	Zur Wahrnehmung von Mitgliedschaftsrechten an Tochtergesellschaften einer Personengesellschaft, in: Recht und Wirtschaft in Geschichte und Gegenwart. Festschrift für Johannes Bärmann zum 70. Geburtstag, München 1975, S. 873-892.
Scholz, Franz (Begr.)	Kommentar zum GmbH-Gesetz, I. Band, §§ 1-34, 11 Aufl., Köln 2012.
ders.	Kommentar zum GmbH-Gesetz mit Anhang Konzernrecht, II. Band, §§ 34-52, 10 Aufl., Köln 2007.
Schön, Wolfgang	Bilanzkompetenzen und Ausschüttungsrechte in der Personengesellschaft, in: Festschrift zum 70. Geburtstag von Heinrich Beisse, Düsseldorf 1997, S. 471-489.
Schruff, Wienand	Zur Bilanzierung von Beteiligungserträgen nach dem Urteil des EuGH vom 27. Juni 1996, in: Jahresabschluß und Jahresabschlussprüfung. Probleme, Perspektiven, internationale Einflüsse. Festschrift zum 60. Geburtstag von Jörg Baetge, Düsseldorf 1997, S. 428-445.

Schulze-Osterloh, Joachim	Das Grundlagengeschäft zwischen Geschäftsführungsmaßnahme und Änderung des Gesellschaftsvertrages, in: Festschrift für Walther Hadding zum 70. Geburtstag am 8. Mai 2004, Berlin 2004, S. 637-653.
ders.	Bilanzierungsentscheidungen bei der Personenhandelsgesellschaft und ihre Auswirkungen auf die Haftung des Kommanditisten und das Abfindungsguthaben auf Grund einer Buchwertklausel, BB 1997, 1783-1789.
ders.	Gewinn oder Verlust der Personenhandelsgesellschaft, in: Festschrift für Karsten Schmidt zum 70. Geburtstag, Köln 2009, S. 1447-1454.
ders.	Vorabentscheidung des Europäischen Gerichtshofs zum Handelsbilanzrecht – zugleich Besprechung der Entscheidung BGH ZIP 1994, 1259, ZGR 1995, 170-189.
Schulze zur Wiesch, Dietrich	Bilanzpolitik durch Sachverhaltsgestaltung – Tendenzen und Grenzen, in: 50 Jahre Wirtschaftsprüferberuf. Bericht über die Jubiläumsfachtagung vom 21. - 23. Oktober 1981 in Berlin, Düsseldorf 1981, S. 61-70.
Servatius, Wolfgang	Strukturmaßnahmen als Unternehmensleitung. die Vorstandspflichten bei unternehmerischen Entscheidungen der Hauptversammlung, Köln [u.a.] 2004.
Siebert, Wolfgang (Hrsg.)	Soergel, Bürgerliches Gesetzbuch mit Einführungsgesetz und Nebengesetzen, Band 2, §§ 104-240, 13. Aufl., Stuttgart 1999.
Sieker, Susanne	Die Personengesellschaft ohne Eigenkapital – ein juristischer Scherz?, ZIP 2007, 849-857.
ders.	Eigenkapital und Fremdkapital der Personengesellschaft. Gesellschaftsrecht, Steuerrecht, Bilanzierungsfragen, Köln [u.a.] 1991.
Spindler, Gerald/Stilz, Eberhard (Hrsg.)	Kommentar zum Aktiengesetz, Bd. 1, 2. Aufl., München 2010.
dies. (Hrsg.)	Kommentar zum Aktiengesetz, Bd. 2, 2. Aufl., München 2010.
Starck, Christian (Hrsg.)	v. Mangoldt/Klein/Starck, Kommentar zum Grundgesetz, Bd. 1, Präambel, Artikel 1-19, 6. Aufl., München 2010.

Staudinger, Julius (Begr.)	J. von Staudingers Kommentar zum Bürgerlichen Gesetzbuch mit Einführungsgesetz und Nebengesetzen, Erstes Buch. Allgemeiner Teil, §§ 21-103, Dreizehnte Bearbeitung, Berlin 1995.
ders. (Begr.)	J. von Staudingers Kommentar zum Bürgerlichen Gesetzbuch mit Einführungsgesetz und Nebengesetzen, Buch 1 Allgemeiner Teil, §§ 134-163, Neubearbeitung 2003, Berlin 2003.
ders. (Begr.)	J. von Staudingers Kommentar zum Bürgerlichen Gesetzbuch mit Einführungsgesetz und Nebengesetzen, Zweites Buch. Recht der Schuldverhältnisse, §§ 652-704, Dreizehnte Bearbeitung, Berlin 1995.
Stein, Friedrich/ Jonas, Martin (Begr.)	Kommentar zur Zivilprozessordnung, Band 4, §§ 253-327, 22. Aufl., Tübingen 2008.
Stimpel, Walter	Die Rechtsprechung des Bundesgerichtshofs zur Innenhaftung des herrschenden Unternehmens im GmbH-Konzern, AG 1986, 117-123.
Strieder, Thomas	Phasengleiche Bilanzierung – Voraussetzungen, Gestaltungsmöglichkeiten und Ergebnisausweis, DZWir 1997, 183-188.
Strohn, Lutz	Die Verfassung der Aktiengesellschaft im faktischen Konzern. Zur Harmonisierung des § 311 ff. AktG mit den allgemeinen Bestimmungen des Aktienrechts, Köln [u.a.] 1977.
Thesauro, Guiseppe	Schlussanträge des Generalanwalts vom 25.1.1996 – EuGH Rs. C-234/94, DB 1996, 316-319.
Tieves, Johannes	Der Unternehmensgegenstand der Kapitalgesellschaft, Heidelberg 1997.
Timm, Wolfram	Die Aktiengesellschaft als Konzernspitze. Die Zuständigkeitsordnung bei der Konzernbildung und Konzernumbildung, Köln [u.a.] 1980.
ders.	Zur Sachkontrolle von Mehrheitsentscheidungen im Kapitalgesellschaftsrecht – dargestellt am Beispiel „strukturverändernder Entscheidungen“, ZGR 1987, 403-442.
Tröger, Tobias	Anreizorientierte Vorstandsvergütungen im faktischen Aktienkonzern, ZGR 2009, 447-473.

ders.	Treuepflicht im Konzernrecht, Köln 2000.
Ulmer, Peter	Der Gläubigerschutz im faktischen GmbH-Konzern beim Fehlen von Minderheitsgesellschaftern, ZHR 148 (1984), 391-427.
ders.	Gewinnanspruch und Thesaurierung in OHG und KG, in: Festschrift für Marcus Lutter zum 70. Geburtstag, Köln 2000, S. 935-954.
ders.	Gläubigerschutz im "qualifizierten" faktischen GmbH-Konzern. Bemerkungen zum "Autokran"-Urteil des BGH vom 16. 9. 1985, NJW 1986, 1579-1586.
Ulmer, Peter/Habersack, Mathias/Winter, Martin (Hrsg.)	Gesetz betreffend die Gesellschaften mit beschränkter Haftung. Großkommentar, Band I, §§ 1-28, 2. Auflage, Tübingen 2013.
dies.	Gesetz betreffend die Gesellschaften mit beschränkter Haftung. Großkommentar, Band II, §§ 29-52, Tübingen 2006.
Volhard, Rüdiger	Eigenverantwortlichkeit und Folgepflicht. Muß der Vorstand anfechtbare oder angefochtene Hauptversammlungsbeschlüsse ausführen und verteidigen?, ZGR 1996, 55-81.
Vetter, Eberhard	Die Geltung von § 293 Abs. 2 AktG beim Unternehmensvertrag zwischen herrschender AG und abhängiger GmbH, AG 1993, 168-173.
Watermeyer, Heinrich	Pflicht zur phasengleichen Bilanzierung über „Tomberger" hinaus?, GmbHR 1998, 1061-1067.
Wertenbruch, Johannes	Beschlussfassung in Personengesellschaft und KG-Konzern, ZIP 2007, 798-803.
ders.	Beschlussfassung und Pflichtverletzungen im Stimmrechtskonsortium, NZG 2009, 645-649.
ders.	Quorumsabänderung und zweistufige Beschlusskontrolle ohne Bestimmtheitsgrundsatz, NZG 2013, 641-646.
Westermann, Harm Peter	Das Gesellschaftsrecht zwischen bürgerlichem Recht, Steuerrecht und Bilanzrecht, in: Festschrift zum 65. Geburtstag von Dr. Dr. h.c. Reinhard Goerdeler, Düsseldorf 1987, S. 697-722.

ders.	Grundfragen der Rechtsfortbildung im Aktienkonzernrecht, in: Festschrift für Klemens Pleyer zum 65. Geburtstag, Köln [u.a.] 1986, S. 421-444.
ders.	Organzuständigkeit bei Bildung, Erweiterung und Umorganisation des Konzerns, ZGR 1984, 352-382.
Westermann, Harry	Zur Problematik der Rücklagen der Personenhandelsgesellschaft, in: Festschrift für Ernst von Caemmerer zum 70. Geburtstag, Tübingen 1978, S. 657-670.
Wiedemann, Herbert	Beschränkte und unbeschränkte Kommanditistenhaftung, in: Recht und Wirtschaft in Geschichte und Gegenwart: Festschrift für Johannes Bärmann zum 70. Geburtstag, München 1975, S. 1037-1056.
ders.	Die Personengesellschaft – Vertrag oder Organisation?, ZGR 1996, 286-299.
ders.	Die Übertragung und Vererbung von Mitgliedschaftsrechten bei Handelsgesellschaften, München 1965 (zitiert: Übertragung).
ders.	Die Unternehmensgruppe im Privatrecht. Methodische und sachliche Probleme des deutschen Konzernrechts, Tübingen 1988 (zitiert: Unternehmensgruppe).
ders.	Entwicklungen im Kapitalgesellschaftsrecht, DB 1993, 141-153.
ders.	Erfahrungen mit der Gestaltungsfreiheit im Gesellschaftsrecht, in: Gestaltungsfreiheit im Gesellschaftsrecht, ZGR Sonderheft 13, 5-32.
ders.	Gesellschaftsrecht, Bd. 1, Grundlagen, München 1980 (zitiert: GesR I).
ders.	Gesellschaftsrecht, Bd. 2, Recht der Personengesellschaften, München 2004 (zitiert: GesR II).
ders.	Rechte und Pflichten des Personengesellschafters, WM 1992, Sonderbeilage 7, 1-54.
ders.	Rechtsethische Maßstäbe im Unternehmens- und Gesellschaftsrecht, ZGR 1980, 147-176.
ders.	Zu den Treuepflichten im Gesellschaftsrecht, in: Festschrift für Theodor Heinsius zum 65. Geburtstag am 25. September 1991, Berlin [u.a.] 1991, S. 949-966.

ders.	Zur Selbstständigkeit der BGB-Gesellschaft, in: Festschrift für Alfred Kellermann zum 70. Geburtstag am 29. November 1990, Berlin [u.a.] 1991, S. 529-546.
Wiedemann, Herbert/ Hirte, Heribert	Konzernrecht, in: 50 Jahre Bundesgerichtshof, Festgabe aus der Wissenschaft, Band II. Handels- und Wirtschaftsrecht, Europäisches und Internationales Recht, München 2000, S. 337-386.
Wimmer-Leonhardt, Susanne	Konzernhaftungsrecht. Die Haftung der Konzernmuttergesellschaft für die Tochtergesellschaften im deutschen und englischen Recht, Tübingen 2004.
Windbichler, Christine	Schadenersatzansprüche des stillen Gesellschafters – Besprechung der Entscheidung BGH WM 1987, 1193 ff, ZGR 1989, 434-444.
Winnefeld, Robert	Bilanz-Handbuch. Handels- und Steuerbilanz, rechtsformspezifisches Bilanzrecht, bilanzielle Sonderfragen, Sonderbilanzen, IAS/US-GAAP, 4. Aufl., München 2006.
Winter, Martin	Mitgliedschaftliche Treuebindungen im GmbH-Recht, München 1988.
Zöllner, Wolfgang	Die Anpassung von Personengesellschaftsverträgen an veränderte Umstände, Heidelberg [u.a.] 1979 (zitiert: Anpassung).
ders.	Die Schranken mitgliedschaftlicher Stimmrechtsmacht bei den privatrechtlichen Personenverbänden, München [u.a.] 1963 (zitiert: Schranken).
ders.	Die sogenannten Gesellschafterklagen im Kapitalgesellschaftsrecht, ZGR 1988, 392-440.
ders.	Inhalt und Wirkung von Beherrschungsverträgen bei der GmbH, ZGR 1991, 173-202.
ders.	Satzungsdurchbrechung, in: Festschrift für Hans-Joachim Priester zum 70. Geburtstag, Köln 2007, S. 879-893.
ders.	Schutz der Aktionärsminderheit bei einfacher Konzernierung, in: Aktien- und Bilanzrecht. Festschrift für Bruno Kropff, Düsseldorf 1997, S. 333-346.
ders.	Treupflichtgesteuertes Aktienkonzernrecht, ZHR 162 (1998), 235-248.

ders.	Zur Problematik der aktienrechtlichen Anfechtungsklage, AG 2000, 145-157.
Zöllner, Wolfgang/ Noack, Ulrich (Hrsg.)	Kölner Kommentar zum Aktiengesetz, Band 6, §§ 15-22, 291-328, 3. Aufl., Köln [u.a.] 2004 (zitert: KK z. AktG).
dies.	Kölner Kommentar zum Rechnungslegungsrecht, §§ 238-342e HGB, Köln 2011 (zitiert: KK z. RLR).
Ganske, Joachim	Umwandlungsrecht. Textausgabe des Umwandlungsgesetzes (UmwG) vom 28. Oktober 1994 (Bundesgesetzblatt I S. 3210) und des Umwandlungssteuergesetzes (UmwStG) vom 28. Oktober 1994 (Bundesgesetzblatt I S. 3267), 2. Aufl., Düsseldorf 1995.
Kropff, Bruno	Aktiengesetz. Textausgabe des Aktiengesetzes vom 6.9.1965 (Bundesgesetzbl. I S. 1089) und des Einführungsgesetzes zum Aktiengesetz vom 6.9.1965 (Bundesgesetzbl. I S. 1185) mit Begründung des Regierungsentwurfs, Bericht des Rechtsausschusses des Deutschen Bundestags, Verweisungen und Sachverzeichnis, Düsseldorf 1965.
Schubert, Werner (Hrsg.)	Quellen zum Handelgesetzbuch von 1897, Frankfurt am Main 1986-1988.
	Motive zu dem Entwurfe eines Bürgerlichen Gesetzbuches für das Deutsche Reich, Band II, Recht der Schuldverhältnisse, Amtliche Ausgabe, Berlin und Leipzig 1988, Nachdruck 1983.

Einleitung

Im sog. Otto-Urteil vom Januar 2007 (BGHZ 170, 283) behandelt der Bundesgerichtshof wichtige Fragen der Kompetenzverteilung in der Personenhandelsgesellschaft. Im Allgemeinen geht es dort um die Grenzen für die Gestaltung von Mehrheitsklauseln, im Besonderen um die Einordnung der Bilanzierung und Gewinnverwendung in diese Grenzen. Nach einem Urteil aus dem Jahre 1996 (BGHZ 132, 263) ist weitestgehend Klarheit eingetreten, dass die Aufstellung des Jahresabschlusses einschließlich der Ausübung (gewisser) bilanzieller Wahlrechte durch die Geschäftsführer, dessen Feststellung sowie die Entscheidung über Gewinnvorträge, Rücklagen oder sonstige, materiell der Ergebnisverwendung zuzurechnende Maßnahmen durch alle Gesellschafter vorzunehmen ist. Allerdings hat das Bilanzrechtsmodernisierungsgesetz vom 2009 eine erhebliche Einschränkung der Bilanzierungsspielräume mit sich gebracht (Wegfall der Aufwandsrückstellungen sowie stiller Willkürreserven, Einführung der Ansatzstetigkeit). Heute konzentriert sich die Frage also stärker auf das Kräfteverhältnis in der Gesellschafterversammlung, es geht um den klassischen Mehrheits-/Minderheitskonflikt. An dieser Stelle mag die Otto-Konzernholding, eine Familiengesellschaft, als Hinweis dafür dienen, dass Mehrheitsentscheide kein Spezifikum großer, anonymer Publikums-Personengesellschaften sind.

Das Otto-Urteil schafft Klarheit im Hinblick darauf, welche Maßstäbe bei der Überprüfung der formellen und materiellen Voraussetzungen für Mehrheitsentscheide anzusetzen sind. Die an dieser Stelle bestätigte Rechtslage kann mittlerweile als gefestigt gelten, da das Gericht damit nach einer eigenen Zweifelsphase und deutlicher Kritik aus der Literatur gezwungenermaßen klar Stellung bezog. Aufgrund der Besonderheit des gegebenen Sachverhalts blieben dabei die Fragen zur Einordnung der Gewinnverwendung unbeantwortet. Auch schwieg das Gericht dazu, wie die Kräfteverhältnisse aussehen, wenn die Entscheidung über die Gewinnverwendung in einer Tochtergesellschaft getroffen wird.

Über das Urteil hinausgreifend ergibt sich also die praktische Fragestellung, unter welchen Voraussetzungen die Mehrheit über die Ergebnisverwendung entscheiden kann. Da der Schwerpunkt der Fragestellung im Gesellschaftsrecht liegen soll, und das Bilanzrecht bezüglich der Entscheidungsspielräume im Rahmen des Gewinnkonflikts „ausgedünnt" wurde, wird primär die Bildung von (Gewinn-) Rücklagen betrachtet (s. dazu einführend Teil 1).

Die vertragliche Grundlage des Gesellschafterbeschlusses bedarf dabei einer genaueren Untersuchung (Teil 2). Es kristallisiert sich heraus, dass zwar keine „handfesten" Instrumente (Veto-Rechte) zur Stelle sind, um die Mehrheitsherrschaft einfach zu begrenzen (Teil 3). Andererseits bestehen für den initiativwilligen Gesellschafter doch Möglichkeiten, eine „richtige" Entscheidung durchzusetzen. Es lassen sich auch bei Anerkennung einer weitestgehenden Gestaltungsfreiheit der Gesellschafter, die im Regelfall zu einer sehr dynamischen Fehlerfolgenregelung führt, deutliche Grenzen für die Ausübung der Mehrheitsmacht finden (Teil 4).

Neben der Otto-Entscheidung ist systematisch auch die sog. Holzmüller-Gelatine-Rechtsprechung (BGHZ 83, 122 [Holzmüller]; BGHZ, 159, 30 [Gelatine]) relevant, allerdings unter dem geänderten Vorzeichen einer „offenen" Verbandsverfassung von OHG und KG. Um die Frage nach der Konzernperspektive „von oben", also der Verbandsverfassung der Konzernmutter, beleuchten zu können, bedarf es eines umfassenden Blickes auf die Rückwirkungen von Gruppenbildung und Gruppenleitung auf die Muttergesellschaft (Teil 5). Dabei greift die Diskussion naturgemäß weniger auf die Gesetzesauslegung zurück, vielmehr geht es um die Schaffung von Grundregeln für die Auslegung der flexiblen Verbandsverfassung der Personenhandelsgesellschaften. Um diese Neubetrachtung des innergesellschaftlichen Kräfteverhältnisses in der Unternehmensgruppe ausreichend zu differenzieren, wird ein weiterer, mit der Rücklagenbildung verwandter Problemkreis beleuchtet: Die phasenverschobene Gewinnaktivierung im Konzern durch Veränderung der Bilanzierungsvorgänge (Teil 6).

Auch die wohl breiteste Diskussion des Gesellschaftsrechts der letzten Jahre, die Frage nach den Grenzen der Haftungsbeschränkung (in der Unternehmensgruppe), wird zum Teil aufgegriffen, soweit es um den Schutz der Tochtergesellschaft geht. Dabei lässt sich auch für den Ansatz, verbotene Verhaltensweisen mittels rechtsgeschäftlicher Treuepflichten zu kontrollieren, vieles aus der Diskussion gewinnen, die in der Entwicklung vom reinen Konzernrecht heute (vorübergehend) im Deliktsrecht angelangt ist. Denn im Kern geht es immer noch um dasselbe Phänomen (nachteiliger) anderweitiger Interessenbindung, auch wenn hier – abseits der GmbH & Co. KG – kein gesonderter Gläubigerschutz in Sicht ist. Der abschließende Blick auf die Konzernthesaurierung „von unten" ist insofern wichtig, als sich nicht nur bildlich damit der Kreis schließt. Im Rahmen der Verbandsverfassung der Konzernmutter wird teilweise mit dem Schutz der abhängigen Gesellschaft argumentiert. Auch wenn sich weitergehende Auswirkungen an dieser Stelle mit den vorhandenen Rechtsgrundlagen nicht begründen lassen, so muss doch die primäre Wertung des Konzernrechts, der Schutz der Außenstehenden, mindestens „unten" verwirklich werden (Teil 7).

Die Arbeit wird greift dabei vielfach auch auf Grundlagen des Kapitalgesellschaftsrechts zurück. Nicht nur die gesellschafterlichen Treuepflichten – unter Beachtung gewisser grundsätzlich-konstruktiver Unterschiede (Ring- vs. Sternvertrag) – dienen hier als Beispiel dafür, dass Verbände, vor allem unternehmerische, auch wenn sie durch verschiedene gesetzliche Grundlagen bestimmt werden, gleichen Grundprinzipien unterworfen sind. So bietet sogar das Aktienrecht teilweise Klarstellungen allgemeiner Prinzipien (vgl. z.B. § 83 Abs. 2 AktG: Ausführungspflicht ggü. Hauptversammlungsbeschlüssen, § 93 Abs. 2 Satz 2 AktG: Vorstandshaftung, § 243 Abs. 2 AktG: Anfechtbarkeit als Trennlinie zwischen Satzungsverletzungen und Satzungsdurchbrechungen). Andererseits finden manche Diskussionen hauptsächlich im Kapitalgesellschaftsrecht statt. Diese Beiträge sollten mit einbezogen werden und unter Beachtung rechtsformspezifischer Unterschiede können sie es auch.

Teil 1: Die Gewinnrücklage im Personenhandelsgesellschafsrecht

I. Einführung

Im Gegensatz zum Kapitalgesellschaftsrecht und dessen Bilanzierungsvorschriften (vgl. §§ 150, 254 AktG, §§ 266, 272[1]) kennt das Personenhandelsgesellschafsrecht keine ausdrückliche Regelung zu Voraussetzung und Funktion der Rücklage.[2] Die §§ 120 ff., 247 Abs. 1 beziehen sich lediglich allgemein auf das Eigenkapital,[3] wobei allerdings kein Zweifel daran bestehen kann, dass Rücklagen – zumindest unter gewissen Voraussetzungen – zum Eigenkapital zählen.[4] Andere Definitionen, die auch entnahmebeschränkte Fremdkapitalposten dazurechnen,[5] werden hier nicht aufgegriffen, was sich aus Folgendem ergibt:

Die Frage nach den Auswirkungen der Einschränkung von Entnahmerechten überschneidet sich mit der Frage der – hier näher betrachteten – Risikoerhöhung durch „echte" Rücklagenbildung nur teilweise. Wird ein Betrag auf einem Fremdkapitalkonto gebucht, so kann der Gesellschafter grundsätzlich Auszahlung in entsprechender Höhe verlangen. Eine Entnahmebeschränkung ist in dieser Situation lediglich eine Forderungsstundung. Handelt es sich aber um eine Zuweisung zum Eigenkapital, so wird durch den Ausschluss des Entnahmerechts auch die Entstehung einer Forderung aktuell verhindert. Einlagenbuchungen sind rechtlich lediglich Bilanzziffern, die erst im Rahmen der Auseinandersetzungsrechnung in der Liquidation die Grundlage für eine Forderung bilden können. Angesichts der Unwägbarkeiten der Entwicklung der indirekten, also schuldrechtlich zugewiesenen Vermögensrechte an die Mitgliedschaft als Stammrecht ist der Anspruch auf den Liquidationserlös aber von der Einlagenbuchung zu trennen.[6] Interne Buchungsvorgänge, die eine Zuweisung zum Eigenkapital bewirken, führen also – wenn sie gleichzeitig den Ausschluss des Entnahmerechts beinhalten – zur Begründung des typischen Verlustrisikos, welches sich im Rahmen der Einlagenleistung ergibt. Wurden Beträge auf Fremdkapitalkonten gebucht, liegt zumindest für den Kom-

---

1 Paragraphen ohne Gesetzesbezeichnung sind solche des HGB.

2 *U. Huber*, FS Knobbe-Keuk, S. 203, 203; *Schön*, FS Beisse, S. 471, 482; *H. Westermann*, FS v. Caemmerer, S. 657, 658.

3 Zur Bilanzierung des Eigenkapitals der Personenhandelsgesellschaft vgl. *Siecker*, ZIP 2007, 849 ff.

4 *U. Huber*, FS Knobbe-Keuk, S. 203, 209; *Schön*, FS Beisse, S. 471, 482.

5 *Weipert*, in: Münch. Hb. GesR II, § 14 Rn. 77; *H. Westermann*, FS v. Caemmerer, S. 657, 667 f.

6 Zur Beschreibung der rechtlichen Funktion des Kapitalanteils vgl. *U. Huber*, S. 219 ff.; *Haar*, S. 241 f.; *Sieker*, ZIP 2007, 849, 850.

manditisten keine Risikoerhöhung im reinen Ausschluss des Entnahmerechts[7], da von diesen Konten spätestens in der Liquidation wegen § 169 Abs. 2 bevorrechtigt entnommen werden kann.[8] Die Bildung der Rücklage bewirkt aber in jedem Fall die Zuweisung der Beträge zum Eigenkapital *und* (logischerweise) den Ausschluss des Entnahmerechts. Zwar ist die Fremdkapitalgewährung als mitgliedschaftlicher Beitrag zum Gesellschaftsvermögen gleichsam vom Belastungsverbot des § 707 BGB erfasst.[9] Angesichts der weit reichenden Gestaltungsfreiheit im Personengesellschaftsrecht ist es jedoch erforderlich, klare Orientierungspunkte für die Suche nach den diese Gestaltungsfreiheit begrenzenden zwingenden Regeln (hier z.B.: Kernbereichsschutz) zu setzen.

Im Kapitalgesellschaftsrecht funktioniert die Rücklage nun vereinfacht gesprochen dergestalt, dass die über das gezeichnete Kapital hinausgehende Summe dauerhaft gebunden wird. Nach der Aufbringung durch Gewinnverwendungsbeschluss oder sonstige Einlagenleistung ist also, unabhängig davon, wie weit das Reinkapital der Gesellschaft schwankt, über den Schutz des Nominalkapitals hinaus ein Vermögensteil in Höhe der Rücklage zweckgebunden.[10] Die rechtliche Strenge der Bindung ist von der konkreten gesetzlichen Ausgestaltung abhängig (vgl. § 57 AktG, § 30 GmbHG,). Sofern der zwingende gesetzliche Kapitalschutz nicht eingreift wirkt die Bindung nur verbandsintern, d.h. sie kann durch Beschluss, ggf. im Wege der Vertragsdurchbrechung, aufgehoben werden. Rücklagen werden grundsätzlich im Kapitalgesellschaftsrecht dabei grdsl. nur durch Beschluss zur Verrechnung mit Verlusten verwendet. Nun könnte man im Personenhandelsgesellschaftsrecht eine Rücklage auch vergleichbar als dauerhafte Ziffer konstruieren. Buchungstechnisch würde man dies erreichen, indem man die Rücklage *nicht* zur automatischen Verrechnung mit Verlusten bestimmen würde. Letztere müssten also auf einem weiteren Konto, das etwa Entnahmen und Verlustvorträge enthielt, gebucht. Erst in der Schlussabrechung würden die Kapitalkonten – zumindest eines davon müsste negativ werden können – saldiert. Das Rücklagenkonto würde also wie ein festes Kapitalkonto geführt. Als Variante des Systems fester und variabler Kapitalanteile[11] ließe sich ein Saldo aller Kapitalkonten bilden und damit feststellen, ob die für die Entnahmen oder etwaige vertrag-

---

7 Etwas anderes kann sich dann ergeben, wenn die Entnahmebeschränkung ausdrücklich auch die Entnahme im Rahmen der vorrangigen Gläubigerbefriedigung (§ 149) erfasst. In diesem Fall ergäbe sich die Risikolage als „faktisches Eigenkapital" (vgl. II. 4. b. aa)).

8 Dies gilt nach heute h.M. auch für die Außenhaftung des Kommanditisten: *U. Huber*, ZGR 1988, 1, 9, 35 ff.

9 Vgl. nur *Ulmer/Schäfer*, in: MüKo, BGB, § 707 Rn. 1.

10 Zur Zweckbindung vgl. *H. Westermann*, FS v. Caemmerer, S. 657, 667 f.

11 Vgl. dazu *U. Huber*, FS Knobbe-Keuk, S. 203, 204.

liche Nachschusspflichten maßgebliche Schwelle überschritten ist. Andererseits ist im Personenhandelsgesellschafsrecht aber auch denkbar, eine nur vorübergehende Rücklage einzurichten. Das Rücklagenkonto würde hier unmittelbar zur Verlustverrechung herangezogen.[12] Ein gesonderter Beschluss (vgl. § 150 Abs. 3, 4 AktG) wäre dafür nicht erforderlich.

In jedem Fall führt die Rücklagenbildung also zur Erhöhung der Einlage im Zeitpunkt ihrer Bildung. Ob sie darüber hinaus zu einer dauerhaften Erhöhung der Entnahmeschwelle führt, ist eine Frage der Ausgestaltung. Dabei kann die Auflösbarkeit der Rücklage durch Verluste bereits bei der Buchung festgelegt sein, andererseits kann sie auch durch *actus contrarius*[13] später umgesetzt werden. Im Personengesellschaftsrecht ist damit die konkrete Vereinbarung maßgeblich, objektiv-rechtliche Schranken sind mangels gesetzlichen Gläubigerschutzes in diesem Regelungsbereich nicht in Sicht.[14] Lediglich einzelne Stimmen befürworten eine Anwendung des Rechts der Gesellschafterdarlehen.[15] Die *ratio* dieses Rechtsprinzips (jetzt § 135 InsO) reicht aber sicherlich nicht so weit, den Gesellschaftern, die einmalig einen Beitrag nachschießen wollen ohne damit eine dauerhafte Erhöhung von Entnahmeschwellen zu verbinden, Schranken aufzuerlegen.

Abgesehen von der Frage der Dauerhaftigkeit der Kapitalbindung ist die Bildung einer solchen Rücklage in jedem Fall bilanziell erfolgsneutral.[16] Abzugrenzen ist dieses Vorgehen deshalb vom insoweit relevanten Erlassvertrag nach § 397 BGB,[17] bei dem im Gegensatz zur Rücklagenbildung, die die Entstehung einer Forderung *a priori* ausschließt, überhaupt ein Verfügungsobjekt bestehen muss.

---

12 Vgl. dazu *U. Huber*, FS Knobbe-Keuk, S. 203, 210.

13 Vgl. dazu *U. Huber*, FS Knobbe-Keuk, S. 203, 212.

14 *Priester*, FS Quack, S. 373, 389; *H. Westermann*, FS. v. Caemmerer, S. 657, 669. Vor allem *K. Schmidt* hat allerdings die Effizienz des Gläubigerschutzes durch persönliche Haftung immer wieder in Zweifel gezogen (vgl. z.B. ZHR 153 [1989], 270, 284]). Sein Hauptaugenmerk liegt aber auf einer Insolvenzantragspflicht *de lege ferenda*.

15 Vgl. z.B. *Drygala*, FS Th. Raiser, S. 63, 70 ff.

16 Vgl. *Schulze-Osterloh*, FS K. Schmidt, S. 1447, 1450; *H. Westermann*, FS v. Caemmerer, S. 657, 658. Würde man sie erfolgswirksam erfassen, könnte sich Folgendes ergeben: Wenn ein Gesellschafter ausschließlich einer durch die Rücklage hervorgerufenen Mindestentnahmeschwelle unterliegt (ansonsten besteht *qua* Gesetz keine *kapitalbezogene* Schranke), die beim aktuellen Stand seines Kapitalkontos überschritten ist, könnte der Betrag im nächsten Jahr zusätzlich abfließen. Obwohl man die Gewinnrücklage begrifflich streng genommen auch *nicht* als Einlage sehen könnte, da sie nicht aus dem Privatbereich des Gesellschafters stammt (vgl. § 4 Abs. 1 Satz 7 EStG, der von der „Zuführung" spricht [zur Anwendung der Norm i.R.d. § 120 *Schulze-Osterloh*, FS K. Schmidt, S. 1447, 1450]), muss sie also bei der bilanziellen Gewinnermittlung ausgenommen werden.

17 S. dazu *Sieker*, S. 72.

II. Rücklage und Innenverhältnis

1. Stimm- und Vermögensverhältnisse

Bei kapitalistischer Ausgestaltung des gesellschaftlichen Innenverhältnisses, wenn also Stimm- und Vermögensrechte nach den Kapitalverhältnissen bestimmt werden, ist es theoretisch denkbar, dass eine Veränderung der Machtverhältnisse durch eine (ungleiche) Rücklagenbildung eintritt. Als schwerwiegender Eingriff in die mitgliedschaftliche Stellung wäre dieser Vorgang dem Kernbereichsschutz unterworfen.[18] Dieser Fall kann jedoch praktisch außer Acht gelassen werden. Ausgehend davon, dass die Rücklage im Kapitalgesellschaftsrecht grundsätzlich nicht zur Bestimmung der Stimmverhältnisse dient (§ 134 Abs. 1 AktG, § 47 Abs. 2 GmbHG) – es ergäben sich Probleme im Hinblick auf die Bestimmung der (innenrechtlich relevanten) Rücklagenanteile bei ungleicher Einbringung –, wird man auch in der OHG/KG von einer solchen Konstruktion absehen. Die gebräuchliche Kontenform, unterteilt in fester Kapitalanteil (Einlage) und variabler Kapitalanteil (Verluste, Gewinne und Entnahmen) dient vielmehr gerade dazu, Klarheit zu schaffen. Man wird also Rechte der Gesellschafter im absoluten Regelfall nur an das feste Kapitalkonto knüpfen.[19]

2. Differenzhaftung

Von Bedeutung für die Konturierung der Rücklagenbildung ist zunächst eine mögliche Haftung aus dem Einbringungsverhältnis. Grundsätzlich gilt dabei im Rahmen der Einlagenleistung in der Personenhandelsgesellschaft Folgendes: Obwohl im Innenverhältnis Vertragsfreiheit besteht,[20] ist nach strittiger Auffassung eine verschuldensunabhängige Differenzhaftung für mangelhafte Sacheinlagen anzunehmen, wenn die Gesellschaft kapitalistisch ausgestaltet ist.[21] Damit wird

18 Vgl. nur BGHZ 20, 363; *Enzinger*, in: MüKo, HGB, § 119 Rn. 72.

19 Dazu *Haar*, S. 241 f.; *U. Huber*, FS Knobbe-Keuk, S. 203, 217; *Priester*, in: MüKo, HGB, § 120 Rn. 101, 103.

20 Einerseits bedeutsam ist hier die bilanzrechtliche Seite, die zumindest für den Saldo aller aktivierten Kapitalleistungen – also unter Einschluss der Möglichkeit der Leistung des einen Gesellschafters für den anderen (vgl. *U. Huber*, S. 201, 210) – eine Einhaltung der Bewertungsvorschriften des HGB verlangt. Andererseits können die Gesellschafter die „Gegenleistung" für die Einlage, die interne Rechtsmacht, in den Grenzen des § 138 HGB (weiter) frei bestimmen; vgl. dazu *Priester*, in: MüKo, HGB, § 121 Rn. 32 ff.; *Schäfer*, in: Staub, HGB, § 120 Rn. 26 ff.

21 Dafür *K. Schmidt*, GesR, § 20 III 3 d; *Wiedemann*, GesR II, S. 98; zurückhaltend *Hüttemann*, S. 159 ff., der auf den Grundgedanken des § 275 BGB und auf § 707 BGB verweist, was allerdings für die Aufrechnung bei Bareinlagen nicht einschlägig ist. Selbst wenn man die Differenzhaftung ablehnt, stellt sich die Frage nach typisch mitgliedschaft-

nicht die Aufbringung eines bestimmten Reinkapitals gesichert, sondern die Herstellung des vereinbarten Einlagenverhältnisses zwischen den Gesellschaftern.

Die schuldbefreiende Leistung durch Aufrechnung gem. §§ 387 ff. BGB schließt eine Mängelhaftung wegen fehlender Bonität gerade aus, wie auch der Gegenschluss aus § 365 BGB („gegen einen Dritten") verdeutlicht. Im Innenverhältnis der Gesellschaft würde durch eine (ungleiche) Aufrechnung jedoch das Einlagenverhältnis der Gesellschafter zueinander verzerrt. Deshalb ist – in Anlehnung an die mittlerweile h.M. zur Außenhaftung des aufrechnenden Kommanditisten[22] – eine Differenzhaftung des einbringenden Gesellschafters angebracht. Diese greift dann ein, wenn er zu einem Zeitpunkt geringer Bonität der Gesellschaft aufrechnet. Bei der Gewinnrücklagenbildung ist im Gegensatz dazu eine Differenzhaftung bei Einbringung zwischenzeitlich nicht mehr gedeckter Beträge wegen der zwingend gleichen Verteilung von Bonitätsmängeln ausgeschlossen. Insofern ist die Innenfinanzierung im Hinblick auf Haftungsrisiken aus dem Einbringungsverhältnis für den einzelnen Gesellschafter vorteilhaft.

3. Gewinnentnahmen

Die Bildung einer Gewinnrücklage kann nun über den Einzelfall hinaus Auswirkungen auf die Entnahmerechte der Gesellschafter haben.

Grundsätzlich hat der Gesellschafter einen Anspruch auf Entnahme der Gewinne in voller Höhe (§§ 122 Abs. 1 Alt. 2, 169 Abs. 1 Satz 2). Nur beim Kommanditisten ist dies nach gesetzlicher Konzeption von der *Vollständigkeit* des Kapitalanteils abhängig. Weist das Kapitalkonto eine Unterbilanz auf, so werden die Gewinne nach § 167 Abs. 2 dort gebucht. Im Falle rückständiger Einlagen kann die Gesellschaft grundsätzlich aufrechnen.[23] Wegen des Wortlauts des § 169 Abs. 1 Satz 2 Alt. 2, der nur die *Minderung* des Kapitalanteils *durch Verluste* als begrenzendes Element für die Gewinnentnahme anführt, ist die Zulässigkeit der Gewinnentnahme bei durch die Gesellschafter gestatteter[24] (§ 122 Abs. 2) individueller Unterbilanz strittig. Die strenge Wortlautinterpretation ist jedoch mit

---

lichen Sanktionen wie einer Hinauskündigung, außerdem wird die Beteiligung gemindert (*K. Schmidt*, in: MüKo, HGB, § 105 Rdnr. 187).

22 BGH, NJW 1985, 2947, 2949; *K. Schmidt*, GesR, § 54 II 3 c; *ders.*, in: MüKo, HGB, §§ 171, 172 Rdnr. 55; *Wiedemann*, FS Bärmann, S. 1037, 1044.

23 Allg.A., vgl. nur *Schilling*, in: Staub, HGB, § 169 Rdnr. 5.

24 Liegt keine Vereinbarung der Gesellschafter vor – ein eigenständiges Kapitalentnahmerecht hat der Kommanditist nicht –, so wird das Kapitalkonto nicht belastet. Es ist per Forderungen an Gesellschafterprivatkonto zu buchen (allg.A., vgl. nur *Hopt*, in: Baumbach/Hopt, HGB, § 122 Rdnr. 6; *Schilling*, in: Staub, HGB, § 169 Rdnr. 2; *U. Huber*, S. 253; *Wiedemann*, Übertragung, S. 294 Fn. 4). Mit der Rückzahlungsforderung kann die Gesellschaft gegen die (ansonsten entnehmbare) Gewinnforderung aufrechnen.

Hinweis auf die Austauschbarkeit von Entnahme und Verlust als Minderung der Kapitalbasis grundsätzlich abzulehnen.[25] In Ausnahmefällen mag man aus der der Entnahme zugrunde liegenden Vereinbarung ersehen, dass auch spätere Gewinne *aus dem Eigenkapital* entnahmefähig sind; nur damit ist wiederum die Zustimmung aller Gesellschafter zur weiteren (Gewinn-)Entnahme gesichert. Damit werden alle Abflüsse vom Kapitalkonto als Verletzung der Einlagenvereinbarung gleich behandelt. In einer solchen Doppelzustimmung liegt dann eine Herabsetzung der Pflichtsumme, die für die Entnahmeschwelle des §169 Abs. 1 maßgeblich ist. Deshalb können die dort gebuchten Beträge für den Kommanditisten nicht als Gewinne im strengen Sinne gelten, sie dienen dann zum Auffüllen des Kapitalkontos. Es gibt demnach keine gesetzliche Gewinnentnahme vom Kapitalkonto des Kommanditisten. Für den Komplementär sind ähnliche Gestaltungen denkbar.

Wird nun eine dauerhafte Rücklage gebildet, so führt dies zur Erhöhung der Entnahmeschwelle (Pflichtsumme), die demnach für den Kommanditisten effektiv umfassende Wirkung hat. Besteht für den Komplementär nur das kapitalunabhängige Gewinnentnahmerecht des § 122 Abs. 1 Alt. 2, so muss man (erstmals bzw. zumindest) in Höhe der Rücklage eine Beschränkung annehmen.[26]

Wird die Rücklage lediglich vorübergehend ausgestaltet, so kann der eingestellte Betrag nach Auflösung durch Verlustverrechnung sofort wieder an den Gesellschafter zurückfließen. Die Rücklage ist bereits im Beschluss zur Verwendung zum Verlustausgleich bestimmt. Eine Erhöhung der Entnahmeschwelle findet nicht statt.

4. Risikoerhöhung

Kompliziert – und für die Diskussion um die Frage nach der Betroffenheit des mitgliedschaftlichen Kernbereichs relevant – ist die durch die Bildung der Rücklage bewirkte Risikoerhöhung für den Gesellschafter im Vergleich zu der ihm ansonsten zufallenden vermögensrechtlichen[27] Position im Hinblick auf den festgestellten Gewinn. Dabei ist hier allein das Risiko der zukünftigen negativen Entwicklung des Gesellschaftsunternehmens – also die Verlustteilnahme – relevant. Dieses Risiko stellt die typische Gefahr dar, vor der der Gesellschafter durch das „Belastungsverbot“ gem. § 707 BGB geschützt wird.

25 So *Grunewald*, in: MüKo, HGB, 169 Rdnr. 4; *U. Huber*, S. 255; a.A. *v. Gerkan*, in: Röhricht/Graf von Westphalen, HGB, § 169 Rdnr. 6; *Schilling*, in: Staub, HGB, § 169 Rdnr. 6.

26 Zumeist wird aber auch die Gewinnentnahme des Komplementärs/OHG-Gesellschafters an die Vollständigkeit des Kapitalanteils gekoppelt sein. Dann gilt schlicht eine Erhöhung der Schwelle.

27 So die Wahl des *terminus* bei *Hillers*, S. 3.

Die darzulegenden Vermögensbeziehungen zwischen der Gesellschaft und dem Gesellschafter beziehen sich dabei auf die Regelabwicklung gem. §§ 145 ff. HGB, deren Verteilungsprinzipien auch für das Ausscheiden eines Gesellschafters gelten (vgl. § 738 Abs. 1 Satz 2 BGB).[28] Zwar ist die Ausgestaltung des Verteilungsmodus des Gesellschaftsvermögens dispositiv,[29] doch wird mit der Orientierung am gesetzlichen Verfahren eine ausreichende Bandbreite möglicher Konstellationen erreicht. Vereinbaren die Gesellschafter dagegen eine vorrangige Befriedigung auch der Sozialansprüche in der Liquidation, womit sie das Regelverfahren quasi auf den Kopf stellen, so findet keine Risikoerhöhung bei der Rücklagenbildung statt.

In der Insolvenz der Personenhandelsgesellschaft gilt demgegenüber zwingend der in den §§ 149, 155 HGB[30] dispositiv gestaltete Gläubigervorrang (§ 1 InsO). Insbesondere für den Gesellschafter mit ausgeschlossener Verlustteilnahme, der als Referenzpunkt für die Frage nach den denkbaren Risikoklassifizierungen der mitgliedschaftlichen Verflechtungen dient, ergibt sich damit, von den praktischen Konsequenzen des § 93 InsO abgesehen, kein Unterschied.

Sowohl die Frage, inwieweit Drittgläubigerrechte der Gesellschafter (über die Treuepflicht) weiterhin an das Schicksal des Unternehmens gebunden sein können,[31] als auch die Frage, ob nicht im Einzelfall Nachschusspflichten[32] bestehen können, können unbeachtet bleiben. Dass dem Gesellschafter in Sondersituationen eine Residualbindung auferlegt wird, entkräftet nicht die Grundregel des Belastungsverbots.

a. Der Kommanditist

Für den Kommanditisten ergibt sich ohne Zweifel eine Erhöhung der risikobehafteten Einlage durch die Rücklagenbildung. Er ist über seine Einlage *und* zukünftige Gewinne hinaus – letzteres ist eine unbegrenzte Verlustteilnahme[33] – am Endverlust nicht beteiligt (§ 167 Abs. 3). Die Frage kann nur sein, ob die Rücklage in

28 Für letzteres vgl. *Schäfer*, in: Staub, HGB, § 131 Rn. 143; *K. Schmidt*, in: MüKo, HGB, § 131 Rn. 112 f.; *Sieker*, ZIP 2007, 849, 851.

29 So *Habersack*, in: Staub, HGB, § 145 Rn. 4; a.A. *K. Schmidt*, ZHR 153 (1989), S. 270, 284.

30 In §§ 149, 155 Abs. 1 wird den Gläubigern im Bezug auf die Verteilung des verbliebenen Gesellschaftsvermögens ein Vorrang eingeräumt.

31 Vgl. dazu *Drygala*, FS Th. Raiser, S. 63, 70 ff. (Gesellschafterdarlehen); *M. Winter*, S. 127.

32 Vgl. dazu *Armbrüster*, ZGR 2009, 1, 20 ff.

33 Zukünftige Gewinne muss der Kommanditist auch auf dem negativen Kapitalkonto stehen lassen: *Hopt*, in: Baumbach/Hopt, HGB, § 167 Rdnr. 5; *U. Huber*, ZGR 1988, 1, 15, 61; *ders.*, S. 277 ff.; *Grunewald*, in: MüKo, HGB, § 169 Rdnr. 3; *Schilling*, in: Staub, HGB, § 167 Rdnr. 8.

der Zukunft ohne gesonderten Auflösungsbeschluss zurückfließen kann. Natürlich gibt es auch hier Ausnahmesituationen, in denen der Kommanditist zumindest im Innenverhältnis weiter haften muss, z.B weil er einen zu starken Einfluss in der Gesellschaft ausübt.[34]

b. Der OHG-Gesellschafter/Komplementär

Durch die Buchung der Rücklage als Posten des Eigenkapitals wird eine komplizierte Haftungsumwälzung bewirkt. Problematisch ist dabei nicht, dass die Rücklage nach erfolgter Buchung – wie beim Kommanditisten – Eigenkapital darstellt. Von der Beantwortung strittiger Rechtsfragen abhängig ist die rechtliche Einordnung der festgestellten Gewinne *vor* der Umbuchung. Nur daran kann man die *unmittelbare* Risikoerhöhung bemessen.

Das systemische Zusatzrisiko, dass sich aus der im Außenverhältnis unbeschränkbaren Möglichkeit der Inanspruchnahme gem. § 128 ergibt, ist logischerweise in allen Fällen hinzuzudenken. Auch auf den im Innenverhältnis von jeglichem Risiko freizustellenden Gesellschafter kann über den Ausschluss des Regresses faktisch ein Verlustrisiko übertragen werden. Insofern ist auch der Gesellschafter, der laut Vertrag von der Verlustteilnahme freizustellen ist, nicht umfassend vor der Zahlungsunfähigkeit der Gesellschaft und seiner Mitgesellschafter geschützt. Allerdings kann der Gesellschafter diese Haftung durch sein Ausscheiden teilweise ausschließen (vgl. § 160), außerdem können auch hier individuelle Vereinbarungen das Risiko minimieren.

Die Buchung des Gewinns auf einem variablen Einlagenkonto – wie es das Gesetz vorsieht (§ 120) – hat nun zur Folge, dass dieser in das Eigenkapital übergeht. Versäumt der Gesellschafter die Geltendmachung des „Aktualisierungsrechts", so verbleibt dieser Zustand. In dieser Lage bewirkt die Rücklagenbildung also keine Erhöhung des haftenden Kapitals. Werden die Gewinne nun auf einem nicht am Verlust teilnehmenden Konto gebucht, was entweder (bei entsprechender Vereinbarung) automatisch, oder durch Geltendmachen des Entnahmerechts geschieht, ist die Beantwortung der Frage nach der Risikoklasse aus zwei Gründen schwierig.

aa) Möglichkeit 1: „Faktisches" Eigenkapital

Erstens findet im Recht der Personengesellschaften auch ein Ausgleich der Gesellschafter untereinander[35] statt. Es genügt also nicht, danach zu fragen, ob eine Einlage den Gläubigern haftet oder nicht. Vielmehr muss auch danach gefragt werden, ob sie, obwohl sie den Drittgläubigern i.R.d. § 155 Abs. 1 zur vorran-

34 Vgl. z.B. zur Beherrschung der KG durch den Kommanditisten als Rechtsgrund für einen Freistellungsanspruch der Komplementäre *Bitter*, S. 74 ff.

35 Die dogmatische Konstruktion ist umstritten; vgl. *K. Schmidt*, ZHR 153 (1989), 270, 294 ff.

gigen Befriedigung zustehen, von den Mitgesellschaftern ausgeglichen werden muss. Wenn also vereinbart ist, dass Einlagen des Gesellschafters nicht zur Verlustteilnahme bestimmt sind,[36] diese aber erst nach der Drittgläubigerbefriedigung erstattet werden, so ist die Risikolage differenziert. Sie ist geringer als bei der Verlustteilnahme, da in jedem Fall ein Anspruch besteht, jedoch höher als im Falle der vorrangigen Befriedigung, da dieser dem Risiko der Insolvenz der Gesellschaft und der Mitgesellschafter *stärker* ausgesetzt ist. Auch diese Buchungen stellen formal (faktisches[37]) Eigenkapital dar.[38] Für den Informationszweck der Bilanz ist es dabei ausreichend, dass diese Einlagen erst nach den Gläubigern bedient werden, damit können sie als Eigenkapital bilanziert werden.[39] Ob eine Einlage zu dieser rechtlichen Risikoklasse gehört, ist eine Frage der Auslegung.

bb) Möglichkeit 2: Fremdkapital mit Restrisiko

Wenn die Beträge dagegen an der vorrangigen Befriedigung teilnehmen – man sie also zumindest formell als Fremdkapital betrachten müsste –, ergibt sich das Risiko, dass die Gesellschaft mit dem Anspruch auf Ausgleich des anteiligen Endverlustes nach §§ 735 Satz 1 BGB i.V.m. § 105 Abs. 3 aufrechnen kann.[40] Auch diese Teilnahme am Endverlust ohne Verrechnung im laufenden Geschäft soll für die (formelle) Qualifikation als Eigenkapital ausreichen[41] – im Hinblick auf die genaue Risikoveränderung muss allerdings weiter differenziert werden.

36 Zur Zulässigkeit des Verlustausschlusses vgl. BGH, WM 1987, 689, 690; *Sieker*, S. 29; *Schäfer*, in: Staub, HGB, § 105 Rdnr. 22.

37 Diese Form ist vom „klassischen" Eigenkapital durch die *rechtliche* Unentziehbarkeit und vom Fremdkapital durch den strukturellen Nachrang unterschieden.

38 *Kübler*, DB 1972, 942, 944; *Sieker*, S. 29-32; *Wiedemann*, in: Großkomm. z. AktG, Vor § 182 Rdnr. 6.

39 Die Information der Gesellschafter, wie das interne Ausgleichsverhältnis steht (dazu *Sieker*, ZIP 2007, 849, 850) wird durch den aufgegliederten Ausweis nach Gesellschaftern gewährleistet.

40 Das gesonderte Gewinnkonto – auch das des Komplementärs – ist zwar nach BGH, BB 1978, 630, 630 auch aus der Endabrechnung herauszuhalten, für den Komplementär besteht aber eine persönliche Verlustausgleichspflicht, mit der die Gesellschaft gegen die Kontoauszahlungsforderung aufrechnen kann. Im BGH-Urteil betraf die grundsätzliche Aussage zur Verlustunabhängigkeit von Darlehenskonten beide Gesellschaftergruppen. Zur Endabrechnung durch Aufrechnung gegen den Komplementär bezog das Gericht allerdings keine Stellung, da es sich *in concreto* um einen Kommanditisten handelte. Zur Verlusteilnahme bei der Endabrechnung *Habersack*, in: Staub, HGB, § 149 Rn. 40; *U. Huber*, ZGR 1988, 1, 32; *ders.*, S. 250; *ders.*, FS Knobbe-Keuk, S. 203, 206; *Kübler*, DB 1972, 942, 944.

41 BGH, DB 1978, 630, 631; *U. Huber*, ZGR 1988, 1, 32; *ders.*, S. 250; *ders.*, FS Knobbe-Keuk, S. 203, 206; *Kübler*, DB 1972, 942, 944; *Wiedemann*, in: Großkommentar AktG, Vor § 182 Rdnr. 6.

Obwohl es sich bei dem Anspruch auf Verlustausgleich nach § 735 Satz 1 Alt. 1 BGB um einen liquidationsbefangenen Sozialanspruch handelt, ist vorab eine Einziehung möglich, wenn dies zur Gläubigerbefriedigung erforderlich ist.[42] Es soll also lediglich das nicht eingefordert werden, was für die Gläubigerbefriedigung nicht notwendig ist, dementsprechend in die Schlussrechnung als zusätzlicher Posten einginge und damit dem Risiko der Insolvenz der Mitgesellschafter[43] ausgesetzt wäre. In diesem Falle wäre die Drittgläubigerforderung des Gesellschafters dem Eigenkapital gleichzustellen. Sie nähme durch die weite Möglichkeit der Aufrechnung am *gesamten* Gesellschaftsverlust teil.

Eine wichtige Einschränkung von der Einschränkung des Grundsatzes der Liquidationsbefangenheit macht dabei *Hillers*. Seiner Ansicht nach ist weitere Voraussetzung für den Vorabeinzug, dass der Verlustanteil auch endgültig auf den Gesellschafter entfallen wird.[44] Gerade im Falle des Vorabeinzuges des Anspruches aus § 735 Satz 1 Alt. 1 BGB i.V.m. § 105 Abs. 3 ist dies – unter Beachtung des Prognoseproblems angesichts möglicher Liquidationsgewinne bzw. -verluste[45] – zwingend. Schließlich ist dieser Anspruch im Innenverhältnis grundsätzlich vom Bestehen eines individuellen Endverlustes abhängig.

Im Falle der Teilnahme an der Befriedigung nach § 155 Abs. 1 ist die Risikolage der gebuchten Beträge also differenziert. Reicht das Gesellschaftsvermögen gerade für die Gläubigerbefriedigung aus und hat der Gesellschafter voraussicht-

---

42 Soweit die allg.A.: RGZ 45, 153, 155; RGZ 100, 165, 166; RGZ 111, 77, 83; BGH, WM 1960, 47, 48; BGH, WM 1977, 617, 618; BGH, WM 1977, 1449, 1449; BGH, WM 1978, 898, 890; BGH, ZIP 1980, 192, 194; BGH, NJW 1984, 435, 435; *Ensthaler*, S. 58; *Habersack*, in: Staub, HGB, § 149 Rdnr. 23; *Hillers*, S. 187; *Hopt*, in: Baumbach/Hopt, HGB, § 149 Rdnr. 3; *K. Schmidt*, in: MüKo, HGB, § 149 Rdnr. 19.

43 Wenn in der Schlussabrechnung neben dem automatisch positiven Konto des zuviel einzahlenden Gesellschafters andere Gesellschafter ein positives hätten und logischerweise wiederum andere (im Saldo abzüglich der Zuvielzahlung ausgleichend) negative, dann würde der nachgeschossene Betrag, der zwingend übrig bleiben muss, zwischen den beiden mit positivem Konto verteilt, im Hinblick auf die verbleibende Differenz müssten sie sich an die Gesellschafter mit negativem Konto halten. Im Falle der Einschränkung der Einforderbarkeit durch die Endstände der Gesellschafterkonten (s. die nächste Fn.) wird diese Lösung letztlich konsequent auch auf den zur Gläubigerbefriedigung notwendigen Betrag angewandt. Der Unterschied besteht darin, dass dort eine Teil-Rückforderung aus dem Gesellschaftsvermögen – vorbehaltlich eines Liquidationsgewinnes – ausgeschlossen ist.

44 *Hillers*, S. 139, 187 ff., 190; zustimmend *K. Schmidt*, in: MüKo, HGB, § 149 Rdnr. 19. Anders sieht dies BGH, WM 1980, 322, 333. Der Vorrang gebühre der schnellen Gläubigerbefriedigung. In dieser Situation, wenn der Haftungsfonds Gesellschaftsvermögen nicht ausreicht und ein Gesellschafter voraussichtlich einen positiven Endstand oder einen solchen bei null hat, muss nun ein anderer Gesellschafter die Voraussetzung für die Vorab-Inanspruchnahme erfüllen.

45 S. dazu *Hillers*, S. 189, S. 225.

lich keinen Endverlust zu tragen, so kann er die Beträge mit den Drittgläubigern gleichberechtigt fordern. Ist die Lage der Gesellschaft schlechter – womit die Ausnahme vom Grundsatz der Liquidationsbefangenheit zunächst für irgendeinen Gesellschafter greifen muss –, so wird er im Hinblick auf die Gewinnbuchungen durch Vorabeinzug vom Mitgesellschafter befriedigt.[46] Das verbleibende Risiko, das ihn vom Drittgläubiger unterscheidet, ergibt sich dann nur noch aus der Ausfallshaftung des § 735 Satz 2 BGB.

Wenn er nun aber voraussichtlich einen Endverlust in Höhe der Gewinnbuchungen zu tragen hat, so kann die Gesellschaft ihm den Ausgleichsanspruch entgegenhalten. Das bedeutet also, dass er mit seiner Drittgläubigerforderung im Hinblick auf die vorrangige Befriedigung primär nur am eigenen Verlust teilnimmt, am Gesamtverlust nur subsidiär. Damit ergibt sich ein Vorteil gegenüber dem typischen Kapitalkonto, welches zwar auch in der Auseinandersetzungsrechnung nur am individuellen Verlust, in der vorrangigen Befriedigung aber am Gesamtverlust teilnimmt. Theoretisch ergäbe sich nach Gesagtem dann wiederum eine Ausnahme – der Gesellschafter könnte die Drittgläubigerforderung einziehen – wenn der Verlustanteil in entsprechender Höhe auf ihn entfallen wird, das Gesellschaftsvermögen aber – etwa weil positive Endkonten der Mitgesellschafter bestehen – zur Befriedigung aller Gläubiger ausreicht. In diesem Fall wird man dem Gesellschafter aber konsequent die *Dolo-agit*-Einrede entgegenhalten müssen.[47]

Da der Ansicht *Hillers'* zuzustimmen ist, weil die Liquidation angesichts der weiter bestehenden Gesellschafterhaftung zumindest nicht vorrangig der Gläubigerbefriedigung dient,[48] nimmt der Gesellschafter also mit der Gewinnbuchung als Drittgläubigerforderung faktisch an den auf ihn entfallenden Verlusten teil. Andererseits wird er, im Gegensatz zur Auseinandersetzungsforderung ohne Verlustteilnahme, nicht auf eine Nachrangigkeit gegenüber den Drittgläubigern verwiesen, soweit er die Beträge in der Endabrechung erhalten soll. Diese Differenzierung nach der nur individuellen Verlustteilnahme macht nur dann keinen Unterschied, wenn die Gesellschafter alle dieselbe Einlagenhöhe, dieselbe Verlustbeteiligung und dieselbe Summe an Entnahmen hatten. Dabei bewirkt die ausgeführte alleinige Berücksichtigung des individuellen Verlustes im Rahmen der Primärverteilung durchaus eine Besserstellung im Verhältnis zur sonstigen Einlage, allerdings birgt sie immer noch ein Risiko. Es handelt sich quasi um die

---

46 Hier greift nach *Hillers*, S. 189 keine Rückausnahme. Dafür besteht in diesen Fällen die Möglichkeit der *Dolo-agit*-Einrede.

47 *Hillers*, S. 161; *K. Schmidt*, in: MüKo, HGB, § 149 Rdnr. 45. Ansonsten ergäbe sich das ausgeführte Problem der ungerechten Verteilung des Insolvenzrisikos der Mitgesellschafter.

48 Vgl. dazu *Habersack*, in: Staub, HGB, § 145 Rdnr. 4.

umgekehrte Konstellation zum faktischen Eigenkapital: Primärbefriedigung mit (individueller) Verlustteilnahme. Buchungen dieser Art tragen also ein gewisses Risiko.

cc) Möglichkeit 3: „Klassisches" Fremdkapital

Nach den Ausführungen zu Möglichkeit 1 und 2 kristallisiert sich nun auch die Konstellation heraus, in der auch der OHG-Gesellschafter/Komplementär eine dem Fremdkapitalgeber weitgehend gleichwertige Stellung innehat. Die Forderung müsste an der Primärbefriedigung teilhaben und die Verlustbeteiligung des Gesellschafters müsste vollends ausgeschlossen sein. Dann könnte der Gesellschafter – allerdings nur nach obiger strittiger Ansicht[49] – die Beträge in den Schranken des § 735 Satz 2 BGB fordern.

dd) Möglichkeit 4: „Klassisches" Eigenkapital

Der Vollständigkeit halber sei auch auf die Möglichkeit hingewiesen, dass die Einlage des Gesellschafters zur Verlustverrechnung bestimmt ist und entsprechend (automatisch) nicht an der Primärbefriedigung teilnimmt.[50]

III. Rücklage und Außenverhältnis

1. Haftungsausschluss

Der für den Ausschluss der Haftung des Kommanditisten i.R.d. §§ 171 ff. maßgebliche Grundsatz der realen Kapitalaufbringung[51] gilt auch für die Rücklage. Die umgebuchten Gewinne befreien den Kommanditisten – wenn die Haftsumme entsprechend erhöht wird oder eine durch Entnahmen[52] verursachte Minderung auf dem Kapitalkonto ausgeglichen werden soll – nur dann, wenn sie tatsächlich entstanden sind,[53] und wenn sie bei Umwandlung als vollwertige Forderung gegen die Gesellschaft gelten können.[54] Wenn die Eintragung der Erhöhung nach

49 Vgl. oben Fn. 44.

50 Zur Auslegung vgl. *Kübler*, DB 1972, 942, 944.

51 Vgl. nur *Wiedemann*, FS Bärmann, S. 1037, 1038.

52 Dies bezieht sich auf die o. g. Konstellation (vgl. II. 3.), in der die Gesellschafter einer Eigenkapitalentnahme des Kommanditisten zugestimmt haben. Da der Kommanditist nach hier vertretener Auffassung grundsätzlich aus dem Eigenkapital auch Gewinne nur auf diese Weise entnehmen kann, wäre die Rücklagenbildung also nur in der ebenfalls oben angesprochenen Konstellation sinnhaft, wenn die Gesellschafter der weitergehenden Eigenkapitalgewinnentnahme zugestimmt haben.

53 RGZ 37, 82, 85; *U. Huber*, FS Knobbe-Keuk, S. 203, 217.

54 BGHZ 95, 188, 195; *Wiedemann*, FS Bärmann, S. 1037, 1044.

der Umbuchung erfolgt, darf die Rücklage außerdem noch nicht durch Verlustbuchungen aufgezehrt sein.[55]

Allerdings könnte man bezüglich der Notwendigkeit des tatsächlichen Entstehens der Gewinne auch eine Anwendung des § 172 Abs. 5 HGB in Betracht ziehen.[56] Da die Gewinne mit der Gutschrift auf dem Gewinnkonto als „bezogen" im Sinne der Norm gelten,[57] könnte der Gutglaubensschutz berücksichtigt werden. Damit würde das Vertrauen des Kommanditisten in die bilanzierten Gewinne im Hinblick auf deren Potential zur Enthaftung im Außenverhältnis geschützt, welches dasselbe ist, wie das Vertrauen darin, dass die Haftung durch Entnahme nicht wieder auflebt. Insofern ergäbe sich ein gewisser Vorteil der Gewinnrücklagenbildung im Außenverhältnis. Tatsächlich wertlose Einlagenleistungen können dagegen in keinem Fall enthaften.

2. Bewertungsfragen

Für die Bestimmung der Reichweite des Haftungsausschlusses durch Einlagenleistung gem. § 171 Abs. 1 Hs. 2 ist grundsätzlich die Frage nach dem Bewertungsansatz für die Einlage bedeutsam. Wird eine Haftsummenerhöhung vor der Rücklagenbildung wirksam, so ist schlicht die Werthaltigkeit der (hypothetischen) Gewinnforderung zu prüfen. Schwieriger ist die Frage, wie hoch die Einlage in ihrem Wert anzusetzen ist, wenn die Eintragung nach der Rücklagenbildung erfolgt.

Der Bundesgerichtshof hat dabei zu dem ähnlich gelagerten Fall der Umbuchung eines Komplementär-Kapitalanteils entschieden. Die Bewertung und damit die Enthaftung sollen hier unter Berücksichtigung der stillen Reserven erfolgen.[58] Ob diese Aussage zu verallgemeinern ist, der Kommanditist also grundsätzlich den Gläubigern (eingebrachte) stille Reserven entgegenhalten kann, ist vor allem wegen der Schwierigkeiten der haftungsrechtlichen Erfassung stiller Reserven im Verhältnis zu später realisierten Veräußerungsgewinnen problematisch.[59] Vorliegend kann die Frage aber eindeutig verneint werden. Man könnte zwar fragen,

---

55 *U. Huber*, FS Knobbe-Keuk, S. 203, 217.

56 A.A. *K. Schmidt*, in: MüKo, HGB, § 172 Rdnr. 85.

57 *Schilling*, in: Staub, HGB, § 172 Rdnr. 17; *v. Gerkan*, in: Röhricht/Graf von Westphalen, HGB, § 172 Rdnr. 43.

58 BGHZ 101, 123, 126.

59 Vgl. *U. Huber*, S. 211 f., der sich gegen eine Berücksichtigung stiller Reserven im Außenverhältnis aussprechen, da der der Unterbewertung entsprechende Betrag ansonsten zweimal erfasst würde; zum einen bei der Einbringung und zum anderen bei Realisierung durch Veräußerung. Dann würde der Betrag nämlich auf das Gesellschafterkonto gebucht und könnte dort erneut enthaften. Dagegen die wohl h.M., vgl. BGHZ 101, 123, 126; *Frey*, ZGR 1988, 281, 290; *Wiedemann*, GesR II, S. 805.

ob im Zeitpunkt der Eintragung (da die Einbringung bereits vorher stattgefunden hat) unter Berücksichtigung der auf den Kommanditisten entfallenden stillen Reserven das Festkapital und die Gewinnrücklage noch vorhanden sind. Demnach könnte auch eine durch Verlustbuchungen aufgezehrte Rücklage durch zwischenzeitliche Bildung stiller Reserven (im sonstigen Aktivvermögen) ausgeglichen werden. Dies widerspräche jedoch dem Grundsatz, die nach § 171 Abs. 1 HGB enthaftende Einbringung (bzw. die Bewertung der Einlage)[60] müsse nach (bzw. bei) der Eintragung stattfinden;[61] es ist nämlich zu differenzieren: Die Berücksichtigung stiller Reserven kann im Zeitpunkt der Einbringung stattfinden bzw. in der vorliegenden Konstellation bei Eintragung – dies entspricht dem Grundsatz der realen Kapitalaufbringung.[62] Die reine Verweisung auf *nachträglich entstandene* stille Reserven kann demgegenüber nicht enthaften.[63]

Wären im Zeitpunkt der Wirksamkeit der Haftsummenerhöhung unter Berücksichtigung der stillen Reserven tatsächlich die Festeinlage und die Rücklage wertmäßig (und anteilig) im Gesellschaftsvermögen vorhanden, so könnte dies auch nur die nach Einbringung der ursprünglichen Einlage erfolgte Wertsteigerung der ersteren darstellen. Mit anderen (einfacheren) Worten: Rücklagen können keine stillen Reserven entwickeln. Es ist also allein darauf abzustellen, ob die Rücklage durch Verluste aufgezehrt ist oder nicht.

---

60 Es kommt darauf an, wie weit die Haftsumme nach der außenwirksamen Erhöhung im weiteren Verlauf maximal gedeckt wurde: *Frey*, ZGR 1988, 281, 291.

61 *Wiedemann*, FS Bärmann, S. 1037, 1045.

62 BGHZ 101, 123, 127; BGHZ 109, 334, 336.

63 BGHZ 109, 334, 338 f.

Teil 2: Vertragliche Voraussetzungen einer Mehrheitsentscheidung

I. Grundlagen

Wie eine Mehrheitsklausel im Gesellschaftsvertrag einer Personenhandelsgesellschaft beschaffen sein muss, um im Einzelfall zu „funktionieren“, d.h. eine ausreichende *formelle Legitimation* für den Mehrheitsbeschluss zu bieten, wurde zunächst anhand des sog. Bestimmtheitsgrundsatzes geprüft.[64] Bei der näheren Betrachtung dieser formellen Voraussetzungen entstehen dabei weitere Fragen, ohne deren Beantwortung kein abschließendes Bild der Grundlagen[65] von Mehrheitsentscheiden gezeichnet werden kann. Sobald geklärt ist, wo die Vertragsänderung als ein entscheidender Schutzbereich bei der Frage nach der Reichweite der formellen Legitimation von Mehrheitsentscheiden anfängt, drängte sich die Frage nach der weiteren Bedeutung der Differenzierung auf.

Über diese Kontrolle der Verfahrensvoraussetzung einer ausreichenden Legitimation durch eine Mehrheitsklausel hinaus waren nach der Konzeption des Bestimmtheitsgrundsatzes die Schranken des Kernbereichs und der Treuepflicht zu beachten.[66] Der Bestimmtheitsgrundsatz selbst gewährleistete bereits bei der Ermittlung der Reichweite einer Mehrheitsklausel durch Auslegung den Schutz der überstimmten Gesellschafter. Die Frage, ob der konkrete Beschluss von der Mehrheitsklausel gedeckt ist, wurde für ungewöhnliche Beschlussgegenstände im Zweifel verneint.[67] Insofern kam dem Rechtsprinzip durchaus noch eine gewisse *eigenständige* Schutzfunktion zu,[68] da man als Auslegungsregel auch festlegen könnte, (auch) im Zweifel seien alle Entscheidungen von einer einfachen Klausel erfasst.[69] Nach der Festigung dieses Rechtsprinzips durch das Otto-Urteil konnte man wie folgt zusammenfassen:

---

64 Klarstellend BGHZ 179, 13, 20 f. (Schutzgemeinschaftsvertrag II); so schon *K. Schmidt*, ZGR 2008, 1, 8 f.

65 Dabei sind die in diesem Kapitel behandelten „Grundlagen“ nicht allein formeller Natur. Der Vertragsverstoß ist ein materieller Fehler. Hier zählt er aber funktional zu den Verfahrensfragen.

66 Zum heutigen Stand s. BGHZ 179, 13, 20 f. (Schutzgemeinschaftsvertrag II); BGHZ 170, 283, 286 ff. (Otto).

67 BGHZ 170, 283, 287 (Otto); BGHZ 8, 35, 41; *Leenen*, FS Larenz, S. 371, 372.

68 A.A. *Schäfer*, in: Staub, HGB, § 119 Rn. 36, der davon ausgeht, der Bestimmtheitsgrundsatz sei heute herkömmliche Auslegung, damit die andere mögliche Grundannahme (vgl. nächste Fn.) übersieht.

69 So *Leenen*, FS Larenz, S. 371, 381 ff., 386 f.

Eine einfache bzw. allgemein gehaltene Mehrheitsklausel erfasste grundsätzlich Beschlüsse in *Fragen der Geschäftsführung.*[70] Diese Beschlüsse, die nach § 116 Abs. 2 oder aufgrund vertraglicher Zustimmungsvorbehalte des Gesellschafterkonsenses bedürfen, gelten im Hinblick auf den Minderheitenschutz als unproblematisch.

Eine einfache Vertragsänderungsklausel erfasste nur gewöhnliche *Vertragsänderungen.*[71] Dies ist der unbestrittene erste Anwendungsbereich des Abgrenzungskriteriums der Ungewöhnlichkeit.

Grundlagengeschäfte, die nicht Vertragsänderungen sind, erforderten keine ausdrückliche Vertragsänderungsklausel.[72]

Ungewöhnliche Maßnahmen bedürfen einer zusätzlichen Legitimation durch gesonderte Bestätigung des Willens der Gesellschafter im Hinblick auf die Erfassung von der Mehrheitsklausel.[73] Demnach müsste also gerade für den konkret in Rede stehenden Beschlussgegenstand positiv begründet werden, dass er erfasst ist. Für Grundlagenbeschlüsse war dies fraglich. Teilweise wurde angenommen der Bundesgerichtshof sei so zu verstehen, dass Grundlagenbeschlüsse von einer allgemeinen Mehrheitsklausel in jedem Falle erfasst würden.[74] Dagegen wurde argumentiert, es sei aber die Ungewöhnlichkeit doch – richtigerweise – bei Grundlagengeschäften indiziert, eine zusätzliche positive Bestätigung sei immer nötig.[75] Dieser Sicht der Dinge trat der Bundesgerichtshof inzidenter entgegen. Er ging zwar davon aus, die Ungewöhnlichkeit sei im Rahmen von Grundlagenentscheidungen normalerweise gegeben, beließ sich dort jedoch einen gewissen Spielraum. So nahm er die Feststellung des Jahresabschlusses vom zusätzlichen Legitimationszwang aus.[76]

Auch wenn der Bundesgerichtshof später ausdrücklich darauf hin wies, dass eine wörtliche Auflistung der erfassten Beschlussgegenstände auch bei ungewöhnlichen Beschlüssen nicht nötig sei,[77] so blieben doch erhebliche Rechtssicherheitsprobleme angesichts der Reichweite möglicher Auslegungsvarianten und der Schwammigkeit der vorgeschalteten Prüfung nach der Ungewöhnlichkeit.[78]

---

70 BGHZ 170, 283, 289 (Otto).

71 BGHZ 170, 283, 286 (Otto); BGHZ 20, 363, 369; BGHZ 8, 35, 41.

72 BGHZ 170, 283, 289 (Otto).

73 BGHZ 170, 283, 288 (Otto); BGHZ 8, 35, 42; BGH, DB 1961, 402, 402.

74 *Schulze-Osterloh*, FS Hadding, S. 637, 650 Fn. 74 (in Auslegung von BGH, DB 1961, 402, 402); *Ulmer/Schäfer*, in: MüKo, BGB, § 709 Rn. 95.

75 *Schulze-Osterloh*, FS Hadding, S. 637, 650.

76 BGHZ 170, 283, 288 (Otto) (insofern eine Klarstellung von BGH, DB 1961, 402, 402); zustimmend *K. Schmidt*, ZGR 2008, 1, 22.

77 BGHZ 170, 283, 283 (Otto).

78 *Wertenbruch*, NZG 2013, 641, 643.

Mittlerweile hat der Bundesgerichtshof den Bestimmtheitsgrundsatz insofern aufgegeben, als er auf die Abgrenzung nach der Ungewöhnlichkeit der Beschlussgegenstände verzichtet.[79] Demnach genügt es, wenn eine Mehrheitsklausel für „Änderungen des Gesellschaftsvertrages" gelten soll, um alle denkbaren Vertragsänderungen zu erfassen.[80] Dies ist zu begrüßen, da damit die immer schon monierte unklare dogmatische Verortung des Minderheitenschutzes bei Mehrheitsentscheidungen in der Personengesellschaft bereinigt wird. Der Minderheitenschutz ist andererseits – nach wie vor – in den Maßstäben der Beschlusskontrolle im Wege der Treuepflicht bereits berücksichtigt.[81] Auf diesem Wege ist eine differenziertere Abwägung der verschiedenen relevanten Interessenstandpunkte im verbandsinternen Verhältnis möglich, als dies durch ein einfaches Ungewöhnlichkeitskriterium erreicht wird, das nur auf den Gesellschafter blickt. Unverändert bleibt damit aber die entscheidende Frage, was eine „Vertragsänderung" in o.g. Sinne ist und welche Rechtsfolgen bei Entscheidungen auf mangelhafter Grundlage einschlägig sind.

II. Die Vertragsänderung

1. Grundfrage: Die Reichweite des Vertrags

Die erste Frage ist nun also die, ob die Thesaurierung durch Mehrheitsbeschluss eine Vertragsänderung darstellt. Dass es sich nicht um eine Maßnahme der Geschäftsführung handelt, ist klar, zumal nach dem Wegfall von § 253 Abs. 4 HGB a.F.[82] und der darin von einigen gesehenen gesetzgeberischen Wertung.[83] Dabei muss methodisch bei der Einsicht angesetzt werden, dass terminologische Einordnungen nur eine *begrenzte* Aussagekraft haben im Hinblick darauf, was sie für die Ableitung von Rechtsfolgen beitragen können.[84] Gerade im Rahmen der Beschlüsse jenseits der Geschäftsführungsebene sind große Abweichungen festzustellen.[85]

79 BGH, NZG 2013, 57, 59 f.; BGH, NZG 2013, 63, 63 f.; dazu Wertenbruch, NZG 2013, 641, 642 ff.

80 *Wertenbruch*, NZG 2013, 641, 643.

81 Daran hat sich nach aktueller Konzeption nichts geändert, vgl. BGH, NZG 2013, 63, 65.

82 Vgl. Art. 1 Nr. 10 BilMoG v. 24.4.2009, BGBl. I, 1102.

83 Auch unter Beachtung der Wertung der Norm so *Priester*, FS Quack, S. 373, 392; a.A. zur alten Rechtslage *Martens*, in: Schlegelberger, HGB, 5. Aufl. (Voraufl.), § 120 Rn. 16.

84 Vgl. *Enzinger*, in: MüKo, HGB, § 119 Rn.10; *Priester*, DStR 2007, 28, 30 f.; *K. Schmidt*, GesR, § 20 II 1 a.

85 Maßnahmen jenseits der Geschäftsführung sind generell Vertragsänderungen nach *F. Kübler/Assmann*, GesR, § 6 III 2. a); *U. H. Schneider*, FS Bärmann, S. 873, 879. Dagegen und ausführlich zu den terminologischen Unklarheiten *Priester*, DStR 2007, 28, 29; *Schulze-Osterloh*, FS Hadding, S. 637, 637 ff.

Die Frage danach, ob ein Beschluss eine Vertragsänderung darstellt, ist im Hinblick auf die jeweiligen Rechtsfolgen zu beantworten. Die Abgrenzung der Geschäftsführungs- von der Gesellschafterkompetenz als erster Ansatzpunkt ist in der Personenhandelsgesellschaft relativ streng. Gesellschafter haben bereits ab der Schwelle „außergewöhnlicher" Geschäftsführungsfragen ein Zustimmungs- bzw. Abwehrrecht (*actio negatoria*) gem. § 116 Abs. 2 HGB.[86] Dort ist die Frage unbedeutend. Relevant wird sie für Zustimmungspflichten aus der Treuepflicht; teilweise erkennt man bei der Vertragsänderung einen gewissen Bestandsschutz des *status quo* an.[87] Auch im Rahmen der Reichweite der Vertretungsmacht der Geschäftsführung wird die Bedeutung der Abgrenzung diskutiert,[88] was auf hier nicht einschlägigen Verkehrschutzerwägungen beruht.

Entscheidend ist die Abgrenzung im Verbands*innen*verhältnis bei der Bestimmung der Reichweite gewillkürter Formerfordernisse, zu denen auch nach dem Bestimmtheitsgrundsatz zu prüfende Mehrheitsklauseln zu zählen sind.[89] Hier geht es um die Auslegung des Vertrages, *in concreto* der Formklauseln. Dabei muss man daran erinnern, dass *diese* Abgrenzung ohne die dem Rechtsinstitut innewohnende Voreingenommenheit getroffen werden kann. Auch wenn der Bundesgerichtshof auf die Notwendigkeit einer ausdrücklichen Vertragsänderungsklausel hinweist,[90] so ist damit schließlich nicht gesagt – und den Aussagen auch nicht zu entnehmen – dass diese Abgrenzung der Beschlussgegenstände restriktiv zu erfolgen hätte.

Anzusetzen ist nun bei der besonderen Komplexität des Gesellschaftsverhältnisses. Dass außerhalb des eindeutigen Regelungsbereichs Entscheidungen getroffen werden müssen, die das Verhältnis der Gesellschafter zueinander betreffen, steht von vorneherein fest.[91] Diese „Offenheit" spiegelt sich jedenfalls in den

---

86 Für einen deliktischen Schutz dieses Rechts *Habersack*, S. 298 ff.; für ein mitgliedschaftsrechtliches Klagerecht *Zöllner*, ZGR 1988, 392, 426, 440.

87 Der BGH und die h.L. nehmen eine solche nur in eng begrenzten Ausnahmefällen (Zumutbarkeit) an, vgl. BGH, NJW 1985, 972, 973; *K. Schmidt*, in: MüKo, HGB, § 105 Rn.164; *Wiedemann*, GesR II, S. 121.

88 *Mülbert*, in: MüKo, HGB, KonzernR Rn. 73 und *Grunewald*, GesR, S. 99, gehen davon aus, das Grundlagengeschäft könne sogar von der Vertretungsmacht gedeckt sein.

89 *Enzinger*, in: MüKo, HGB, § 119 Rn. 1; *Menk*, S. 8; *Schulze-Osterloh*, FS Hadding, S. 637, 645.

90 BGHZ 170, 283, 289 (Otto).

91 Zum Prinzip des „offenen" Vertrags vgl. *Cahn/Senger*, in: Spindler/Stilz, AktG, § 53a Rn.41; *Enzinger*, in: MüKo, HGB, § 119 Rn. 6; *Fleischer*, ZGR 2001, 1, 4 ff.; *Hirte*, S. 25 f.; *Hüffer*, FS Steindorff, S. 59, 68; *Lutter*, AcP 180 (1980), 84, 91, 103; *ders.*, ZHR 162 (1998), 164, 166; *Wiedemann*, GesR II, 2004, S. 94 ff.; *M. Winter*, S. 17.

Merkmalen Handelsgewerbe, Unbefristetheit und Mehrheitsentscheide wider.[92] Diese vertragsrechtliche Besonderheit spricht bereits eindeutig dagegen, jegliche ungeregelte Grundlagenmaßnahme als Vertragsänderung zu behandeln, etwa weil die Gesellschafter stillschweigend über den ausdrücklichen Vertragsinhalt hinaus geregelt hätten. Man kann dem zunächst nur eine Auslegungsneigung für die *bestehende* Regelungen in Richtung Erhalt des Verbands entnehmen.[93] Die Grenzen zur vereinbarten sonstigen Konsensbereitschaft im ungeregelten Bereich sind dabei fließend, der Korrekturmaßstab bleibt derselbe.[94] Daraus ergibt sich aber, dass die Handlungsanweisungen des Gesellschaftsvertrags im Regelfall Raum für Entwicklung lassen. Entscheiden die Gesellschafter über Organisationsmaßnahmen wie die Abschlussfeststellung, so berührt dies, sofern ihre Umstände bislang nicht geregelt sind, den Vertrag als Regelungswerk höherer Ebene[95] eindeutig nicht.

Demnach ist es abzulehnen, wenn bei Vorliegen eines „dürftigen" Vertrages, der mangels Regelungslücke nicht der ergänzenden Auslegung zugänglich ist,[96] davon ausgegangen wird, die §§ 105 ff. würden kraft vertraglicher Einbeziehung gelten.[97] Dasselbe gilt für die auf der gleichen Grundannahme vom restriktiven Innenverhältnis der Gesellschaft beruhende Auffassung, alle Entscheidungen jenseits der Geschäftsführung, nicht nur die in den §§ 105 ff. geregelten, seien Vertragsänderungen.[98] Gegen die Abweichung vom dispositiven Gesetzesrecht als Vertragsänderung spricht schon die Unstimmigkeit in der Fehlerfolgenregelung. Dieser Fall ist unstreitig nicht von § 134 BGB erfasst[99] – die Norm, auf die die Nichtigkeit vertragswidriger Beschlüsse herkömmlicherweise gestützt wird.[100]

---

92 Für die Abgrenzung der Vertrags- von den Organisationsgesellschaften vgl. *Wiedemann*, ZGR 1996, 286, 299.

93 *Schäfer*, in: Staub, HGB, § 105 Rn. 199.

94 Zum rechtsgeschäftlichen Ursprung der Treuepflicht vgl. *Hüffer*, AktG, § 53a Rdnrn. 3, 15; *ders.*, FS Steindorff, S. 59, 65; *Immenga*, FS 100 Jahre GmbHG, 1992, S. 189, 203; *Lutter*, ZHR 162 (1998), 164, 168; *Tröger*, S. 73; *Ulmer*, in: Staub, HGB, 4. Aufl. (Voraufl.), § 105 Rn. 253; *M. Winter*, S. 63 ff; *Würthwein*, in: Spindler/Stilz, AktG, § 243 Rn.150.

95 Vgl. *Casper*, ZHR 163 (1999), 54, 74; *Habersack*, ZGR 1994, 354, 356; *Schäfer*, in: Staub, HGB, § 119 Rn. 87. Dies entspricht der Differenzierung in schuld- und organisationsrechtliche Ebene bei *Wiedemann*, ZGR 1996, 286, 287.

96 Vgl. dazu *Ulmer*, in: Staub, HGB, 4. Aufl. (Voraufl.), § 105 Rn.163.

97 BGHZ 38, 306, 316; mit vergleichbarer Argumentation *Priester*, ZHR 151 (1987), 40; *Schulze-Osterloh*, FS Hadding, S. 637, 644; *Wertenbruch*, ZIP 2007, 798, 801; a.A. *Menk*, S. 9; *Schlüter*, S. 40; *Ulmer*, in: Staub, HGB, 4. Aufl. (Voraufl.), § 105 Rn. 163 Fn. 351.

98 Vgl. Fn. 85; ebenso aber auch *U. Huber*, FS Knobbe-Keuk, S. 207, 208.

99 Unstrittig, vgl. nur *Armbrüster*, in: MüKo, BGB, § 134 Rn. 46; *Casper*, ZHR 163 (1999), 54, 67; *Noack*, S. 20.

100 Vgl. z.B. *Hopt*, in: Baumbach/Hopt, HGB, § 119 Rn. 31.

Bereits an dieser Stelle müssen also Zweifel an der Stimmigkeit dieses Konzepts aufkommen.[101]

Die Frage nach dem Tatbestand der Vertragsänderung kann entsprechend nur dem Vertrag selbst zu entnehmen sein. Dabei ist den restriktiven Stimmen zumindest zuzugeben, dass eine gewisse Vorsicht geboten ist. Denn der Gesellschaftszweck und der Unternehmensgegenstand haben eine grundsätzliche Geltung. Neben der Möglichkeit der Abbedingung von sich im Wortlaut auf den Beschlussgegenstand beziehenden Vertragsbestandteilen muss sich jede Maßnahme auch an diesen beiden Grundlinien messen lassen. Die Reichweite des Vertrags könnte sich also „durch die Hintertür" ausweiten. Das Grundlagengeschäft leistet mit den ihm zugeordneten Rechtsfolgen dabei allerdings ausreichend Schutz für das Selbstbestimmungsrecht der betroffenen Gesellschafter. Dies gilt insbesondere auch für den Bestimmtheitsgrundsatz, der die Grundlagengeschäfte weitestgehend in den nur bei zusätzlicher Auslegbarkeit der Mehrheitsmacht zugänglichen Bereich einordnet.

Bei der Gewinnverwendung steht dementsprechend das Verlassen des vertraglich ermächtigten Handlungsbereichs durch Zwecküberschreitung bzw. ein Zweckverstoß (*Widerspruch* zur unmittelbaren Zweckverfolgung) in Rede.[102] Das zur Begründung der Vertragsänderungsqualität aus diesem Gesichtspunkt angeführte Argument der *vertraglichen* Geltung des Vollsausschüttungsgebotes[103] ist allerdings im Ergebnis nicht ausreichend. Denn der Zweckverstoß allein – sofern man diesen hier überhaupt bejahen mag[104] – könnte sich aus der Sicht der Gesellschafter in seinen Rechtsfolgen auch auf die Qualität als Grundlagengeschäft beschränken. Denn der Vertrag bleibt, indem er die Rechtswidrigkeit der Maßnahme anordnet, letztlich unberührt.[105] Auch die These von der Vertragsänderung aufgrund Zwecküberschreitung kann nicht überzeugen. Ansonsten müsste man die Existenz von Grundlagengeschäften i.e.S. überhaupt verneinen, da diese generell nicht mehr unmittelbar vom Zweck gedeckt sind. Jede Handlung betreffend das Verhältnis der Gesellschafter zueinander wäre Vertragsänderung. Dies wäre

101 Dazu mehr unter II. 2. Auch wenn hier von einer anderen Fehlerfolgenregelung ausgegangen wird, so bleibt die Unstimmigkeit der Konzeption von der Vertragsänderung kraft Abweichung vom dispositiven Gesetzesrecht.

102 Entscheidender Unterschied der Alternativen ist, dass letzteres tatsächlich, auch wenn es sich nach hier vertretener Auffassung damit gerade nicht um eine Vertragsänderung handelt, vertragswidrig wäre.

103 *Priester*, FS Hadding, S. 607, 616; *ders.*, ZHR 151 (1987), 40 42; *Schulze-Osterloh*, FS Hadding, S. 637, 644; *Wertenbruch*, ZIP 2007, 798, 801.

104 Dazu, ob die Ausschüttung durch den Gesellschaftszweck vorgeben ist, vgl. Teil 4, III. 3. b. cc).

105 *Priester*, FS H. P. Westermann, S. 1281, 1283; *U. H. Schneider*, in: Scholz, GmbHG, § 37 Rn. 13 Fn. 4; *Zöllner*, in: Baumbach/Hueck, § 53 Rn. 43.

jedoch nur dann richtig, wenn der Gesellschaftszweck eine Sperrwirkung für zukünftige Gesellschafterentscheidungen entfalten würde. Dieser Gedanke widerspricht aber ebenfalls dem Prinzip des „offenen“ Vertrags. Vielmehr statuiert der Gesellschaftszweck eine Kompetenzbegrenzung für die Geschäftsführung und für alle Verbandsmitglieder ein Verbot des Zuwiderhandelns i.S. einer „Störung“. Er enthält aber keine abschließende Regelung für das gesamte Innenverhältnis. Er enthält also für die Gesellschafter auch keine *negative* Handlungsanweisung.

Denn das Verhältnis der Gesellschafter der OHG/KG hat nicht nur schuldrechtliche Elemente. Vielmehr wird (auch im Innenverhältnis) eine Organisation begründet,[106] die durchaus „auf“ dem Vertrag – und nicht nur auf Ebene des Vertrags – handelt. Wieso diese flexible Ausgestaltung, die bei den Kapitalgesellschaften vom Gesetz vorgegeben ist (vgl. z.B. § 46 f., 53 f. GmbHG), nicht auch durch Vertrag entstehen sollte, ist nicht einsichtig,[107] soweit Drittinteressen nicht entgegenstehen. Dabei ist natürlich davon auszugehen, dass eine restriktive Organisation des Innenverhältnisses möglich ist; sie bedürfte aber im Angesicht der genannten Merkmale (Handelsgewerbe, Unbefristetheit, Mehrheitsentscheide) einer ausdrücklichen Anordnung.

Letztlich ist also beim konkreten Beschluss immer danach zu fragen, wie er sich nach dem Willen der Gesellschafter zur Vertragsebene verhalten soll.[108] Zunächst betrifft die Entscheidung über die Gewinnverwendung dabei inhaltlich lediglich das – nach Vertragsschluss entstandene – Verhältnis des Verbands zum Gesellschafter.[109] Damit ist aber die schuldrechtliche Ebene verlassen.[110] Der Befund von der Flexibilität des Innenverhältnisses wird auch durch den in § 243 Abs. 1 AktG zum Ausdruck kommenden Gedanken vom rechtsfolgenseitig begrenzten Vertragsvorrang belegt. Denn wenn es den Vertragsverstoß als eigene (abschließende) Mängelkategorie (hier: Anfechtbarkeit) gibt,[111] so kann er nicht gleichzeitig eine Vertragsänderung darstellen. Denn damit würden die weiteren Wirksamkeitsvoraussetzungen der Vertragsänderung einbezogen.[112]

---

106 Heute h.M., vgl. *Haar*, S. 18, 299; *Priester*, FS Hadding, S. 607, 610 f.; *K. Schmidt*, in: MüKo, HGB, § 105 Rn.114; *ders.*, ZGR 2008, 1, 4 f.; *Schäfer*, in: Staub, HGB, § 105 Rn. 139; *Ulmer*, in: Staub, HGB, 4. Aufl. (Voraufl.), § 105 Rn.141; *Wiedemann*, ZGR 1996, 286, 287.

107 So *Mülbert/Gramse*, WM 2002, 2085, 2086; 2091; *Wiedemann*, ZGR 1996, 286, 299.

108 Vgl. *Habersack*, ZGR 1994, 354, 368 f.; *Zöllner*, FS Priester, S. 879, 882 ff.

109 Vgl. *Priester*, FS Hadding, S. 606, 614; *Wiedemann*, FS Kellermann, S. 529, 532 f.

110 Vgl. *Wiedemann*, ZGR 1996, 286, 287.

111 Für die Personenhandelsgesellschaft vgl. nur *Schäfer*, in: Staub, HGB, § 119 Rn. 90.

112 *Habersack*, ZGR 1994, 354, 363; *Zöllner*, FS Priester, S. 879, 884. Nach h.M. im Beschlussfehlerfolgenrecht der OHG/KG ist dies zwar nur eine sprachliche Unterscheidung, die Nichtigkeit folgt in beiden Fällen. Das hiesige Verständnis von der Fehlerfolgenregelung gibt dem Argument aber auch inhaltlich Bedeutung. Damit ergibt das Organisationskonzept insgesamt ein schlüssiges Bild.

Würde man die Reichweite des Gesellschaftszwecks demgegenüber gemäß den Gegenstimmen erhöhen, würde den Gesellschaftern ein wichtiges Instrument zur Differenzierung der Verfahrensanforderungen und dem damit verbundenen Gesellschafterschutz genommen. Die Differenzierung der verschiedenen Kategorien, wie sie im Übrigen der neuen Rechtsprechung des Bundesgerichtshofs entspricht,[113] gewährleistet Schutz nur dort, wo er gewollt ist. Dieser ergibt sich differenzierterweise bei Grundlagenmaßnahmen (nur) aus der Höherwertigkeit des vertraglich Vereinbarten. Der Verstoß dagegen stellt im Gegensatz zur Unwirksamkeit des Beschlusses mangels Erreichen des vorgeschriebenen (qualifizierten) Quorums[114] (Unvollständigkeit des Tatbestands) einen weniger gewichtigen Mangel (inhaltlicher Verstoß als Wirksamkeitsmangel)[115] dar.

Die Rechtsfolgen sind, besonders wenn man von einer analogen Anwendbarkeit der §§ 241 ff. AktG ausgeht,[116] aber auch dann, wenn etwa vertragliche Fristen für die Geltendmachung von Beschlussmängeln vorgesehen sind,[117] „Anfechtbarkeit" oder (nur durch die Verwirkung begrenzte) Unwirksamkeit. Festzuhalten bleibt damit jedenfalls bereits hier, dass sich die Gesellschafter auf verschiedenen rechtsgeschäftlichen Ebenen bewegen, die in einem flexiblen Verhältnis zueinander stehen. Der Vertrag kann dabei aus ihrer Sicht immer nur die Grundordnung sein.

2. Einzelfallregelung als Kriterium?

Fraglich bleibt die Behandlung des konkreten (Einzelfall-)Beschlusses, der inhaltlich im Widerspruch zu einer bestehenden Vertragsregelung gefasst wird. In Fortführung des Gedankens von der Gestaltungshoheit der Gesellschafter, die nur durch die Höherwertigkeit des Vertrages begrenzt wird, muss ein solcher Beschluss dabei gedanklich in zwei Teile gespalten werden: Die inhaltliche Folge (Gewinnverteilung) und die rechtliche Fundierung (Legalisierung im Verhältnis

113 Vgl. BGHZ 170, 283, 288 ff. (Otto).

114 BGHZ 104, 66, 69; *Schäfer*, in: Staub, HGB, § 119 Rn. 88.

115 Zu dieser Differenzierung der rechtsgeschäftlichen Fehlerkategorien s. BGHZ 48, 141, 143; *Casper*, ZHR 163 (1999), 52, 63; *ders.*, S. 30 f.; *Hüffer*, AktG, § 241 Rn. 4 ff.; *Noack*, S. 10 ff.

116 Insbes. *K. Schmidt*, ZGR 2008, 1, 26 ff.; zust. *Enzinger*, in: MüKo, HGB, § 119 Rn. 98; *Priester*, FS Hadding, S. 607, 617; die Anfechtbarkeit aus bürgerlich-rechtlicher Fehlerfolgenlehre ableitend *Casper*, ZHR 163 (1999), 52, 66 ff.; *Noack*, S. 15 ff.; a.A. – *Ipso-iure*-Nichtigkeit – die h.M., vgl. BGH, WM 1995, 701, 705; BGH, WM 1966, 1036; *Hopt*, in: Baumbach/Hopt, HGB, § 119 Rn. 31; *Schäfer*, in: Staub, HGB, § 119 Rn. 87.

117 Vgl. BGH, ZIP 2007, 1368; *K. Schmidt*, FS Stimpel, S. 217, 242; *ders.*, ZGR 2008, 1, 30.

zum Vertrag).[118] Bei der Anwendung des § 139 BGB[119] ist nun anzunehmen, dass ersteres auch allein bestehen soll. Denn die beschließende (einfache) Mehrheit will aktuell die Ergebnisverteilung bewirken, unabhängig von der (tatsächlichen) Überschreitung rechtlicher Hürden. Insoweit ist es aus der dynamischen Perspektive unerheblich,[120] ob die punktuelle Vertragsänderung als zweites Element gewollt ist.[121] Damit löst sich auch der vordergründige Wertungswiderspruch in den Rechtsfolgen von „heimlicher" Vertragsdurchbrechung (nur vertragswidrig) und „offenem" Vertragsverstoß[122] (Regeln der Vertragsänderung einschlägig) auf. Übrig bleibt als Fehlerkategorie in jedem Fall die – in den Rechtsfolgen auch nur als solche zu behandelnde – Vertragswidrigkeit.

Dabei kann der Einzelfallcharakter der Entscheidung zunächst keine abweichende Beurteilung im Hinblick auf den Vertragsvorrang als Tatbestandsmerkmal begründen.[123] Zwar werden solche Entscheidungen, „bei denen sich die Wirkung (...) in der betreffenden Maßnahme erschöpft"[124] von manchen im Hinblick auf Verfahrenserfordernisse rundheraus (als Ausnahmefall) privilegiert.[125] Doch bleibt eine solche restriktive Auslegung der Verfahrensklausel (bzw. des sonstigen Vertragsinhalts) Willkür.[126] Denn wer die Grenzen der Vertragsgeltung durchbrechen will, müsste genau sagen können, wo sie liegen. *Insofern* sind aber punktuelle und dauernde (abstrakte) Abweichung nicht zu unterscheiden,[127] da beide Fälle den

118 Vgl. *Habersack*, ZGR 1994, 354, 366; *Zöllner*, FS Priester, S. 879, 882.

119 Zur Anwendung auf Beschlüsse vgl. *Hüffer*, AktG, § 241 Rn. 36.

120 Etwas anderes ergibt sich natürlich dann, wenn das zweite Element gewollt *und* die Form erfüllt ist, dann entfällt auch die Anfechtbarkeit.

121 A.A. *Habersack*, ZGR 1994, 354, 363; *Zöllner*, FS Priester, S. 879, 881, 884, die § 139 BGB ohne nähere Begründung ausblenden, und damit in diesen Fällen den gesamten Beschluss als Vertragsänderung mit entsprechender Unwirksamkeitssanktion ansehen.

122 Insbes. *Stein*, in: MüKo, AktG, § 179 Rn. 42 nimmt an, die unbewusste Abweichung von der Satzung durch die Einzelmaßnahme dürfe nicht besser stehen, als die bewusste (und gewollte) Abweichung.

123 *Priester*, ZHR 151 (1987), 40, 49.

124 BGHZ 123, 15, 19; so bereits *Priester*, ZHR 151 (1987), 40, 52.

125 S. zur antizipierten (Einzelfall-)Ausnahmeregelung, die in eine Schriftformklausel hineingelesen wird, BGHZ 66, 378, 381; OLG Düsseldorf, NJW 1977, 2216, 2217; *Ulmer*, in: Staub, HGB, 4. Aufl. (Voraufl.), § 105 Rn. 179. Allgemein zur formlosen Durchbrechung eines gewillkürten Formzwangs s. *Wendtland*, in: Bamberger/Roth, § 125 Rn. 14 .

126 I.E. wie hier *Einsele*, in: MüKo, BGB, 125 Rn. 70; *Röttger*, S. 137 f.; *Wiedemann*, in: Gestaltungsfreiheit im Gesellschaftsrecht, S. 5, 28.

127 So *Habersack*, ZGR 1994, 354, 362 f.; *Zöllner*, FS Priester, S. 879, 888; die Argumentation der Befürworter einer Differenzierung im Gesellschaftsrecht orientiert sich dementsprechend auch nur am allein kapitalgesellschaftsrechtlich relevanten Schutz des Rechtsverkehrs (HR-Eintragung), vgl. *Priester*, ZHR 151 (1987), 40, 52 f.

Vertrag gleichsam grundsätzlich in seinem Geltungsanspruch berühren. In dieser weiten Selbstbindung liegt kein (unzulässiger) Verzicht auf die Vertragsfreiheit,[128] sondern vielmehr eine Ausübung derselben.[129] Denn gerade diese Bindung ist es, welche die Teilnahme am Rechtsverkehr ermöglicht.

Allerdings wird die Differenzierung in Einzelfallbeschlüsse und weiter wirkende Rechtshandlungen für die Rechtsfolgenseite relevant. Der Vertragsverstoß als Beschlussmängelkategorie ist mangels Gesetzeseigenschaft des Vertrages i.S.d. Art. 2 EGBGB nicht von § 134 BGB erfasst.[130] Dass die Fehlerfolge der Vertragswidrigkeit ganz im Gegenteil zur Disposition der Gesellschafter steht, wird inzident durch die Anerkennung für alle geltender vertraglicher Ausschlussfristen,[131] die diesbezüglich eine Disposition darstellen, bestätigt.[132] Auch die Rechtsfolge einer Verletzungshandlung muss sich also aus dem Vertrag selbst ergeben.[133]

Dabei bedarf die Geltendmachung der Unwirksamkeit eines Gestaltungsaktes, der Durchsetzung des *subjektiven Rechts* auf vertragskonformes Verhalten des Verbands.[134] Aus der Normenhierarchie zwischen Vertrag und Beschluss lässt sich die Nichtigkeit *ipso iure* gerade nicht ableiten,[135] da dies der immanenten Dynamik des Verbandsverhältnisses widerspräche.[136] Vielmehr bringt es die Anerkennung dieses Grundprinzips mit sich, dass der „alten Privatautonomie"[137] die Angriffslast aufgebürdet wird, da sie – im Gegensatz zum aktuellen Beschluss – nicht in der Zeit liegt.[138] Insofern ist die Frage nach der Rechtssicherheit als wesentlicher Maßstab der Diskussion[139] um die Wirksamkeit dieses mehrseitigen

---

128 So aber für einstimmige Entscheidungen *Hefermehl*, in: Soergel, BGB, § 125 Rn. 33.

129 So zutr. *Wiedemann*, in: Gestaltungsfreiheit im Gesellschaftsrecht, S. 5, 28.

130 *Casper*, ZHR 163 (1999), 54, 67 f.; *Noack*, S. 13, 22, 33; *Schäfer*, in: Staub, HGB, § 119Rn. 78, 85; *Ulmer*, in: Staub, HGB, 4. Aufl. (Voraufl.) § 119 Rn. 81, 89 f.

131 Vgl. Fn. 117.

132 *Noack*, S. 33, 72 f., 174; s. auch *Casper*, S. 55 f.; *K. Schmidt*, FS Stimpel, 217, 242.

133 So auch *Köster*, S. 79; *Ulmer*, in: Staub, HGB, 4. Aufl. (Voraufl.), § 119 Rn. 89 f.

134 So *Casper*, ZHR 163 (1999), 54, 68 ff.; *Enzinger*, in: MüKo, HGB, § 119 Rn. 106 f.; *K. Schmidt*, FS Stimpel, S. 217, 234 ff.

135 So aber *Köster*, S. 79; *Schäfer*, in: Staub, HGB, § 119 Rn. 87; *Ulmer*, in: Staub, HGB, 4. Aufl. (Voraufl.), § 119 Rn. 90; i.E. auch *Noack*, S. 47, 103 ff., die letztlich kein Interesse an der vorläufigen Bestandskraft anerkennen.

136 S. *K. Schmidt*, FS Stimpel, S. 217, 232; *ders.* ZGR 2008, 1, 27, der Mehrheitsentscheidungen und das Vorhandensein einer Verbandsorganisation als wesentliche Grundlagen für die Notwendigkeit der Anfechtung nennt.

137 *Wiedemann*, in: Gestaltungsfreiheit im Gesellschaftsrecht, S. 5, 27.

138 *Wiedemann*, GesR I, S. 159 führt aus, der Vertrag sei eine „Rahmenordnung", die durch „Einzelfallentscheidungen konkretisiert" werden müsse, und dabei einem „ständigen Sinneswandel" unterliege.

139 Vgl. *Wiedemann*, GesR II, S. 161.

Rechtsgeschäfts von der Perspektive (der Gesellschafter) abhängig. Geht es um den Erhalt des *status quo*, ist die Nichtigkeit *ipso iure* das Mittel der Wahl, geht es um die Anpassungsfähigkeit an geänderte Umstände, so ist es die Bestandskraft[140] des Beschlusses nach Ablauf der Anfechtungsfrist.[141]

Im Hinblick auf die Ausrichtung des Verbands auf die Zukunft leistet das Gestaltungsprinzip (vor allem im Verhältnis zu Dritten) dabei wesentlich mehr als die nur relativ wirkenden[142] allgemeinen Verwirkungsgrundsätze des Nichtigkeitsmodells. Deren Anwendung zeigt dabei – wie auch die Anerkennung vertraglicher Ausschlussfristen – die Inkonsistenz dieser Konzeption, da die Nichtigkeit des bürgerlichen Rechts systematisch unbeschränkt von Amts wegen zu berücksichtigen ist.[143] Der Zessionar der Gewinnforderung ist jedenfalls nach Ablauf der Anfechtungsfrist geschützt, der Einwand der Verwirkung wird sich von ihm dagegen nicht begründen lassen.[144]

Unter Zugrundelegung des Nichtigkeitsmodells sind die Gesellschafter dagegen nicht einmal notwendige Streitgenossen i.S.d. § 62 Abs. 1 Alt. 2 ZPO,[145] was entsprechend über das Feststellungsinteresse korrigiert werden muss.[146] Auch aus Sicht der berechtigten Sicherung des *status quo* hinkt das Nichtigkeitsmodell also hinterher. Mit einer Zuweisung der materiell-rechtlichen Zuständigkeit an den Verband, obwohl man damit zumindest das Problem anerkennt, ist nicht viel gewonnen. Denn ob die anderen Gesellschafter an ein Urteil mit der Gesellschaft gebunden sind, ist sehr fraglich.[147] Drittinteressen sind andererseits auch bei

140 Für die Übernahme der bürgerlich-rechtlichen Rechtsfolge gem. § 142 BGB vgl. *Casper*, ZHR 163 (1999), 54, 74.

141 Vgl. *Casper*, ZHR 163 (1999), 54, 75, 83; *ders*., S. 72 (faktische Wirkung fehlerhafter Rechtsgeschäfte zu berücksichtigen).

142 Vgl. *Casper*, S. 55 f.

143 In diese Richtung jetzt BGH, NJW 2004, 3330, 3331; *Grüneberg/Sutschet*, in: Bamberger/Roth, BGB, § 242 Rn. 134; *Heinrichs*, in: Palandt, BGB, § 242 Rn. 91.

144 Dies setzt einen Vertrauenstatbestand voraus (*Heinrichs*, in: Palandt, BGB, § 242 Rn. 95), der sich angesichts fehlender Unterrichtspflichten gem. §§ 398 ff. BGB aus dem Verhalten der Gesellschaft nicht begründen lassen wird.

145 So BGHZ 30, 195, 197 (allerdings zu einem Sozialanspruch!); sich darauf für Beschlüsse berufend *Schäfer*, in: Staub, HGB, § 119 Rn. 91.

146 Zur Lösung des BGH – Notwendigkeit einer schuldrechtliche Bindung der Mitgesellschafter, sonst Fehlen des Feststellungsinteresses – vgl. BGH, WM 1990, 309; *Bork*, ZGR 1991, 124, 132, 135 f.

147 *Wiedemann*, FS Kellermann, S. 529, 535 ff. stellt dazu fest, innergesellschaftliche Streitigkeiten könnten „sinnvoll" nur „mit Wirkung gegenüber der Gesamtheit" entschieden werden. Denn eine *gesellschaftsrechtliche Bindungswirkung* durch das Feststellungsurteil Gesellschaft/Gesellschafter im Verhältnis zu den Mitgesellschaftern ist nur beim Vorliegen gesonderter Unterwerfungserklärungen gegeben (vgl. *Bork*, ZGR 1991, 125, 136 f.).

bloßer Anfechtbarkeit vertragswidriger Beschlüsse ausreichend geschützt, da inhaltlich die §§ 125, 134, 138 BGB mit ihrer uneingeschränkten Fehlerfolge neben die Vertragswidrigkeit treten können. Als einziges Problem, das allerdings angesichts seiner allgemeinen Natur nicht letztlich ausschlaggebend sein kann, bleibt das der Wahrung der prozessualen Beteiligung Dritter bei stattgebenden (Gestaltungs-)Urteilen.[148]

Der Individualschutz, den der Vertrag vermittelt, wird durch das privatautonom gewählte[149] Gestaltungsmodell also an seinen Platz verwiesen. Für *Einzelfallmaßnahmen*, die keine abstrakte Rechtswirkung haben,[150] wird hier das Verhältnis zwischen Grundordnung und „laufenden Geschäften (i.w.S.)“ deutlich.[151] Damit wird eine der Interessenlage der Gesellschafter entsprechende Fehlerfolgenregelung eingerichtet. Drittinteressen, die insoweit die Gestaltungsfreiheit begrenzen könnten, werden nur in prozessualer Hinsicht (systemkonform) eingeschränkt.

Die Befürworter einer Nichtigkeit *ipso iure* wenden die Regeln der fehlerhaften Gesellschaft auf gewisse „strukturrelevante“ Beschlüsse an.[152] Es geht (den Gesellschaftern) aber nicht nur um die Vermeidung von Rückabwicklungsschwierigkeiten, die bei der Gewinnverwendung zu vernachlässigen sind, sondern auch um die Rechtssicherheit „nach vorne“. Insofern liegen hier zwei Rechtsinstitute mit unterschiedlichen Zielsetzungen vor, die durchaus auch nebeneinander stehen können.[153]

Die Grenze für diese Dynamik des Verbandsverhältnisses wird durch den Kernbereichsschutz gezogen. Der Ablauf der Anfechtungsfrist kann die individuelle Zustimmung nicht ersetzen.[154] Da es sich systematisch um einen unvoll-

---

148 Da das Anfechtungsurteil den materiellen Nichtigkeitstatbestand mit Gestaltungswirkung für alle komplettiert (*Noack*, S. 95 f.; *Schlosser*, S. 406), ist die anschließende Klage des Dritten unbegründet (*Hüffer*, in: MüKo, AktG, § 248 Rn. 13). Im Anfechtungsprozess findet er aber kaum rechtliches Gehör (*Schlosser*, S. 160 ff.; *K. Schmidt*, AG 1977, 205, 209), er muss nicht zur Nebenintervention geladen werden (*Schlosser*, S. 209).

149 Für die Möglichkeit der (zusätzlichen) Anfechtungsklage s. dagegen *Casper*, ZHR 163 (1999), 54, 71; *K. Schmidt*, in: Großkomm. z. AktG, § 241 Rn. 8. Die Zulassung der Gestaltungs*klage* ist angesichts des *numerus clausus* dieser Urteile Rechtsfortbildung, vgl. nur *K. Schmidt*, FS Stimpel, S. 217, 217 ff. Für die Analogie kann aber die dargestellte Interessenlage der Gesellschafter auch herangezogen werden.

150 So die Abgrenzung von *Zöllner*, FS Priester, S. 879, 890 zwischen Vertragsänderung und –durchbrechung.

151 Eine Kollisionsnorm für abstrakte Regelungen, die nach hiesigem Verständnis auch gem. § 139 BGB als Grundlagenbeschlüsse möglich sind, ist damit nicht festgestellt.

152 *Hopt*, in: Baumbach/Hopt, HGB, § 119 Rn. 31; *Schäfer*, in: Staub, HGB, § 119 Rn. 94; *Wiedemann*, GesR II, S. 161.

153 Ebenso *Köster*, S. 98 f.

154 *Armbrüster*, ZGR 2009, 1, 15; *Ulmer/Schäfer*, in: MüKo, BGB, § 707 Rn. 7.

ständigen Tatbestand handelt, kann nur das Hinzutreten des fehlenden Teils zur Wirksamkeit des Rechtsgeschäfts führen.[155]

III. Ergebnis

Die Gesellschafter haben bei Beschlüssen in „laufenden Angelegenheit“, die keine abstrakte rechtliche Wirkung haben, die Freiheit, das Verhältnis zu ihrer Grundordnung selbst zu bestimmen. Sie können also auch im Widerspruch zum Gesellschaftsvertrag entscheiden, ohne dass dafür die Einhaltung der einschlägigen Formerfordernisse (wie etwa einer qualifizierten Mehrheit) zwingend erforderlich wäre. Die Rückkopplung an den Vertrag ergibt sich daraus, dass solche Beschlüsse der Anfechtbarkeit unterliegen. Diese Rechtsfolgenregelung ergibt sich aus der Auslegung des Vertrags selbst. Den Hinweis auf die Ineffizienz reiner Begriffsjurisprudenz aufnehmend, könnte man hier also feststellen, es sei nicht die Frage, was „der Vertrag“ oder entsprechend eine Änderung des Vertrags ist, es gehe vielmehr um konkrete Rechtsfolgen.

155 Vgl. *Casper*, S. 52 f.; *Noack*, S. 13.

Teil 3: Der Kernbereichsschutz

I. Einführung: Der Kernbereich und seine Schutzrichtung

Ob ein Gesellschafterbeschluss zwingend der Zustimmung des Betroffenen bedarf, hängt davon ab, ob er einen ausreichend schweren Eingriff beinhaltet. Dabei muss vorausgeschickt werden, dass es hier nur um den Bereich unentziehbarer Rechte gehen kann. Andere Bereiche des Individual- bzw. Funktionsschutzes wie die gänzlich unverzichtbaren Rechte, oder solche, bei denen nur ein Mitstimmen des Betroffenen zwingend ist, scheiden aus. Letzteres erfüllt im Verhältnis zu den unentziehbaren Rechten einen weitgehend untergeordneten Schutzweck,[156] ersteres scheidet im Hinblick auf die Bildung von Rücklagen aus, da damit nicht die innere Funktionsfähigkeit des Verbands[157] angetastet wird. Es geht also nicht um Typengesetzlichkeit[158] im Recht der Personengesellschaften, sondern um den individuellen Schutzbereich der Mitgliedschaft.

Dabei kann zunächst unter keine eindeutige Definition des zwingenden Kernbereichs subsumiert werden. Diese muss auch heute noch als umstritten gelten.[159] Für die vorliegende Frage der Kernbereichsrelevanz der Rücklagenbildung bietet sich aber eine Orientierung an zwei eindeutig erfassten Eingriffen an. Die Entscheidung steht nämlich systematisch zwischen zwei Eingriffsmöglichkeiten, deren Zuordnung in den Kernbereich als unbestritten gelten darf: Die Veränderung des Gewinnverteilungsschlüssels als Eingriff in das Gewinnbezugsrecht[160] und die in § 707 BGB (und § 53 Abs. 3 GmbHG) ausdrücklich geregelte Erhöhung der Beitragsverpflichtung[161]. Da die Gewinnzuordnung zum Gesellschafter nicht

---

156 *K. Schmidt*, GesR, § 16 III 3 b) bb), 3 c); *ders.*, ZGR 2008, 1, 18.

157 Vgl. zur „Nicht-Mitgliedschaft" *Lutter*, AcP 180 (1980), 94, 147 ff., und *Haar*, S. 103 ff.

158 Vgl. dazu *Haar*, S. 10 ff.; *K. Schmidt*, ZGR 2008, 1, 19.

159 So *Enzinger*, in: MüKo, HGB, § 119 Rn. 65; *v. Gerkan*, in: Röhricht/v. Westphalen, HGB, § 119 Rn. 20; *Haar*, S. 103; *Hopt*, in: Baumbach/Hopt, HGB, § 119 Rn. 36; *Löffler*, NJW 1989, 2656, 2657; *Ulmer/Schäfer*, in: MüKo, BGB, § 709 Rn. 93; *Wiedemann*, GesR II, S. 220.

160 BGH, WM 1975, 65, 65; BGH, DB 1976, 948, 985; *Enzinger*, in: MüKo, HGB, § 119 Rn. 65; *v. Gerkan*, in: Röhricht/v. Westphalen, HGB, § 119 Rn. 29; *Habersack*, S. 86; *Hopt*, in: Baumbach/Hopt, HGB, § 119 Rn. 36; *Hüffer*, ZHR 151 (1987), 397, 408; *Immenga*, ZGR 1974, 385, 416; *Löffler*, NJW 1989, 2656, 2660; *Priester*, DStR 2007, 28, 30; *K. Schmidt*, ZGR 2008, 1, 19; *Schäfer*, in: Staub, § 119 Rn. 40; *Wiedemann*, GesR II, S. 220.

161 RGZ 91, 166, 166; RGZ 151, 321, 321; RGZ 163, 385, 385; BGH, ZIP 2006, 562, 562; BGH, ZIP 2006, 754, 754; *Enzinger*, in: MüKo, HGB, § 119 Rn. 65; *v. Gerkan*, in: Röhricht/v. Westphalen/HGR, § 119 Rn. 29; *Hopt*, in: Baumbach/Hopt, HGB, § 119

angetastet wird, da die Rücklage – vorbehaltlich von Ausnahmegestaltungen – entsprechend der Gewinnbeteiligung zugeordnet wird,[162] bleibt letztlich die Einlagenerhöhung, die mit ihrer gesetzlichen Regelung eine klare Orientierung bietet. Probleme ergeben sich zunächst daraus, dass die durch beide Maßnahmen bewirkte Zuweisung der Leistungen zum Eigenkapital auf unterschiedlichem Wege geschieht. Im Falle der Gewinnverwendung wird das Recht auf Auszahlung des Gewinns ausgeschlossen, andernfalls würde eine Forderung der Gesellschaft gegen den Gesellschafter begründet. Hier liegt die Parallele zur Einlagenleistung also nahe. Es sind zwar gewisse, aus der reinen Innenkonstruktion resultierende Haftungserleichterungen der Rücklagenbildung im Verhältnis zur (sonstigen) Einlagenerhöhung festzustellen,[163] diese wirken sich allerdings nur in Ausnahmekonstellationen aus.

Entsprechend dieses Umrisses der Diskussion könnte man also annehmen, die Maßnahme bedürfte der Zustimmung des Einzelnen, da – wie bei der Einlagenerhöhung – das Risikokapital durch sie erhöht werde.[164] Etwas unschärfer ließe sich einwenden, das Entnahmerecht der §§ 122 Abs. 1 Satz 1 Alt. 2, 169 Abs. 1 Satz 2 werde kernbereichsrelevant eingeschränkt,[165] womit man die inhaltliche Einordnung schlicht vorwegnimmt. Damit wird aber auch klar, dass eine Differenzierung im Hinblick auf die Erfassung der rechtlichen Wirkung der Rücklagenbildung erforderlich ist. Die Frage nach der Risikoerhöhung ist zumindest für den OHG-Gesellschafter/Komplementär differenziert zu beantworten, da seine Vermögensbindung zur Gesellschaft in verschiedene Risikoklassen einzuteilen ist.[166] Für den Kommanditisten kann die Frage nach der Risikoerhöhung dagegen grundsätzlich eindeutig beantwortet werden. Er nimmt über seine Einlage hinaus nicht am Verlust der Gesellschaft teil. Lediglich zukünftige Gewinne sind gebunden.

Abseits der „technischen" Argumente ließe sich die Zugehörigkeit zum Kernbereich nun verneinen, indem man die Sonderstellung der erwirtschafteten Gewinne im Pflichtenverhältnis des Gesellschafters zur Gesellschaft betonte. Ent-

---

Rn. 35; *Immenga*, ZGR 1974, 385, 415; *Löffler*, NJW 1989, 2656, 2658; *Priester*, DStR 2007, 28, 30; *K. Schmidt*, GesR, § 16 III 3 b cc; *Ulmer*, in: Staub, HGB, 4. Aufl. (Voraufl.), § 119 Rn. 42; *Wiedemann*, GesR II, S. 220.

162 Das gilt auch für ein einheitliches Rücklagenkonto, vgl. *U. Huber*, FS Knobbe-Keuk, S. 203, 214; *Sieker*, ZIP 2007, 849, 850 Fn. 8.

163 Vgl. dazu Teil 1, II. 2 und III. 1.

164 *Haar*, NZG 2007, 601, 603; *dies.*, S. 155, 170.

165 *Ulmer*, in: Staub, HGB, 4. Aufl. (Vorauf.), § 119 Rn. 42; § 122 Rn. 36; *Wertenbruch*, ZIP 2007, 792, 801. Dabei kann jedoch unterstellt werden, dass *Ulmer* und *Wertenbruch* von der Konstellation der Buchung im Eigenkapital ausgehen. Auch sie stellen also letztlich auf die Risikoerhöhung ab.

166 Vgl. Teil 1, II. 4.

sprechend ließe sich ein Vergleich zum GmbH-Recht ziehen.[167] Dort ist nämlich die Beitragserhöhung zustimmungspflichtig (§ 53 Abs. 3 GmbHG), für die Gewinnthesaurierung findet sich keine derartige Regelung (§§ 29 Abs. 2, 46 Nr. 1 GmbHG). Angesichts des gesetzlichen Vollausschüttungsgebots (§ 122 Abs. 1) bedarf die Übernahme dieser Regelung allerdings weiterer Begründung.

II. Buchung und Entnahme

Im Folgenden wird neben der gesetzlichen Regelbuchungssystematik auch auf einige abweichende Gestaltungsmöglichkeiten hingewiesen. Dabei wird aber nur auf die Möglichkeit der Einrichtung eines besonderen Gewinnkontos für den OHG-Gesellschafter/Komplementär und die Abbedingung der rechtlichen Qualifikation des Gewinnkontos des Kommanditisten eingegangen. Dies genügt für die vorliegende Fragestellung, da lediglich die Risikoerhöhung und die Entnahmefähigkeit interessieren. Werden mehrere Konten gebildet,[168] so macht dies im Hinblick darauf keinen Unterschied. Rechtlich wird letztlich eine Gesamtbetrachtung mehrerer Eigenkapitalkonten vorgenommen;[169] unbeachtlich ist nämlich, ob eine Verlustverrechnung nur mit dem Kapitalkonto oder mit einem gesonderten Konto vorgenommen wird. Fraglich ist also nur, ob auf dem Gewinnkonto Verluste zu buchen sind, und ob (ggf. in welcher Höhe) diese entnahmefähig sind.

1. Der Kommanditist

Das Gewinnkonto des Kommanditisten enthält, wenn es nach gesetzlicher Regelung gebildet wird (§ 169 Abs. 2), Fremdkapital.[170] Etwaige Entnahmebeschränkungen, um die Liquidität der Gesellschaft zu verbessern, ändern nichts an der Einordnung.[171] Sie haben lediglich zur Folge, dass sich die wirtschaftliche Betrachtung ändert, da sie dann dem Risiko einer Berücksichtigung in der Insolvenz ausgesetzt sein können. Wird dieses Guthaben nun in eine Rücklage verwandelt, so wird es zu effektivem Eigenkapital. Der Kommanditist erhöht seine Einlage um die Rücklage.[172] Es liegt zumindest eine der Einlageerhöhung ähnliche Maßnahme vor. Der Unterschied ist allerdings, dass weder die Pflicht- noch die Haftsumme zwingend erhöht werden.

---

167 Auf die Rechtslage im GmbH-Recht verweisend *K. Schmidt*, ZGR 2008, 1, 22; *Priester*, in: MüKo, HGB, § 122 Rn. 55; *ders.*, DStR 2007, 28, 31; ähnlich bereits *Löffler*, NJW 89, 2656, 2660 Fn. 59.

168 Überblick dazu bei *U. Huber*, ZGR 1988, 1, 46.

169 *Habersack*, in: Staub, HGB, § 155 Rn. 7; *U. Huber*, ZGR, 1988, 1, 60, 66; *ders.*, S. 263.

170 *Winnefeld*, Bilanzhandbuch, Rn. D 1915; *U. Huber*, ZGR 1988, 1, 29; *ders.*, S. 255.

171 BGH, DB 1978, 360, 361; *U. Huber*, ZGR 1988, 1, 29; *ders.*, S. 252.

172 *U. Huber*, FS Knobbe-Keuk, S. 203 ff.

Die Lage ist anders, wenn die Kontenführung des Kommanditisten davon abweicht. Wird eine Verlustverrechnung der Gewinne auf dem zweiten Konto mit späteren Verlusten vereinbart, so liegt bereits vor einer etwaigen Rücklagenbildung Eigenkapital vor.[173] Der Kommanditist erhöht die Einlage also bereits im Gesellschaftsvertrag um spätere Gewinne.[174] Die Qualifikation dieser Gewinnkonten als Eigenkapital wird dabei teilweise von einer Entnahmebeschränkung abhängig gemacht.[175] Danach wäre die Argumentation der Befürworter der Zugehörigkeit zum Kernbereich untermauert, die die vorherige freie Verfügbarkeit der Beträge – also nicht zwingend die grundsätzliche Eigen- oder Fremdkapitalqualität – als Voraussetzung für die Beitragserhöhungsqualität einer Umwandlung sehen.[176] Liegt keine Entnahmebeschränkung vor, so wäre die Eigenkapitalqualität nur solange gegeben, bis der Gesellschafter die Gewinne im eingeschränkten Rahmen des Entnahmerechts entnimmt. Dies würde dem Merkmal der erzwungenen Beteiligung am Ausfallrisiko[177] widersprechen. Letztlich ist dies jedoch nur ein Scheinproblem, da im Fall einer Verlustverrechnung immer eine entsprechende Entnahmebeschränkung vorliegen wird.[178] In diesem Fall ist eine Gewinnrücklagenbildung überhaupt nur denkbar, wenn die Konten der anderen Gesellschafter entsprechend umqualifiziert werden müssen. Für den Kommanditisten ergäbe sich keine rechtliche Bedeutung der Umbuchung.

Ob die Bildung der Rücklage nun zu einer dauerhaften Kapitalbindung führt, oder ob der Betrag nach Aufzehrung der Rücklage durch Verluste wieder zurückfließen kann, ist eine Frage der Ausgestaltung.[179] Hier liegt der Unterschied zwischen einer einmaligen Bindung der thesaurierten Beträge und der dauerhaften Erhöhung der Kapitalbeteiligung. Dasselbe gilt – bei Außenwirksamkeit der Einlagenerhöhung[180] – für das Aufleben der Außenhaftung durch Entnahmen (§ 172 Abs. 4 HGB). Die Rücklage verringert zunächst die Haftung im Außenverhältnis, die durch Entnahmen verursacht wurde. Auch kann der Gesellschafter früher außenhaftungsunschädlich Gewinne entnehmen. Die Rücklage hat nur dann keine Wirkung im Außenverhältnis, wenn damit ein vor ihrer Bildung entstandener Ver-

---

173 *U. Huber*, ZGR 1988, 1, 44, 51; *Kübler*, DB 1972, 942, 944; *Winnefeld*, Bilanzhandbuch, Rn. D 1915.

174 *U. Huber*, ZGR 1988, 1, 44.

175 *U. Huber*, ZGR 1988, 1, 51.

176 Vgl. *Wertenbruch*, ZIP 2007, 798, 801.

177 Vgl. *Wiedemann*, in: Großkomm. z. AktG, Vor § 180 Rn. 6.

178 Ebenso *U. Huber*, ZGR 1988, 1, 53.

179 Vgl. dazu Teil 1, I.

180 Was die notwendige Gesellschafter-Vereinbarung anbelangt, soll bei der Einlagenerhöhung im Zweifel auch immer eine Erhöhung der Haftsumme vereinbart sein: *K. Schmidt*, in: MüKo, HGB, §§ 171, 172 Rn. 33.

lust auf dem Kapitalkonto ausgeglichen wird;[181] dann ist aber auch keine auszugleichende Außenhaftung entstanden. Die Rücklage kann also auch hier, je nach Ausgestaltung, zu einer nur vorübergehenden Bindung der Beträge führen, ohne dass die Bindung des Kommanditisten dauerhaft erhöht wird.

2. Zwischenergebnis

Die Bildung einer Gewinnrücklage hat abhängig von ihrer rechtlichen Ausgestaltung für den Kommanditisten im Hinblick auf das Innenverhältnis, also auf von der Zustimmung der Gesellschafter unabhängige Entnahmerechte, entweder dieselbe dauerhafte Auswirkung wie eine Beitragserhöhung, oder nur eine punktuelle. Im zweiten Fall kann das gebundene Kapital im weiteren Verlauf wieder an den Kommanditisten zurückfließen. Dies entspräche der automatisch vereinbarten Verlustverrechnung einer Gewinnrücklage im Kapitalgesellschaftsrecht. Im Außenverhältnis hat die Bildung einer Rücklage im Verhältnis zur Einlagenerhöhung, bei der die Vereinbarung über die Erhöhung der Haftsumme im Zweifel der Nachschussvereinbarung zu entnehmen ist, zumindest den Vorteil, dass sie ausdrücklich geschehen muss. Insofern ergibt sich auch im Aussenverhältnis ein vergleichbarer Vorteil. Wird die Kapitalerhöhung nicht im Handelsregister eingetragen, so kann der Kommanditist den Betrag zumindest außenhaftungsunschädlich entnehmen.

3. Der OHG-Gesellschafter/Komplementär

Beim OHG-Gesellschafter/Komplementär sind Beträge, die in die Rücklage eingestellt werden, zwar dem Eigenkapital zugeordnet. Buchungen auf sonstigen Konten, auch wenn sie ausdrücklich als Privatkonten ausgewiesen sind, enthalten jedoch angesichts der grundsätzlich unbeschränkten Verlustteilnahme des Gesellschafters zumindest ein differenziertes Risiko.[182] Die Umbuchung bewirkt also keine der Lage beim Kommanditisten vergleichbare Erhöhung des Ausfallrisikos. Das differenzierte Risiko der Verlustteilnahme bezieht sich aber zunächst nur auf die Endabrechnung.

Werden die Gewinne dabei ohne Verlustteilnahme auf einem Sonderkonto gebucht, so müssten sie nach dem Grundsatz, dass die Teilnahme an der Gläubigerbefriedigung einer gesonderten Vereinbarung bedarf,[183] als „klassisches“

---

181 *V. Gerkan*, in: Röhricht/Graf von Westphalen, HGB, § 171 Rn. 36; *Hopt*, in: Baumbach/Hopt, HGB, § 172 Rn. 8; *K. Schmidt*, in: MüKo, HGB, §§ 171, 172 Rn. 57.

182 Vgl. ausführlich Teil 1, II. 4.

183 Vgl. dafür *Sieker*, S. 30; wohl auch *Habersack*, in: Staub, HGB, § 149 Rn. 40 f.; *Hillers*, S. 116, S. 212; *K. Schmidt*, ZHR 153 (1989), 270, 293; *ders.*, in: MüKo, HGB, § 149 Rn. 44; anders BGH, WM 1967, 346, 347: Im Falle der Verlustfreiheit sei grundsätzlich eine Befriedigung mit den übrigen Gläubigern anzunehmen.

Eigenkapital[184] gelten. Im diesem Falle kann man, abgesehen von der Verlustfreiheit, allerdings auch immer eine konkludente Vereinbarung über die Teilnahme im Rahmen der Primärbefriedigung entnehmen; hier kann man aus der Natur des Gewinnes als aus Sicht der Gesellschafter grundsätzlich zur Ausschüttung bestimmter Beträge auf die Vereinbarung schließen. In diesem Fall stellen die Gewinne also mit Buchung auf dem Sonderkonto eine bevorrechtigte Forderung dar; es greift allerdings die dargestellte Risikolage: Es liegt Fremdkapital mit Restrisiko vor.[185]

Problematisch bleibt die Frage der Entnahmefähigkeit daneben aber auch hier. In diesen Fällen stünde nämlich wieder die Verfügbarkeit über das Konto im laufenden Geschäft entgegen.[186] Insofern kann man eine Parallelwertung zur Problematik des Gewinnkontos des Kommanditisten mit Verlustverrechnung ziehen. Im Falle des OHG-Gesellschafters/Komplementärs ist aber eher denkbar, dass eine Entnahmebeschränkung nicht vorliegt, da die Gesellschafter sich nicht zwingend der Möglichkeit der Endverlustteilnahme durch Aufrechnung bewusst sein werden. Die Umqualifikation hängt dann eben von der nur begrenzt zulässigen Geltendmachung durch den Gesellschafter ab. Im Ergebnis liegt aber im Falle des Fehlens einer Entnahmebeschränkung wirtschaftlich gesehen eine wesentliche Risikoerhöhung vor, da der Gesellschafter ansonsten zumindest die Möglichkeit hätte, eine Forderung in Höhe der Beträge geltend zu machen, solange die Gesellschaft noch nicht in das Liquidationsstadium eingetreten ist. Auch für den OHG-Gesellschafter/Komplementär kann sich daneben die unterschiedliche Ausgestaltung der Rücklage als einmalige oder dauerhafte Bindungsmaßnahme auf das Innenverhältnis auswirken.

4. Zwischenergebnis

Die Bildung einer Rücklage hat für den OHG-Gesellschafter/Komplementär zunächst eine der Erhöhung der Einlage vergleichbare Wirkung, wenn die Konten des Gesellschafters nicht entnahmebeschränkt sind. Lag eine solche Einschränkung der Einforderbarkeit vor, so bringt die Bildung der Rücklage lediglich eine graduelle Erhöhung des individuellen Ausfallrisikos mit sich. Das genaue Ausmaß hängt von der Ausgestaltung der Buchungssystematik und der Verlustbeteiligung ab. Ist dem betreffenden Gesellschafter keine Verlustteilnahme zugewiesen, so be-

---

184 Wenn das zwingend positive Konto nämlich in die Schlussabrechnung einginge, müsste es letztlich doch auch mit den Kapitalkonten verrechnet werden können. Insofern ergäbe sich eine direkte Verlustteilnahme auch mit dem Gewinnkonto. Vgl. dazu Teil 1, II. 4. b. dd).

185 Vgl. dazu Teil 1, II. 4. b. bb).

186 Vgl. dazu *U. Huber*, ZGR 1988, 1, 51; *ders.*, S. 252; *Wertenbruch*, ZIP 2007, 792, 801.

wirkt die Rücklagenbildung eine wesentliche Risikoerhöhung.[187] Allein in dieser Konstellation ist die Zuweisung der Beträge zum Eigenkapital unter Ausschluss der Entnahme im Hinblick auf die Risikoerhöhung der „klaren“ Lage beim Kommanditisten vergleichbar. Werden die Gewinne normalerweise auf einem verlustfreien Sonderkonto gebucht – womit sie an der vorrangigen Befriedigung (§ 155) teilnehmen können – so könnte auch der OHG-Gesellschafter/Komplementär also eine Risikoerhöhung „von 0 auf 100“ geltend machen.

III. Die sozietäre Bindung der Gewinne

Mit diesen „technischen“ Ausführungen ist klar, dass die Argumentation, die Rücklagenbildung sei nicht kernbereichsrelevant, da sie lediglich die Gewinn*verwendung* betreffe[188] (auch wenn es – was in der Diskussion allerdings übersehen wird – nicht einmal um die „Verwendung“ im engen Sinne einer Eigenkapitalzufuhr geht, da das Belastungsverbot insoweit weiter geht), grundsätzlich nicht ausreicht. Auch die Einlagenerhöhung betrifft nur die Verwendung von (Einlagen-)Leistungen im Verhältnis des Gesellschafters zur Gesellschaft – die indirekte Zuordnung der Vermögensgegenstände über die schuldrechtliche Beteiligung am Gesamthandsvermögen, die durch die Mitgliedschaft vermittelt wird, ist identisch.

Lediglich in Ausnahmekonstellationen ergeben sich Abweichungen, die allerdings nichts daran ändern, dass grundsätzlich zumindest im Hinblick auf die thesaurierten Beträge das unmittelbare Ausfallrisiko erhöht wird. Darüber hinaus kann das Argument überhaupt nur lauten, es handle sich lediglich um die *Gewinn*verwendung.

Das Recht auf Entnahme des festgestellten Gewinns ergibt sich nun aus § 122 Abs. 1 Alt 1. bzw. Alt 2 HGB[189]. Ansonsten kann sich das Recht dazu auch aus dem Gesellschaftsvertrag ergeben. Zunächst muss hierbei eine einfache Fehlannahme ausgeräumt werden. Eine Rechtsposition kann nicht deshalb zum Kernbereich

---

187 Es läge die Veränderung von „klassischem“ Fremdkapital in zumindest „faktisches“ Eigenkapital vor. Vgl. dazu Teil 1, II. 4. b.

188 So *Löffler*, NJW 89, 2656, 2660; *Priester*, DStR 2007, 28, 31.

189 Im Falle eines bestehenden Kapitalguthabens in der Gesellschaft, und des Übersteigens des Gewinnes über die 4 % Schwelle, ergibt sich die Entnahme des Bilanzgewinns aus beiden Alternativen („den bezeichneten Betrag übersteigenden Gewinnanteil“). Nur wenn der Gesellschafter einen Kapitalanteil bei null oder niedriger hat, ergibt sich die gesamte Entnahme des auf ihn entfallenden Gewinnes nur aus Alt. 2. Dieser Gesichtspunkt ist für die Gegenrechte der Gesellschaft relevant. In Höhe der 4 %-Schwelle wird, soweit ersichtlich, von niemandem angenommen, der Anspruch aus Alt. 1 sei durch die Einrede der Alt. 2 einschränkbar. S. dazu ausführlich *Rutke*, S. 212 ff.

gezählt werden, weil *qua* Gesetz/Vertrag ein (dispositiver) Anspruch besteht.[190] In der Diskussion um die Thesaurierung entspricht dies dem nicht weiter inhaltlich ausgeführten Verweis auf das Entnahmerecht. Wegen des zunächst einmal geltenden Einstimmigkeitsprinzips wäre ansonsten jede Veränderung des *status quo* kernbereichsrelevant. Deshalb muss nach der Feststellung „Rechtsposition des Gesellschafters" die weitere Feststellung „geschützte Rechtsposition" getroffen werden.[191] Eine inhaltliche Bestimmung des Kernbereichs hat also zu folgen.

Ein Argument für die Zugehörigkeit des Entnahmerechts zum zwingenden Kernbereich legt nun das Abspaltungsverbot des § 717 BGB nahe. Nach h.M. kann zwar der Gewinnanspruch als selbstständige Forderung wegen § 717 Abs. 2 BGB im Voraus abgetreten werden, nicht jedoch das Recht auf Mitentscheidung bei der Gewinnverwendung.[192] Die Teilnahme an der Gewinnverwendung gehört also zu den nicht-abspaltbaren Verwaltungsrechten. Insgesamt dient aber das Abspaltungsverbot dem Schutz der Funktionsfähigkeit des Verbandes vor äußerer Einflussnahme.[193] Dieser Schutz ist gerade bei den den Vermögensrechten zugeordneten Verwaltungsrechten besonders wichtig, da Dritte ansonsten erheblichen Druck auf den Verband ausüben könnten. Der Verlust der Rechtsmacht beim Gesellschafter unter Verlagerung auf die Mehrheit ist jedoch nicht die Gefahr für den Verband, die in § 717 BGB abgewehrt werden soll. Insofern schreibt das Gesetz dem Gesellschafter – richtigerweise – kein vergleichbares Gefährdungspotential zu, welchem durch starre Schranken wie die Anordnung einer generellen Nichtigkeitsfolge begegnet werden müsste. Dass kein unverzichtbares Recht, rechtsfolgenseitig als Pendant zum Abspaltungsverbot, auf die Mehrheit verlagert wird, bestätigt dies nur. Die Erfassung des Entnahmerechts vom Abspaltungsverbot ist also an dieser Stelle kein Argument für die Zugehörigkeit zum Kernbereich der Gesellschafterrechte.

Gegen eine Zugehörigkeit des Rechts auf Entnahme zum unentziehbaren Kernbereich der Mitgliedschaft spricht die unterschiedliche rechtliche Einordnung der Gewinne. Das Belastungsverbot des § 707 BGB hat aufgrund des sowieso geltenden Einstimmigkeitsprinzips eine besondere Schutzfunktion.[194] An die Vereinbarung von Einlagenpflichten sind immer die besonderen Anforderun-

---

190 *Wiedemann* spricht davon, dass als Faustformel alle rechtsverkürzenden oder pflichtenerhöhenden Beschlüsse kernbereichsrelevant seien. Andererseits grenzt er natürlich weiter ein: GesR I, S. 220. Insofern gilt die Einschränkung aber für das sehr allgemeine Merkmal einer Rechtsverkürzung.

191 So i.E. auch *Röttger*, S. 144 f. für Vertragsänderungen.

192 BGH, WM 1985, 1343, 1344; *Hopt*, in: Baumbach/Hopt, § 122 Rn. 4; *Priester*, in: MüKo, HGB, § 122 Rn. 28; *Ulmer*, in: Staub, HGB, 4. Aufl. (Vorauf.), § 122 Rn. 17; *ders.*, FS Lutter, S. 935, 948; *Wiedemann*, Übertragung, S. 277, 296, 303 ff.

193 *K. Schmidt*, GesR, § 19 III 4. a).

194 Vgl. *Ulmer/Schäfer*, in: MüKo, BGB, § 707 Rn. 1.

gen der Kernbereichslehre zu stellen. Damit wird der Schutz des Privatbereiches des Gesellschafters vor Ansprüchen der Gesellschaft erreicht.[195] Dagegen sind die erwirtschafteten Gewinne stärker an die Gesellschaft gebunden. Der Ausgleich von Periodenverlusten gehört zwar grundsätzlich nicht zum Pflichtenprogramm des OHG-Gesellschafters/Komplementärs – im Gegensatz zum Kommanditisten, der zumindest im Innenverhältnis im Hinblick auf spätere Gewinne gebunden ist. Er muss zwar wegen § 707 BGB eindeutig nicht nachschießen, dennoch muss er wegen der Gewinnbuchungssystematik solange Gewinne (auch auf das negative Kapitalkonto) einbuchen, bis die Schwelle wiederum überschritten ist. Dies ist im Innenverhältnis vorbehaltlich der Gesellschafterzustimmung zwingend, eine sonstige Entnahme ist unzulässig und führt damit zur entsprechenden Gegenbuchung auf einem Forderungskonto der Gesellschaft. Allerdings führt die Einrede des § 122 Abs. 1 Alt. 2 HGB, sofern ausgeübt, dazu, dass die auf gesonderten Konten zu buchenden aktualisierten Gewinne nicht entnahmefähig sind; es handelt sich um eine dilatorische Einrede.[196] Selbst in dieser Situation – die grundsätzlich der Lage entspricht, wenn eine Vereinbarung besteht, die Gewinne auf separatem Konto ohne Verlustteilnahme zu buchen – sind die Gewinne allerdings im Verhältnis zum „klassischen" Fremdkapital risikobehaftet.[197] Die Geschäftsführung hat also ein in seiner Wirkung nicht zu unterschätzendes Recht zur Gewinnverwendung.[198] Wenn also dieses Organ, das im Bezug auf ihre interne Zuständigkeit weit davon entfernt ist, Nachschüsse der Gesellschafter einfordern zu können, ermächtigt ist, nicht nur die Auszahlung von Gewinnen zu verweigern, sondern faktisch – für den Zeitraum des Bestehens der Einrede unbestritten – haftendes Kapital gebunden zu halten, so zeigt dies, dass Gewinne anders einzuordnen sind als „Privatleistungen".

Die Tatsache, dass bei positivem Kapitalanteil die Entnahme des festgestellten Gewinnes in der Höhe von 4 % des Bestandes des letzten Kapitalanteils nach § 122 Abs. 1 Alt. 1 HGB erfolgen kann,[199] womit sie zumindest in dieser Höhe nicht von der Auszahlungsschranke des Abs. 1 Alt. 2 erfasst wird, kann diesen Zusammenhang nicht weiter entkräften. Abgesehen von der Möglichkeit der Einschränkung auch dieser Entnahme durch die Treuepflicht[200] ist dieses grund-

195 Ausdrücklich unter Verwendung des Begriffes „Privatbereich": *Wiedemann*, GesR I, S. 393.

196 Allg. A., vgl. *Hopt*, in: Baumbach/Hopt, HGB, § 122 Rn. 13; *Priester*, in: MüKo, HGB, § 122 Rn. 33; *Schäfer*, in: Staub, HGB, § 122 Rn. 18; *Ulmer*, FS Lutter, S. 935, 947.

197 Buchungen als Rechenziffern nehmen als Forderung an der Primärbefriedigung teil, sind aber dem individuellen Verlustrisiko ausgesetzt. Vgl dazu Teil 1, II. 4. b. bb).

198 Auf diesen Gedanken weist *Schön* (FS Beisse, S. 471, 478) hin.

199 S. dazu Fn. 189.

200 Welche aufgrund der zunächst klaren gesetzgeberischen Entscheidung nur sehr restriktiv – wie im Rahmen der Zustimmungspflicht zu Vertragsänderungen – gesehen wird. Vgl. dazu *Ulmer*, in: Staub, HGB, 4. Aufl. (Voraufl.), § 122 Rn. 12.

sätzlich garantierte Entnahmerecht weiter als die darüber hinausgehende eigentliche Gewinnentnahme Ausdruck einer gewissen Verhältnismäßigkeitserwägung. Selbst wenn die Gewinnverwendungskompetenz der Gesellschaft in Vertretung durch die Geschäftsführung also sowohl zeitlich – da die Auszahlungssperre die Aktualisierung nicht hindert und nach Wegfall der tatbestandlichen Voraussetzungen erlischt[201] – als auch in ihrer Effizienz – durch die Aufbürdung der Beweislast[202] und der Beschränkung durch § 122 Abs. 1 Alt. 1 HGB – eine dreifach beschränkte ist, kann sie als Beweis der besonderen Bindung der Gewinne dienen. Die Rücklagenbildung durch die Gesellschafter ist dann letztlich eine zeitlich intensivere Maßnahme, was sich allerdings durch die Tatsache rechtfertigt, dass die Gewinnverwendung im eigentlichen Sinne Grundlagengeschäft ist.

IV. Der Kernbereich im Rückbezug auf die gesetzliche Systematik

Diese Erkenntnis von der Sonderstellung der Gewinne kann nun allerdings nur ein erster Anhaltspunkt sein. Sie ließe sich mit der Argumentation relativieren, die genannten Begrenzungen, der offenbare Schaden für den OHG-Gesellschafter/Komplementär und die Vollständigkeit des Kapitalanteils für den Kommanditisten, seien abschließend. Demnach könnte jede darüber hinausgehende Einschränkung der Gewinnentnahme ebenso wie die Einlagenerhöhung vom Kernbereichsschutz erfasst werden. Dies entspräche im Ergebnis der Position, die Rücklagenbildung sei nur im Rahmen des offenbaren Gesellschaftsschadens zwingend, darüber hinaus müsse das Vollausschüttungsgebot greifen. Die entsprechend dieser Konzeption nach der Mindestschranke unmittelbar greifende Verpflichtung zur Ausschüttung könnte also sowohl mit der Treuepflicht, als auch mit der (teilweisen) Zugehörigkeit zum zwingenden Kernbereich begründet werden.

Die Einschränkung der mehrheitlichen Entscheidungsmacht ist nun eine spezifisch gesellschaftsrechtliche Aufgabe. Im Grunde ist die vertragliche Errichtung von Mehrheitsmacht unter dem Gesichtspunkt der Einräumung schuldrechtlicher Gestaltungsbefugnis (§§ 315, 317 BGB) rechtskonstruktiv unproblematisch.[203] Dass die Gewinnentnahme dabei *grundsätzlich* nicht zum unentziehbaren Kern-

201 S. dazu nur *v. Gerkan*, in: Röhricht/v. Westphalen, HGB, § 122 Rn. 9; *Priester*, in: MüKo, § 122 Rn. 33; *Schäfer*, in: Staub, HGB, § 122 Rn. 18.

202 S. dazu nur *Priester*, in: MüKo, HGB, § 122 Rn. 33.

203 Vgl. *Marburger*, NJW 1984, 2252; 2254; *Menk*. S. 74 ff.; *Mülbert/Gramse*, WM 2002, 2085, 2091; *Schäfer*, in: Staub, HGB, § 119 Rn. 37; i.E. auch *Leenen*, FS Larenz, S. 371, 377 ff.; a.A. *Martens*, DB 1973, 413, 414 f.

bereich gehört, lässt sich aus der Systematik des Gesetzes ableiten, von der eine nähere Bestimmung selbstverständlich auszugehen hat.[204] Wären die ordnungsgemäß festgestellten Gewinne nun vom Belastungsverbot (§ 707 BGB i.V.m. § 105 Abs. 2) erfasst, so hätte es der Entnahmeregelungen der §§ 122 Abs. 1, 169 Abs. 1 nicht bedurft. Nur soweit es um den Schutz der Gesellschaft geht, hätte § 122 nach einer solchen Lesart eine eigenständige Bedeutung.

Damit musste ein Recht auf Ausschüttung aber erst positiv begründet werden, allerdings ohne dass dabei – die *Anwendbarkeit* des § 707 BGB klarstellend – speziell mehrheitsfest ausgestaltet worden wäre. Grundsätzlich geht das Gesetz nämlich eindeutig von der *Möglichkeit* mehrheitlicher Entscheidungen auch in Grundlagenfragen aus (§ 119 Abs. 2).[205] Man ging in der Entstehungsphase des HGB dabei von den Regelungen des bürgerlichen Rechts als allgemeiner Grundlage der Personenhandelsgesellschaft aus, man zielte sogar auf eine Angleichung ab.[206] Das Belastungsverbot galt in seiner damaligen Form als Neuerung.[207] Es ist damit nicht davon auszugehen, dass die Verfasser des HGB § 122 dieses Recht für die Gewinnverwendung unabsichtlich schwächer formulierten, dabei aber die Klarstellung eines sich bereits aus allgemeinen Grundsätzen ergebenden mehrheitsfesten Ausschüttungsrechts bezweckten.

V. Die Steuerbelastung als zwingende Grenze für eine Thesaurierung?

Der Gewinn der Personenhandelsgesellschaft ist, unabhängig davon, ob er ausgeschüttet wird, direkt vom Gesellschafter zu versteuern (§ 15 Abs. 1 Satz 1 Nr. 2 EStG).[208] Auch von den Vertretern einer generellen Zustimmungspflicht wird dabei angenommen, dass diese Verpflichtung mindestens als Grenze für eine Thesaurierung dienen sollte.[209]

---

204 Vgl. *Röttger*, S. 132; i.E. ebenso *Lockowandt*, S. 153 ff., unter Berücksichtigung der spezifisch gesellschaftsrechtlichen Wertungen i.R.d. – nach ihm als Rechtsgrundlage für den Kernbereich einschlägigen – § 138 BGB. *K. Schmidt*, ZGR 2008, 1, 19 verdeutlicht, dass § 707 BGB ein ausdrücklich normierter Teil der Kernbereichslehre ist.

205 Vgl. *K. Schmidt*, ZGR 2008, 1, 4; a.A. für echte Vertragsänderungen *Röttger*, S. 140.

206 Vgl. Begründung zu dem Entwurf eines Handelsgesetzbuchs für das Deutsche Reich von 1895 (Denkschrift zum RJA – E I), S. 68, abgedruckt in: Schubert, Quellen, S. 68; *K. Schmidt*, HandR, S. 45.

207 Vgl. dazu Motive zu dem Entwurfe eines Bürgerlichen Gesetzbuches, Amtliche Ausgabe, S. 597.

208 *Priester*, in: MüKo, HGB, § 119 Rn. 58; *Schön*, FS Beisse, S. 471, 488; *Wertenbruch*, ZIP 2007, 798, 801.

209 *Wertenbruch*, ZIP 2007, 798, 801.

Ins Technische gewendet kann es wiederum zunächst nur darum gehen, ob es eine der Steuerbelastung entsprechende *unentziehbare* Rechtsposition gibt. Dass diese andererseits im Rahmen der mitgliedschaftlich vermittelten Interessenstandpunkte im Abwägungsverfahren zu berücksichtigen ist,[210] ist zweitrangig; ein vergleichbarer Schutz wird dadurch nicht vermittelt (Angriffs- und Beweislast). Einem Anspruch gem. § 110 steht dabei eindeutig entgegen, dass die Steuerschuld nicht freiwillig übernommen wird, damit keine „Aufwendung" i.S.d. Norm ist.[211] Damit scheidet auch der Ansatz vom zwingenden Schutz als selbständiges (unentziehbares) Gläubigerrecht[212] aus.

Die inhaltliche Bestimmung des Kernbereichs gem. § 707 BGB i.V.m. §§ 105 Abs. 2, 122 führt dabei auch für die Steuerbelastung zur Ablehnung eines individuellen Zustimmungsrechts. Dass sich die öffentlich-rechtliche Schuld „im Ergebnis" wie ein Nachschuss auswirkt,[213] ist wiederum als nicht ausreichend anzusehen. Der Fall von der Bildung von Gewinnrücklagen hat gezeigt, dass nicht die technische Vergleichbarkeit der Eingriffe allein ausschlaggebend ist, dass der Schutzbereich des § 707 BGB insofern differenzierter zu bestimmen ist. Für die Steuerschuld ist dabei zu sehen, dass sich die Belastung eben nicht als Leistung auf Grundlage des Gesellschaftsverhältnisses darstellt. Mit einer solchen Betrachtung liefe die durch den Aufwendungsbegriff des § 110 statuierte Abgrenzung der Vermögenssphären im Rahmen der Gewinnverwendung leer. Wiederum muss man konstatieren, dass der Gesetzgeber des HGB mit § 122 im Umkehrschluss eine klare Aussage hinsichtlich der Unentziehbarkeit der Gewinnausschüttung trifft.[214] Denn selbstverständlich wird der zur Deckung der Steuerlast nötige Gewinnanteil im Grunde auch von der Norm erfasst.[215]

Allerdings wird es im Regelfall mit den Mitteln der ergänzenden Vertragsauslegung gelingen, einen solchen Anspruch zu begründen.[216] Der dadurch vermittelte Individualschutz beschränkt sich aber auf die Anfechtbarkeit wegen Vertragsverstoßes, ansonsten wegen Treuewidrigkeit.[217] Den individuell-unent-

---

210 Dafür *Ehricke*, in: Ebenroth/Boujong/Joost/Strohn, HGB, § 122 Rn. 55; *Priester*, FS Quack, S. 373, 394; *Ulmer*, FS Lutter, S. 935, 952.

211 So *Ehricke*, in: Ebenroth/Boujong/Joost/Strohn, HGB, § 122 Rn. 56; a.A. *Priester*, in: MüKo, HGB, § 122 Rn. 61; *Schön*, FS Beisse, S. 471, 488; *Ulmer*, FS Lutter, S. 935, 952.

212 Vgl. zu diesen nur *Wiedemann*, GesR I, S. 391.

213 So *Priester*, in: MüKo, HGB, § 122 Rn. 59; gleichsam *Ulmer*, FS Lutter, S. 935, 952.

214 I.E. ebenso *Hopt*, FS Odersky, S. 799, 804.

215 *Ehricke*, in: Ebenroth/Boujong/Joost/Strohn, HGB, § 122 Rn. 55; *Schäfer*, in: Staub, HGB, § 122 Rn. 31.

216 *Hopt*, FS Odersky, S. 799, 804; *Schäfer*, in: Staub, HGB, § 122 Rn. 30.

217 Für letzteres *Schäfer*, in: Staub, HGB, § 122 Rn. 30.

ziehbaren Charakter einer solchen Rechtsposition wird man nicht begründen können, zumal sie allen Gesellschaftern zuzugestehen ist.

VI. Ergebnis

Die Bildung von Gewinnrücklagen ist keine vom Kernbereichsschutz erfasste Maßnahme. Zwar lässt sich eine weitgehend vergleichbare Eingriffsintensität feststellen, doch ergibt sich aus der gesetzlichen Systematik (§ 707 BGB i.V.m. § 105 Abs. 2 im Verhältnis zu § 122), die der inhaltlichen Bestimmung des Kernbereichs zugrunde zu legen ist, dass für die Gewinnentnahme keine Zustimmungspflicht besteht. Dabei ist auch keine Ausnahme für die Steuerbelastung des Gesellschafters zu machen.

Teil 4: Die Pflichtenbindung

I. Einführung: Rechtliche Grundlagen der Beschlusskontrolle

Ist also die Mehrheitsentscheidung über die Rücklagenbildung, was die Anforderungen des Bestimmtheitsgrundsatzes und der Kernbereichslehre anbelangt, relativ leicht möglich, so stellt sich die Frage nach entgegenwirkenden Kräften auf Ebene des Beschlussinhalts. Es geht um die materielle Beschlusskontrolle. Welche Maßstäbe können angesetzt werden und zu welchen Abwägungsverfahren führen diese?

Neben der Möglichkeit des Rückgriffs auf die gesetzliche Abwägung, die in § 122 Abs. 1 enthalten ist, lässt sich dabei die Treuepflicht heranziehen. Bei letztererem Ansatz, der sich als Generalprinzip mit verschiedenen Ausprägungen darstellt,[218] ist vor allem der einheitliche rechtsgeschäftliche Ursprung bedeutsam.[219] Es bedarf jegliche Kontrolle des Stimmverhaltens einer Rechtfertigung durch den Willen der Gesellschafter. Auch wenn die genaue Ausgestaltung der jeweiligen Grenzen einer richterrechtlichen Generalklausel überlassen wird,[220] die sich wiederum auch auf gesetzliche Vorgaben stützt, darf dies nicht außer Acht bleiben. Denn die Verlagerung auf die objektiv-rechtliche Ebene ist sicherlich zum Gesellschafterwillen – soweit feststellbar – subsidiär.[221] Der Korrekturmaßstab Treuepflicht darf also nicht zu zielorientiert auf den Minderheitenschutz hin angewendet werden, er bedarf immer der Rückführung auf die vorhandene (rechtsgeschäftliche) Bindung.[222]

---

218 Damit kann man die Schranken für die Stimmrechtsausübung zusammenfassen, die umfassende Beschlusskontrolle *à la* Bezugsrechtsausschluß stützt sich auch darauf, vgl. *Hirte,* S. 139; *Hüffer*, AktG, § 243 Rdnr. 24; *Wiedemann*, DB 1993, 141, 143; *Zöllner*, AG 2000, 145, 155 Fn. 93.

219 Vgl. Fn. 94.

220 *Bungeroth*, in: MüKo, AktG, Vor § 53a Rdnr. 18; *Henze*, ZHR 162 (1998), 186, 191; *ders*., BB 1996, 489, 491; *Hüffer*, AktG, § 53a Rdnr. 15; *ders*., FS Steindorf, 1990, S. 59, 68; *Lutter*, ZHR 162 (1998), 164, 166; *Ulmer*, in: Staub, HGB, 4. Aufl. (Voraufl.), § 105 Rdnr. 233; *Schäfer*, in: Staub, HGB, § 105 Rn. 228.

221 Vgl. *Hüffer*, FS Steindorff, S. 59, 68; *Zöllner*, Anpassung, S. 38, 44.

222 *Zöllner*, Anpassung, S. 38, 44.

II. Mögliche Abwägungsverfahren

1. Rücklagenbildung in der Kapitalgesellschaft

Grundsätzlich unterliegt die Rücklagenbildung sowohl in der GmbH als auch in der Aktiengesellschaft der Mehrheitsentscheidung der Gesellschafter. In beiden Rechtsformen kann die Unangemessenheit der Rücklagenbildung zur Rechtswidrigkeit des Beschlusses führen. Im Aktienrecht besteht mit § 254 Abs. 1 AktG ein besonderer Anfechtungstatbestand. Dieser gesetzliche Rechtmäßigkeitsmaßstab greift erst ein, wenn die Ausschüttung 4 % des Grundkapitals unterschreitet. Davon bleibt die Regelanfechtung nach § 243 Abs. 1 AktG ausdrücklich unberührt (§ 254 Abs. 1 AktG). Trotz dieses Verweises geht man teilweise davon aus, § 254 Abs. 1 AktG sei abschließend.[223] Das hieße, würden mindestens 4 % ausgeschüttet, wäre die Maßnahme rechtmäßig. Andererseits wäre natürlich auch die Thesaurierung des gesamten Jahresgewinnes möglich, wenn die Gesellschaft einen ausreichenden Bedarf hat. Im GmbH-Recht, wo die Diskussion nach der Aufhebung des Vollausschüttungsprinzips durch das BilRiG geführt wurde, wird diese Regelung allerdings bereits als nicht verallgemeinerungsfähig gesehen.[224] Selbst wenn man den abschließenden Charakter des § 254 Abs. 1 AktG bejahen sollte, ergibt sich daraus also kein Maßstab für andere Gesellschaftsformen. Besonders im Personengesellschaftsrecht ist eine an das Nominal- bzw. Eigenkapital gekoppelte Regelung nicht sinnhaft.[225]

Im GmbH-Recht wird der Konflikt um die Gewinnverwendung insofern allgemein-gesellschaftsrechtlich aussagekräftiger durch die Treuepflicht gelöst. Man verlangt dort zumeist eine Abwägung von Selbstfinanzierungs- und Ausschüttungsinteressen.[226] An diesem Ansatz müsste sich auch das Personengesellschaftsrecht orientieren, wenn andere, gesetzliche Maßstäbe nicht greifen.

2. Das Personenhandelsgesellschaftsrecht

Das Recht der Personenhandelsgesellschaft kennt nun ebenfalls einen Abwägungsmaßstab für den Konflikt um die Gewinnverwendung. § 122 Abs. 1 ordnet die nur durch den offenbaren Schaden der Gesellschaft zeitlich begrenzte Vollausschüttung an. Der Kommanditist unterliegt dabei zunächst nur der Begrenzung des § 169 Abs. 1 durch die Vollständigkeit seines Kapitalanteils. Neben der

223 *Mülbert*, S. 210.

224 *Fastrich*, in: Baumbach/Hueck, GmbHG, § 29 Rdnr. 31 (Analogie möglich, aber keine abschließende Wirkung); *Hommelhoff*, ZGR 1986, 418, 427.

225 *Hopt*, FS Odersky, S. 799, 803 f.

226 *Hueck/Fastrich*, in: Baumbach /Hueck, GmbHG, § 29 Rdnr. 30; *Pentz*, in: Rowedder/ Schmidt-Leithoff, GmbHG, § 29 Rdnr. 86; ausführlich *M. Winter*, S. 282 ff.

Tatsache, dass die Entnahmeschranke andererseits im Hinblick auf die individuelle Finanzsituation des Kommanditisten strenger ist, spricht für eine Übernahme der Schadensgrenze aber auch die Möglichkeit der anderweitigen Auslegung. Nach heute h.M. beschränkt sich der Regelungsgehalt des § 169 Abs. 1 Satz 1 darauf, das Kapitalentnahmerecht des Komplementärs gem. § 122 Abs. 1 auszuschließen.[227] Es unterliegt also auch der Kommanditist einer Finanzierungspflicht durch Gewinne. Die Begrenzung der Ausschüttung als Konkretisierung des Gesellschaftsinteresses ist dabei deshalb funktional von großer Bedeutung, da eine dem Stammkapitalschutz vergleichbare weitere Schwelle für die Kapitalbindung an dieser Stelle nicht existiert. Auch bei einem Gesamtkapital von nahezu Null könnten die Komplementäre ihren Gewinnanteil einfordern.

Die in § 122 Abs. 1 enthaltenen Grundsätze führen bei einstimmigen Entscheidungen zu folgendem Bild: Eine Zustimmungspflicht zur Bildung von Rücklagen ergäbe sich nur in Ausnahmefällen (Gesellschaftsschaden). Darüber hinaus müsste *direkt* ein Ausschüttungszwang bestehen.[228] Diese geringe Verbandsbindung wird teilweise mit der Qualifikation der Rücklagenbildung als Vertragsänderung begründet,[229] bei der die Zustimmungspflicht grundsätzlich auf die Fälle reduziert ist, in denen die Maßnahme aus Sicht der Gesellschaft dringend erforderlich *und* aus Sicht des Gesellschafters zumutbar ist.[230] Unter der Annahme der mittelbaren Geltung der gesetzlichen Regelung ergäbe sich also für den Minderheitenschutz ein großes Plus. Im Vergleich zum direkten Anwendungsbereich der Regelung des § 122 Abs. 1 Alt. 2 würde damit die Pflicht zur Finanzierung sogar noch eingeschränkt. Auch Gesellschaf*ter*belange könnten im Bereich des Gesellschaftsschadens eine Rolle spielen. Diese Konzeption entspricht (für die Frage der Berücksichtigung der Gesellschaftsbelange) den herkömmlicherweise im Bereich von Grundlagenentscheidungen herangezogenen Abwägungskriterien der Treuepflicht.[231] Darüber hinaus wird damit aber die Vollausschüttung in den Vordergrund gestellt. Der vorübergehende Einbehalt könnte also bereits durch Gesellschaftsbelange allein begründet werden, die dau-

227 *Grunewald*, in: MüKo, HGB, § 167 Rn. 6; *Schön*, FS Beisse, S. 471, 481; i.E. auch *Schilling*, in: Staub, HGB, § 169 Rdnr. 4.

228 *Schön*, FS Beisse, S. 471, 483; *Ulmer*, in: Staub, HGB, 4. Aufl. (Voraufl.), § 120 Rn. 40; *ders.*, FS Lutter, 935, 945.

229 *Schäfer*, in: Staub, HGB, § 120 Rn. 41; *Ulmer*, in. Staub, HGB, 4. Aufl. (Voraufl.), § 120 Rn. 40; *ders.*, FS Lutter, 935, 945. Trotz Anerkenntnis der Vertragsänderungsqualität hält *M. Winter*, S. 282 die Zumutbarkeit für weitgehend indiziert.

230 Vgl. allgemein BGHZ 44, 40, 41.

231 Denn für die Zumutbarkeit sind dieselben Kriterien entscheidend wie für die Verhältnismäßigkeit in engeren Sinne im Rahmen der Abwägung der Gesellschafts- mit den Gesellschafterbelangen, vgl. *M. Winter*, S. 178.

erhafte Eigenkapitalbindung jedoch nur unter der zusätzlichen Voraussetzung der Zumutbarkeit für den Gesellschafter.[232] Zunächst könnte man diese Konzeption als stimmig betrachten, auf den ersten Blick wird der gesetzliche Maßstab nur entsprechend angepasst. Für die dauerhafte Kapitalbindung durch die Gesellschafter könnten angesichts der höheren Eingriffsintensität Zumutbarkeitserwägungen angezeigt sein. Fraglich bleibt dabei aber vor allem, ob das Vollausschüttungsprinzip aufrechterhalten werden kann.

Der Bundesgerichtshof verfolgt im Ergebnis – allerdings nicht weiter dogmatisch begründet – auch diesen Ansatz. Er gibt dem gesetzlichen Vollausschüttungsgebot den Vorrang. Eine Zustimmungspflicht ergäbe sich nur dort, wo die Thesaurierung notwendig sei, um das Unternehmen lebens- und widerstandsfähig zu erhalten.[233] Allerdings werden die Belange der Gesellschafter im Bereich notwendiger Rücklagen nicht beachtet. Es handelt sich also letztlich um eine Anwendung der Maßstäbe des § 122 Abs. 1 ohne Modifikation.[234] In jedem Fall ergäbe sich nach beiden Konzeptionen ein weitreichender Minderheitenschutz durch vollständige Gewinnausschüttung, begrenzt nur durch den Gesellschaftsschaden, wobei sogar dort noch nach einigen Stimmen eine Rücksichtnahme auf das Dividendeninteresse denkbar wäre.

Auch wenn sich dieses Abwägungsverfahren ausdrücklich auf positive Stimmpflichten bezieht, so lässt sich die Wertung gleichsam für die Beurteilung der Mehrheitsentscheidung heranziehen. Denn die Schranken für die negative wie für die positive Gestaltungsmacht sind inhaltlich dieselben.[235] Problematisch ist dabei lediglich die Einklagbarkeit der Stimmabgabe. Die h.M. ordnet die Treuepflichten generell den schuldrechtlichen Hauptpflichten zu.[236] Dabei setzen sich die Schwierigkeiten der Bestimmung einer Grundlage[237] für das Stimmrecht auf

---

232 So *Ulmer*, in: Staub, HGB, 4. Aufl. (Voraufl.), § 122 Rdnr. 25; *Schilling*, in: Staub, HGB, § 169 Rdnr. 4 (für den Kommanditisten).

233 BGHZ 132, 263, 276; BGH, BB 1976, 948, 949.

234 Andere Interpretation bei *Schön*, FS Beisse, S. 471, 483, der aus der Entscheidung herausliest, über die notwendigen Rücklagen hinaus lasse der BGH einen weiteren Spielraum für die Thesaurierung. Dies ist insofern nachvollziehbar, als der BGH einerseits davon spricht, „Eine Grenze für die Ablehnung einer Thesaurierung" bestehe dort, wo „sich die Bildung von Rücklagen als erforderlich erweist", andererseits spricht er davon, „die Ausschüttungsinteressen" seien gegenüber „den Bedürfnissen der Selbstfinanzierung und Zukunftssicherung" abzuwägen, außerdem führt er den Vollausschüttungsanspruch an, vgl. BGHZ 142, 263, 276. Wenn aber die Grenze der offenbare Schaden ist, ansonsten die Vollausschüttung die Regel, so kann keine weitere Abwägung geboten sein.

235 *M. Winter*, S. 172 f.; *Zöllner*, Anpassung, S. 7.

236 Vgl. *Wimmer-Leonhardt*, S. 164; a.A. *M. Winter*, S. 80, dabei aber ausnahmsweise für Klagbarkeit als Nebenpflicht.

237 Im Zusammenhang mit der Frage der Hauptpflichten vgl. *Wimmer-Leonhardt*, S. 180 ff.

der Ebene der inhaltlichen Konkretisierung fort.[238] Wenn man die Zustimmungspflicht aus der Verbandsbindung ableitet, ist die Begründung mit § 705 BGB allerdings unproblematisch. Dann kann ein rechtsgeschäftlicher Ursprung nachgewiesen werden.[239] Die inhaltliche Unbestimmtheit wird durch die Ausgestaltung durch objektives Recht aufgefangen.[240] Da die Unabhängigkeit des inhaltlichen Maßstabs von der aktuellen Beschlusslage sicherlich wünschenswert ist, bietet dieser Ansatz also Vorteile.

Dieser Konzeption ist aber nur dann zu folgen, wenn diese Abwägungskriterien auch allgemein für die Rücklagenbildung durch Mehrheitsbeschluss gelten. Dabei ist fraglich, ob Gesellschafterbelange tatsächlich berücksichtigt werden können, soweit es um den Schutz des Verbands geht. Diese Frage hängt wiederum davon ab, wie weit man im Grundlagenbereich originäre Verbandsinteressen anerkennt. Das Argument von der Zumutbarkeitsschranke als Begrenzung auch notwendiger Rücklagenbildung als Ausgleich für die mit der Eigenkapitalzufuhr verbundene höhere Eingriffsintensität erscheint dabei problematisch, wenn man die gesetzliche Konzeption als Ausgangspunkt nimmt. Schließlich wäre die dauerhafte Bindung der erwirtschafteten Gewinne als Eigenkapital auch nur unter der Voraussetzung durchzusetzen, dass *gerade diese* notwendig ist.[241] Die Berücksichtigung der Zumutbarkeit für den Gesellschafter *in diesem Bereich* lässt sich also nicht mit der im Verhältnis zum vorübergehenden Einbehalt stärkeren Einwirkung auf die Gesellschaftersphäre begründen. Dieser Unterschied wird vielmehr bereits auf Ebene der Erforderlichkeit berücksichtigt. Außerdem ist festzuhalten, dass die Erhöhung der Eingriffsintensität auch kompetenzmäßig auf einer höheren Ebene stattfindet. Diese maximale Einschränkung der gesellschafterlichen Finanzierungspflicht durch die Berücksichtigung der individuellen Zumutbarkeit ließe sich also nur mit der entsprechenden Durchlässigkeit der Verbandsbindung begründen. Damit ist wieder ein Hinweis auf den richtigen Weg gegeben, zu einer differenzierteren Berücksichtigung der Wertungskriterien des § 122 im Rahmen der Treuepflicht – als objektiv-rechtliche Gestaltungsvorgabe.

---

238 Für das Personenhandelsgesellschaftsrecht muss man diese dem Vertrag selbst entnehmen. Wichtiger als die Rechtsgrundlage ist dabei aber die Frage, aus welcher Rechtsbeziehung sie stammt. Wollte man die Qualität als Hauptpflicht aus der Mitgesellschafterbindung ableiten, so wäre die Begründung einer rechtsgeschäftlichen Grundlage sicher schwieriger – wenn auch sicher im Einzelfall nicht ausgeschlossen.

239 *Zöllner*, Anpassung, S. 40.

240 *Wimmer-Leonhardt*, S. 182; *Zöllner*, Anpassung, S. 37.

241 Vgl. *Schön*, FS Beisse, S. 471, 483; *Ulmer*, FS Lutter, S. 935, 945.

III. Die Wertungsmaßstäbe bei der Beschlusskontrolle

1. Direkte Anwendung von § 122 Abs. 1 HGB?

Zu entscheiden ist also zunächst, an welcher Stelle die dargelegte Wertung des § 122 Abs. 1 HGB zu verorten ist, wenn die Mehrheit über die Gewinnverwendung entscheidet. Bei einer unmittelbaren Anwendung müssten – wie dargelegt – sowohl die Wertung der Norm im Hinblick auf die Thesaurierungsinteressen der Gesellschaft als auch der darüber hinaus unbegrenzte Ausschüttungsanspruch der Gesellschafter berücksichtigt werden. Differenziertere Maßstäbe kämen nicht zum Einsatz.

Die Gesellschafter wollen allerdings gerade die Rechtsfolge der Norm außer Kraft setzen. Aus einer dispositiven Norm eine Pflichtenbindung für den sie abbedingenden Beschluss zu machen, hieße die dispositive Natur auszuhöhlen. Dies lässt sich an dieser Stelle auch nicht mit der Kernbereichslehre begründen. Probleme des Minderheitenschutzes können nur durch die Treuepflicht gelöst werden.[242] Dennoch ist zuzugeben, dass die Norm als gesetzliche Gestaltungsvorgabe Einfluss auf die Diskussion haben kann.

2. Zur Treuepflicht bei der Stimmabgabe

a. Grundlagen

Bevor die Fragen einer Rücklagenbildung als konkreter Anwendungsfall einer Bindung des Stimmrechts geklärt werden können, muss eine grundsätzliche Position zur Wirkung und Reichweite der Treuepflicht gefunden werden. Da nur damit nämlich – wie in der GmbH – die Rücklagenbildung kontrolliert werden kann, hängt auch nur davon die Ausgestaltung der rechtlichen Grenzen der Entscheidung ab.

aa) Das Verhältnis zum Verband

Was die Intensität der Kontrolle des Mehrheitsbeschlusses anbelangt, so kann man grob zwischen der umfassenden[243], durch die Mehrheit zu erbringenden

242 So – ohne Heranziehung von § 122 – *K. Schmidt*, ZGR 2008, 1, 23; *Wiedemann*, GesR II, S. 227; *ders.*, WM 1992, Sonderbeilage 7, 1, 31; i.E. auch *Schön*, FS Beisse, S. 471, 484.

243 Die Beschlusskontrolle, wie sie im sog. Kali- und Salz-Urteil (BGHZ 71, 40 ff.) begründet wurde, wird zumeist (z.B. *Tröger*, S. 254) als „materielle Beschlusskontrolle" bezeichnet. Vorliegend soll sie als „umfassende" Kontrolle bzw. Rechtfertigung bezeichnet werden. Damit wird deutlich, dass die (einfache) Treuepflichtkontrolle nur im Hinblick auf die „Angriffslast" (damit ist allerdings nicht die Frage der Beweislast gemeint, vgl.

Rechtfertigung durch das Gesellschaftsinteresse und der schwächeren Willkürkontrolle unterscheiden. Eine umfassende Prüfung ist dabei aber nur bei schweren Eingriffen in die Mitgliedschaft[244] angezeigt, wenn das Gesetz nicht bereits eine ausreichende Interessenabwägung indiziert.[245] Ansonsten bleibt es nach h.M. bei der allgemeinen Willkürkontrolle nach Treuepflicht und Gleichbehandlungsgrundsatz, die immer greift.[246] Obwohl die materielle Beschlusskontrolle aufgrund der Treuepflicht heute im Grundsatz als anerkannt gelten darf, ergeben sich doch Schwierigkeiten bei der Anwendung. Die allgemeine Unterteilung in die Zweckförderpflicht gegenüber der Gesellschaft und die Rücksichtnahmepflicht gegenüber den Gesellschaftern[247] zeigt nämlich nur in groben Umrissen, wie die Interessen der jeweiligen Adressaten zu berücksichtigen sind.

Zunächst wirft sich also die Frage nach der Reichweite der Zweckförderpflicht im Verhältnis zum Verband auf. Die klare Abgrenzung in eigennützige und

---

nur *Wiedemann*, ZGR 1980, 147, 158) davon zu unterscheiden ist. Der Begriff der materiellen Beschlusskontrolle allein für die umfassende ist irreführend. Je nachdem, welche Eingriffe in die Minderheitsposition man als ausreichend erachtet, verbleibt aber wohl ein Regelungsbereich, in dem die (einfache) Treuepflicht greifen muss, der sich nicht auf die dem Zweck entgegengesetzten Maßnahmen wie die Auflösung beschränkt (vgl. auch *Hirte*, S. 150).

244 Nach *Hirte*, S. 152 ff. beschränkt sich diese erhöhte Überprüfungskompetenz auf Fälle des Eingriffs in die Beteiligungsverhältnisse. Insgesamt ist die Frage der Anwendung des Instruments über den Bezugsrechtsausschluß hinaus umstritten. Vgl. für den Zustimmungsbeschluss zu einem Unternehmensvertrag nach § 293 AktG z.B. nur (dagegen) *Hirte*, S. 144 ff.; *Lutter*, ZGR 1981, 171, 176 ff.; *Timm*, ZGR, 1987, 403, 427; *M. Winter*, S. 164; a.A. *Pentz*, in: Rowedder/Schmidt-Leithoff, GmbHG, 4. Aufl., § 13 Rdnr. 74; *Wiedemann*, ZGR 1980, 147, 157; *ders.*, DB 1993, 141, 144.

245 Grundlegend BGHZ 71, 40 ff. (Kali und Salz); zurückhaltend gegenüber einer Ausweitung *Hirte*, S. 144 ff.; *Lutter*, ZGR 1981, 171, 176 ff.; *M. Winter*, S. 164; a.A. – für Ausweitung – *Wiedemann*, ZGR 1980, 147, 157; *ders.*, DB 1993, 141, 144; *ders.*, FS Heinsius, S. 949, 963; für die Anwendung auf die Personengesellschaft vgl. allgemein *Ulmer/Schäfer*, in: MüKo, BGB, § 709 Rdnr. 100 ff.

246 *Hirte*, S. 150; *Hüffer*, AktG, § 243 Rdnr. 27; *Wiedemann*, DB 1993, 141, 144; *Würthwein*, in: Spindler/Stilz, AktG, § 243 Rdnr. 167; *Zöllner*, AG 2000, 145, 155; a.A. *Cahn/Senger*, in: Spindler/Stilz, AktG, § 53a Rdnr. 54, auch hier Vorprägung bedeutsam.

247 *Bungeroth*, in: MüKo, AktG, Vor § 53a Rdnr. 19; *Henze*, BB, 1996, 489, 493, 494; *ders.*, ZHR 162 (1998), 186, 192; *Hirte*, S. 129 ff.; *Fastrich*, in: Baumbach/Hueck, GmbHG, § 13 Rdnrn. 22, 24; *Hüffer*, AktG, § 53a Rdnr. 16; *Lutter/Bayer*, in: Lutter/Hommelhoff, GmbHG, § 14 Rdnr. 20 ff., *Lutter*, ZHR 162 (1998), 164, 177; *ders.*, ZHR 153 (1989), 446, 452 ff.; *ders.*, ZGR 1981, 171, 175; *Pentz*, in: Rowedder/Schmidt-Leithoff, GmbHG, § 13 Rdnrn. 38, 40; *Schäfer*, in: Staub, HGB, § 105 Rdnr. 234 ff.; *Wiedemann*, ZGR 1980, 147, 157; *ders.*, DB 1993, 141, 143; *M. Winter*, S. 85 ff.; *Würthwein*, in: Spindler/Stilz, AktG, § 243 Rdnr. 150; *Zöllner*, AG 2000, 145, 154; *ders.*, Schranken, S. 318 ff.

uneigennützige Rechte,[248] die zu einer völligen Bindung oder der Freiheit davon führen müsste, vermittelt dabei ebenfalls nur scheinbar Sicherheit. Im Hinblick auf das Stimmrecht kommt man jedenfalls angesichts der Verschiedenheit der denkbaren Beschlussinhalte nicht umhin, im Einzelfall die jeweiligen Rücksichtnahmepflichten genauer zu untersuchen.[249] Dabei kann zunächst nur als gesichert gelten, dass sich Beschlüsse in Geschäftsführungsangelegenheiten ausschließlich am Zweck der Gesellschaft zu orientieren haben.[250] Mitgliedschaftliche Partikularinteressen existieren hier nicht, da die Beteiligung am Gesellschaftsvermögen, welches ausschließlich durch diese Maßnahmen betroffen ist,[251] nicht zu diesen gehört.[252] Gesellschaftsfremde Interessen müssen in diesem Bereich der Verbandsinteressen klar zurückstehen.[253] Vor allem steht diese Sphäre des zwingenden Verbandsinteresses nur zur Disposition aller Gesellschafter (§ 33 Abs. 1 Satz 2 BGB). Da Gesellschaften abseits zwingender Regelungen kein allgemeines Eigeninteresse haben,[254] kann der einstimmige Beschluss nicht in Frage gestellt werden. Auch über den Bereich der Geschäftsführung hinaus könnte der Verbands-

---

248 *Hüffer*, AktG, § 53a Rdnr. 16 und *Fastrich,* in: Baumbach/Hueck, GmbHG, § 13 Rdnr. 27 zählen das Stimmrecht zu den uneigennützigen Rechten. *Ulmer*, in: Staub, HGB, 4. Aufl. (Voraufl.), § 105 Rdnr. 240 stellt das Gegenteil fest. Diese Begrifflichkeit nimmt quasi vorweg, was hier erst belegt werden soll. Insofern ist auf das Ergebnis dieser Stellungnahme zu verweisen im Hinblick darauf, was eigennützig und was uneigennützig ist (zumindest im Hinblick auf Grundlagenentscheidungen).

249 *Henze*, BB 1996, 489, 493; *Zöllner*, Schranken, S. 322.

250 *Fastrich*, in: Baumbach/Hueck, GmbHG, § 13 Rdnr. 27; *Martens*, GmbHR 1984, 265, 267; *Zöllner*, Schranken, S. 344; *ders.*, ZHR 162 (1998), 235, 239 Fn. 20; *Michalski*, in: Michalski, GmbHG, § 13 Rdnr. 155; *Schäfer*, in: Staub, HGB, § 105 Rdnr. 234; *K. Schmidt*, in: MüKo, HGB, § 105 Rdnr. 191; *Tröger,* S. 72.

251 *Hirte,* S. 140; *M. Winter*, S. 173.

252 Dieser Grundsatz (vgl. §§ 117 Abs. 1 Satz 2, 317 Abs. 1 Satz 2 AktG) gilt auch für die OHG/KG, s. *Habersack*, S. 85; *ders.*, in: Staub, HGB, § 124 Rdnrn. 10, 17.

253 *Zöllner*, Anpassung, S. 52.

254 Der Begriff des Eigeninteresses umreißt die vor allem im Kapitalgesellschaftsrecht relevante Fragestellung, ob die Gesellschaft über den Willen aller hinaus ein rechtlich geschütztes Interesse hat (vgl. ablehnend *Lutter*, ZHR 153 (1989), 446, 469; *M. Winter,* S. 191 ff.; *Zöllner*, Schranken, S. 20 ff.). Für die Personengesellschaft ist weithin klar, dass ein solcher allgemeiner Rechtsgedanke nicht existieren kann, da keine der Lage im Kapitalgesellschaftsrecht entsprechende Abstraktion von den Mitgliedern – besonders im Hinblick auf die Gesellschafterhaftung – vorliegt (vgl. nur *Bitter*, S. 321; *Kleindiek*, S. 33 f.). Vgl. zum überindividuellen Charakter des Verbandszwecks und dessen *allseitiger* Abdingbarkeit ansonsten auch *Bitter*, S. 322; *Mülbert*, in: MüKo, HGB, KonzernR Rn. 117, 189; *Tröger*, S. 72 f

zweck bzw. das Verbandsinteresse aber zumindest mittelbar[255] betroffen sein.[256] Dort beginnt dann der Bereich möglicher Interessenkollisionen. Deren Auflösung bringt Schwierigkeiten mit sich, da diese Frage nach den rechtlich geschützten Interessensphären nicht formalistisch beantwortet werden darf, sondern vielmehr nach einer Definition und Abgrenzung verlangt.

Strukturmaßnahmen wie die Verschmelzung, die Umwandlung oder die Kapitalerhöhung und -herabsetzung, aber auch die Entscheidung über die Gewinnverwendung, werden teilweise zu den völlig eigennützigen Rechten gezählt.[257] Konsequent gedacht erlaubt dies also auch die Schädigung des Verbandes bei Ausübung dieser Rechte. Ausgangspunkt dieser Ansicht ist wohl, dass die entsprechende Ermächtigung zur Ausübung der Rechte ein Außerachtlassen des Verbandsinteresses impliziert. Trotz faktischer, zumindest mittelbarer Rückwirkungen auf den Verband wäre ein „Schaden" der Gesellschaft demnach begriffsnotwendig ausgeschlossen. Im Grundsatz wird davon ausgegangen, dass sich die Bindung an das Verbandsinteresse zugunsten der Zulässigkeit der Verfolgung von Partikularinteressen verschiebt.[258] Dafür verwendet man den Begriff der Zweckverfolgungsnähe.[259] Das bedeutet nach h.M., dass im Rahmen von Grundlagenentscheidungen – also Strukturmaßnahmen und sonstige, das Verhältnis der Gesellschafter nicht umgestaltende aber betreffende Maßnahmen[260] – ein Vorrang des Gesellschaftsinteresses nicht zwingend anzuerkennen ist. Es ist aber *auch* Rücksicht auf dieses zu nehmen.[261] Es ergibt sich danach auch hier

255 So auch *Zöllner*, Schranken, S. 335.

256 Dies bezweifelt wohl *M. Winter*, S. 88, wenn er für die Grundlagenbeschlüsse davon ausgeht, diese seien aus Sicht der Gesellschaft lediglich „neutral" oder sogar „vorteilhaft". Eine differenziertere Beurteilung findet sich aber bei seiner Stellungnahme zu BGHZ 80, 69 (Süssen), deren Anknüpfung er der Treuebindung zum Verband zuordnet (S. 95).

257 *Henze*, BB 1996, 489, 493; ähnlich *Mülbert*, S. 221; für Gewinnverwendung deutlich so *Ulmer*, in: Staub, HGB, 4. Aufl. (Voraufl.), § 120 Rdnr. 40; *Schäfer*, in: Staub, HGB, § 120 Rn. 41; *Zöllner*, Schranken, S. 322.

258 *Lutter*, AcP 180 (1980), 84, 116.

259 Grundlegend *Zöllner*, Schranken, S. 344; dazu auch *Haar*, S. 101.

260 Vgl. zur Terminologie *Priester*, DStR 2007, 28, 32.

261 *Haar*, S. 101; *Michalski*, in: Michalski, GmbHG, § 13 Rdnr. 147; *Pentz*, in: Rowedder/Schmidt-Leithoff, GmbHG, § 13 Rdnr. 56; *K. Schmidt*, Informationsrechte, S. 24; *H. Winter*, in: Scholz, GmbHG, § 14 Rdnr. 55; *M. Winter*, S. 88, 121; *Ulmer*, in: Staub, HGB, 4. Aufl. (Voraufl.), § 105 Rdnr. 237; *Zöllner*, Schranken, S. 344. Zumeist findet sich die Formulierung, im Bereich der eigennützigen Rechte sei „grundsätzlich" nicht auf den Verband Rücksicht zu nehmen. In diese Richtung z.B. *Fastrich*, in: Baumbach/Hueck, GmbHG, § 13 Rdnr. 27; *Lutter*, AcP 180 (1980), 84, 116. Selbst wenn einige das Stimmrecht grundsätzlich zu den uneigennützigen Rechten zählen, so müssten sie doch wegen der im Verhältnis zur Geschäftsführung weiteren Entfernung vom Zweck ebenso eine differenzierte Abwägung von Partikular- und Verbandsinteresse vornehmen.

– wie bei der Rücksicht auf die Mitgesellschafter – ein Verhältnismäßigkeitsmaßstab. Damit bliebe es im Hinblick auf die Grundlagenentscheidungen bei der Möglichkeit der Schädigung, solange diese verhältnismäßig zum Partikularvorteil ist. Was dies im Einzelfall für die Bindung an die Gesellschaft im Rahmen von Grundlagenentscheidungen bedeutet, ist letztlich allerdings nicht eindeutig feststellbar.[262] *Zöllner* nennt als Beispiel für eine zweckgebundene Grundlagenmaßnahme die Bestellung und Abberufung von Mitgliedern der Verwaltungsorgane.[263] Hier könnte man von einer mittelbar auf die Ebene der Geschäftsführung bezogenen Handlung sprechen. Die Geschäftsorgane nehmen die Geschäftsführungshandlungen vor, womit die Auswahl dieser quasi indirekt eine Geschäftsführungsmaßnahme beinhaltet. Abseits solcher Beispiele ließe sich eine solche Nähe zur Geschäftsführung als Handlung im Rahmen des operativen Geschäfts nicht feststellten. Dann bliebe es bei der Verhältnismäßigkeitsabwägung, bei der es letztlich im Rahmen der Verhältnismäßigkeit im engeren Sinne auf die Wertung der sich gegenüberstehenden Interessen ankäme.[264] Dabei könnte man Grundlagenmaßnahmen wohl auch als völlig zweckfrei sehen. Der Verweis auf diese Interessenabwägung lässt also quasi die wichtigste Stellungnahme außen vor. Insofern könnte man dort eben die Interessen der Gesellschaft zurückstellen, da die Maßnahme als eigennütziges Recht bzw. zweckferne Entscheidung einen Vorrang der Gesellschafterinteressen implizieren könnte.

Dagegen, und damit natürlich umso mehr gegen eine völlige Eigennützigkeit dieser Rechte, spricht jedoch zweierlei. Aus der kompetenzrechtlichen Einordnung auf die Freiheit von der Verbandsbindung zu schließen, würde zunächst die Bindung an die Gesellschaft wesentlich ihrer Effizienz berauben.[265] Daneben ist diese Begrenzung der Pflichtenbindung mit der vertraglichen Grundlage der Treuepflicht nicht in Einklang zu bringen. Bei lebensnaher Betrachtung erklären die Gesellschafter schließlich nicht die Absicht, den Zweck im Rahmen der Geschäftsführung zu fördern und ihn im Rahmen von Strukturmaßnahmen dann weitgehend außer Acht zu lassen.[266] Dies ist allerdings, was die

262 Ebenso *Tröger,* S. 85.

263 Schranken, S. 346; *ders.*, Anpassungen, S. 42; zustimmend *Michalski*, in: Michalski, GmbHG, § 13 Rdnr. 156; *Ulmer*, in: Staub, HGB, 4. Aufl. (Voraufl.), § 105 Rdnrn. 237, 239.

264 *M. Winter*, S. 149 f.; *Tröger*, S. 295; a.A. *Zöllner*, Schranken, S. 352, der davon ausgeht, die Verhältnismäßigkeit im engeren Sinne finde neben dem Merkmal der Erforderlichkeit kaum Anwendung.

265 In diese Richtung *Hirte,* S. 132; s. auch *Wiedemann*, GesR I, S. 435.

266 Ebenso *Zöllner*, ZHR 162 (1998), 235, 239 Fn. 20 und *Wimmer-Leonhardt*, S. 165, die von „widersprüchlichem Verhalten“ sprechen, soweit es um Geschäftsführungsentscheidungen oder zumindest solche in Zweckverfolgungsnähe geht. *Zöllner*, Schranken, S. 335; *ders.*, ZHR 162 (1998), 235, 239 Fn. 20 differenziert dabei zwischen der Zweck-

Postulierung von „eigennützigen Rechten“ bewirken soll. Die Verhältnismäßigkeitsgrenze kann dabei zunächst für immanente Vermögensbeeinträchtigungen ausreichen. Bei den Informationsrechten (z.B. § 118 HGB, § 51a GmbHG), tritt dies deutlich zutage. Geht man davon aus, das Informationsverlangen eines Gesellschafters füge der Gesellschaft automatisch eine Vermögensbeeinträchtigung zu – z.B. durch die Bindung der Geschäftsführung – so kann diese hinzunehmen sein, solange sie verhältnismäßig bleibt.[267] Dasselbe muss also auch für Kosten wie solche für die Einberufung einer Gesellschafterversammlung und Notargebühren für die Beurkundung von Vertragsänderungen gelten. Was zunächst formalistisch klingt, verdeutlicht ein wichtiges Element der Diskussion. Eine Haftungsausfüllung im Sinne der Feststellung eines Schaden gem. §§ 249 ff. BGB basiert auch im Gesellschaftsrecht auf der Differenzhypothese.[268] Insofern ergibt sich aber zunächst i.R.d. Haftungsbegründung die Frage nach der Rechtmäßigkeit. Mit der h.M. könnte man nun also im Rahmen von Grundlagenentscheidungen grundsätzlich von der Rechtmäßigkeit jeglichen Stimmverhaltens ausgehen. Nach der These von der Eigennützigkeit bestimmter Rechte ist dies konsequent; andererseits ist dies auch nur dann richtig, wenn man das Verbandsinteresse – bzw. als Kehrseite das Verbot der Verbandsschädigung – entsprechend definiert.[269] Diese beiden Standpunkte kollidieren also letztlich, eine Trennlinie ist zu ziehen. Hier wird nun davon ausgegangen, dass die *Vermögensintegrität* des Verbandes absoluten Vorrang hat. Abgesehen von immanenten Beeinträchtigungen ist das Vermögen der Gesellschaft ihr ureigenstes Interesse, welches zu schützen Grundmaxime des Zusammenschlusses ist – ansonsten würde die Zweckförderpflicht unterlaufen. Der Verband kann nun auch im Rahmen der Grundlagenentscheidungen in seiner Vermögensintegrität gestört werden. Darauf beschränkt sich die hier angenommene Ausweitung der Zweckförderpflicht. Das Vermögen der Gesellschaft ist aber nun eindeutig, wie oben ausgeführt, nicht Bestandteil der mitgliedschaftlichen Interessen. Die Verletzung der Vermögensintegrität im Rahmen von Grundlagenmaßnahmen tan-

---

verfolgungspflicht primär im Rahmen von Geschäftsführungsmaßnahmen und der darüber hinaus anzuwendenden Treuepflicht im Verhältnis zur Gesellschaft. Der Grund für die Differenzierung wird allerdings nicht klar. Wenn man diesen im rechtsgeschäftlichen Ursprung der Treuepflicht sehen wollte, also annehmen wollte, nur die Zweckbindung sei dem Beitritt zu entnehmen, so unterschätzte dies die Reichweite des Bindungswillens (vgl. ähnlich auch *Tröger,* S. 256 Fn. 15).

267 *Schäfer*, in: Staub, HGB, § 118 Rdnr. 15.

268 Vgl. nur *Fleischer*, DStR 2009, 1204, 1205.

269 Deutlich *Mülbert*, S. 220: „Außerhalb dieses Bereichs der rechtlich geschützten Interessen der Gesellschaft, etwa bei Satzungsänderungen, sonstigen strukturändernden Beschlüssen…“; ebenso *Lutter*, ZHR 153 (1989), 446, 445.

giert also das übergeordnete Verbandsinteresse; das gilt auch für das Recht der Personenhandelsgesellschaft.

Gegen eine Verlagerung der Berücksichtigung der Verbandsinteressen auf die Ebene Mehrheit gegen Minderheit, wie sie angesichts der dargestellten Schwierigkeiten im Bereich einer originären Verbandsbindung als Ersatz angewendet wird, spricht noch ein weiteres Argument. Richtig ist zwar, dass der Schutz des Verbandes vor missbräuchlichem Stimmverhalten dadurch erreicht wird, dass die Maßnahme in seinem Interesse liegen muss, wenn dadurch Minderheitsinteressen tangiert werden.[270] Das müsste aber im Umkehrschluss bedeuten, dass der Verband bei Grundlagenentscheidungen keine Rücksichtnahme erwarten kann, wenn und soweit Minderheitsinteressen nicht tangiert sind.[271] Wollte die Mehrheit umfangreiche Rücklagen bilden, so müssten diese im Verbandsinteresse liegen, um den Eingriff in die Minderheitenrechte zu rechtfertigen. Wollte die Mehrheit dagegen den gesamten Gewinn ausschütten, so müsste eine Rücksichtnahme auf den Verband ausscheiden. Dagegen sprechen wiederum die hier angeführten Argumente zur Ausweitung der Pflichtenbindung zur Gesellschaft. Würde man die originäre Verbandsbindung in diesem Bereich erweitern, so stünde der Schutz nicht zur Disposition der Mehrheit, sondern lediglich zur Disposition aller.

Andere Stimmen gehen davon aus, die Bindung an den Gesellschaftszweck ginge über die Geschäftsführung hinaus. Sie ende erst dort, wo Handlungen zweckneutral – der Auflösungsbeschluss – oder zwecksetzend – z.B. Änderung des Unternehmensgegenstandes[272] – seien.[273] Dies entspricht weitgehend der hier vertretenen Auffassung, da damit die Wichtigkeit der Bindung an den Zweck auch im Bereich von Grundlagenentscheidungen anerkannt wird. Dabei bleibt aber immer noch das Ausmaß der Pflichtbindung in diesem Bereich fraglich. Andererseits kann aber nun auch die Zuordnung des Stimmrechts nicht allgemein zu den uneigennützigen Rechten getroffen werden. Im Falle des Auflösungsbeschlusses als klassisches Beispiel einer zweckneutralen Handlung ist die Loslösung vom

---

270 Vgl. zur Rechtfertigung des Eingriffs in Minderheitenrechte *nur* durch das Verbandsinteresse *Lutter*, AcP 180 (1980), 84 115; *Wiedemann*, GesR I, S. 445; *Zöllner*, Schranken, S. 351.

271 Vgl. *Wimmer-Leonhardt*, S. 177, die die Ableitung von Treuepflichten zum Mitgesellschafter aus der Zweckförderpflicht deshalb als widersprüchlich bezeichnet.

272 Dabei ist die Zweckfreiheit der Änderung des Unternehmensgegenstandes nicht zwingend zu bejahen. Wenn sich die Gesellschaftermehrheit entschließt, in einen anderen Geschäftsbereich zu wechseln, so könnte man dennoch die gemeinsame Gewinnerzielungsabsicht als Kontrollmaßstab anwenden. Allgemein kritisch zur Abgrenzung zwischen zwecksetzenden- und zweckneutralen Maßnahmen *Hirte,* S. 133. Für eine Pflichtenbindung der Änderung des Unternehmensgegenstands im Verhältnis zum Zweck auch *Löffler*, S. 73; *Tröger*, S. 275 f.

273 *Wiedemann*, GesR I, S. 435.

Verbandsinteresse als immanent anerkannt.[274] Auch aus dieser Richtung muss das Verbot der Verbandsschädigung also differenziert betrachtet werden.

Es lässt sich danach festhalten: Die Pflichtenbindung der Gesellschaft gegenüber reicht über die Maßnahmen der Geschäftsführung hinaus. Die Kardinalfrage lautet dabei, ob der Verband darüber hinaus ein rechtlich geschütztes Interesse hat und daraus folgend, ob ihm ein Schaden erwachsen kann, der vom Verbot der Verbandsschädigung – und nicht im Rahmen der Mitgesellschafterbindung[275] – sanktioniert würde. Aus der Begrenztheit der Treuepflicht ergibt sich zwar, dass ein eigennütziger Bereich bestehen muss. Allerdings erscheint es richtig, diese Freiheit der Entscheidung auf Ausnahmefälle zu beschränken. Die Annahme, eigennützige Rechte seien „grundsätzlich" frei von Verbandsbindung, d.h. die Einhaltung von Verhältnismäßigkeitsgrenzen genüge, belässt dabei zuviel Spielraum. Das Außerachtlassen des Verbandsinteresses und damit jegliche – soweit nicht immanente – Vermögensminderung erscheinen genauer ausschließlich dann zulässig, wenn das Gesetz oder der Gesellschaftsvertrag eine umfassende Berücksichtigung der Gesellschaftsinteressen bereits nahe legen. Im Verhältnis zu dem von der h.M. angeführten Verhältnismäßigkeitskriterium präzisiert dies die Berücksichtigung des Verbandsinteresses.[276] Allerdings ist die Rücksicht auf die Vermögensintegrität insbesondere angesichts der Entfernung dieser Maßnahmen vom operativen Bereich naturgemäß nur unter Heranziehung von Prognosen möglich. Da die Festlegung des Verbandsinteresses im Einzelfall nur als Kontrolle eines Entscheidungsspielraums verstanden werden darf,[277] bleibt es bei einer Vertretbarkeitsprüfung. Insofern muss *in diesen Bereich* kon-

---

274 BGHZ 76, 352, 354; *Hirte,* S. 143; *Hüffer*, AktG, § 243 Rdnr. 28; *Lutter*, ZGR, 1981, 171, 177 ff.; *Zöllner*, AG 2000, 145, 155; *ders*., Schranken, S. 344.

275 A.A. insoweit BGHZ 129, 136 (Girmes), wonach das Verhältnis zum Verband hier nicht einschlägig sein könne, da der Verbandszweck zur Disposition der Gesellschafter stehe, eine Auflösung jederzeit möglich sei. Diese Disposition ist jedoch in der werbenden Gesellschaft auf die Einstimmigkeitsentscheidung reduziert, die Auflösung eben ein besonderes Verfahren. Mit dieser Argumentation ließe sich jegliche Treuepflicht zum Verband ablehnen, da auch die Zustimmungspflicht zu einer günstigen Geschäftsführungsmaßnahme (§ 116 Abs. 2, § 119 Abs. 2 AktG, § 37 Abs. 1 GmbHG) so durchbrochen werden kann. Gerade darin wird aber die hier postulierte Reichweite der Zweckbindung deutlich. Solange nicht besondere Gründe die Vernachlässigung des Verbandsinteresses rechtfertigen (allseitiger Konsens; gesetzliche Wertungen), stellt die Auflösung als förmliches Verfahren den einzigen Ausweg von der Treuepflicht zum Verband dar.

276 Natürlich könnte man mit dem Verhältnismäßigkeitskriterium der h.M. zu denselben Ergebnissen kommen, wenn man nur im Rahmen der Verhältnismäßigkeit im engeren Sinne die Wertung der Interessenstandpunkte entsprechend vornimmt. Dies ist aber nicht gesichert.

277 Dazu *Tröger*, S. 141 f.

sequent der typischerweise im Rahmen des Schadenersatzes wegen (sonstiger) Verbandsschädigung durch Einfluss auf die Geschäftsleitung aufgestellte (objektive) Pflichtenmaßstab übernommen werden.[278] Damit ergibt sich im Übrigen auch, dass im Rahmen von Grundlagenentscheidungen, die nicht Vertragsänderungen i.e.S. sind, eine gesonderte Berücksichtigung der Zumutbarkeit für den Gesellschafter in diesem Bereich ausscheiden muss. Die Verbandsbindung ist also – soweit sie reicht – absolut (§ 33 Abs. 1 Satz 2 BGB).[279] Ob der Einzelne im Rahmen von Grundlagenentscheidungen darüber hinaus auch zum Besten des Verbandes – natürlich wieder im Hinblick auf die Vermögenssituation – handeln muss, ist mit vorliegender Argumentation eher zu bejahen. Mit der h.M. müsste man davon ausgehen, nur sofern ein Eingriff in die Minderheitsinteressen vorliegt, sei die Mehrheit verpflichtet, dies durch einen „Überschuss" aufseiten des Verbandes auszugleichen. Im Rahmen der Entscheidung über die Bildung von Rücklagen soll diese Frage zumindest exemplarisch dargestellt werden.

Insofern ergibt sich also eine Parallele zur Eingrenzung der umfassenden Beschlusskontrolle *à la* Bezugsrechtsausschluss durch gesetzliche „Vorprägungen". Das Argument gilt aber auch hier. So zeigt z.B. § 707 BGB, dass über die vereinbarten Einlagen hinaus kein rechtlich begründetes Verbandsinteresse an Nachschüssen besteht.[280] Eine Zustimmungspflicht zu einem solchen Beschluss auf Grund des Verbots der Verbandsschädigung ist also mangels Rechtswidrigkeit der zugrunde liegenden Handlung auszuschließen. Auch die Kapitalherabsetzung ist ein Beispiel, dessen schieres Vorhandensein – wie im Rahmen des Auflösungsbeschlusses – die Möglichkeit der Nicht-Berücksichtigung des (faktischen) Gesellschaftsinteresses indiziert.[281] Als Gegenbeispiel ließe sich der Formwechsel nach §§ 228 ff. UmwG anführen. Aus dem Vorhandensein dieser rechtlichen Möglichkeit der Strukturänderung lässt sich schlecht darauf schließen, der Mehrheitsgesellschafter dürfe z.B. eine große, auf flexiblen Eigenkapitalzuwachs angelegte Kapitalgesellschaft in eine Kommanditgesellschaft umwandeln (§ 193 Abs. 1

---

278 S. auch *Zöllner*, ZHR 162 (1998), 235, 242.

279 Eine deutliche Formulierung für die – dies ablehnende h.M. – findet sich bei *Hommelhoff*, S. 316 Fn. 74: „..das Eigeninteresse (…) kann bei der Beschlussfassung (…) keinen *absoluten* Vorrang beanspruchen; dominant sind die Konzerninteressen nur bei der *Leitung* der Gesellschaft…"

280 *Armbrüster*, ZGR 2009, 1, 8; *Wiedemann*, GesR I, S. 393.

281 Nach BGHZ 138, 71, 71 (Sachsenmilch) bedarf die Kapitalherabsetzung keiner sachlichen Rechtfertigung, da die gesetzliche Regelung eine ausreichende Interessenabwägung der Standpunkte *der Gesellschaft* und der anderen Gesellschafter indiziert.

i.V.m. § 233 Abs. 2 UmwG).[282] Wieso der (hier: qualifizierte[283]) Mehrheitsgesellschafter nur Rücksicht auf den Verband nach Verhältnismäßigkeitsgrundsätzen nehmen sollte, lässt sich nach hier vertretener Auffassung schwerlich mit der angeblichen Eigennützigkeit gewisser Gesellschafterrechte begründen. Die Schädigung des eigenen Verbandes durch den Mehrheitsgesellschafter liegt natürlich zunächst im Rahmen von Unternehmensverbindungen nahe. Auch in der Einzelgesellschaft kann sie aber vorkommen, wenn der Mehrheitsgesellschafter schlichtweg wirtschaftlich ungeschickt handelt. Die Anfechtung gewährt hier also indirekt auch eine vorteilhafte Unternehmensführung (i.w.S.). Dies führt zumindest mittelbar zu einer Verbesserung des Minderheitenschutzes,[284] da auf diese Weise auch Beeinträchtigungen, wie die nachteilige Veränderung des Rechtskleides der Gesellschaft in obigem Beispiel, die nicht in den Schutzbereich der Gesellschafterinteressen fallen, leichter angreifbar sind. Etwaige Abfindungsansprüche wie z.B. nach § 207 UmwG, die allein nicht für den Minderheitenschutz ausreichen können,[285] werden daneben auch gestärkt. Denn die erhöhte Pflichtenbindung bewirkt mittelbar auch eine Sicherung des Gesellschaftsvermögens.

Dies gilt natürlich nur, solange die Minderheitsinteressen nicht dem Verbandsinteresse entgegenstehen. Dann ist allerdings wiederum von einer Bindung der Minderheit an das Verbandsinteresse auszugehen. Denn die Treuepflicht zum Verband darf nur mit dem Einverständnis aller vernachlässigt werden. Über den begrenzten eigenen Bereich hinaus haben die Minderheitsgesellschafter also auch einen stärkeren Anspruch auf Respektierung der Gesellschaft als übergeordneter Interessenpool. Im Rahmen der Anfechtung gibt es schließlich keine Trennung

---

282 Dass dieser Beschluss keiner sachlichen Rechtfertigung bedarf, begründet sich mit der ausreichenden Berücksichtigung *der Interessen der Minderheit* durch das Gesetz (Reg-Begr., in: Ganske, Umwandlungsrecht, S. 61, 216).

283 „Eine qualifizierte Beschlussmehrheit erhöht die Richtigkeitschance, verbürgt sie indes nicht“: *Wiedemann*, FS Heinsius, S. 949, 961; heute wohl h.M., vgl. *Hirte,* S. 135; *Mülbert*, S. 307, *Tröger*, S. 274; *M. Winter*, S. 166.

284 Vgl. auch *Immenga*, FS 100 Jahre GmbHG, S. 193; *M. Winter*, S. 144.

285 Diese haben nämlich nur Ausgleichs-, keinen Schadenersatzcharakter (*Wiedemann*, ZGR 1980, 147, 157; *ders*., FS Heinsius, S. 949, 962; *Hirte*, S. 136). Die (zunächst rein wirtschaftliche) Verbandsschädigung bleibt aber nach der hier vertretenen Auffassung rechtswidrig. Zur Sicherung der Minderheitsgesellschafter reichen Abfindungsansprüche nicht aus. Dieser Aspekt war zunächst im Streit um die Ausweitung der Grundsätze der umfassenden Beschlusskontrolle für die *Minderheitsinteressen* wichtig (vgl. *M. Winter*, S. 135). Vorliegend geht es nur um die Verbandsinteressen. Ein Ausreichen von Abfindungsansprüchen stünde hier also nur in Rede, sofern man Verbandsinteressen im Rahmen entsprechender Grundlagenentscheidungen generell ablehnt. Fraglich wäre allerdings, was dem Minderheitsgesellschafter ein rechtlich vollwertiger Abfindungsanspruch hilft, wenn das Unternehmen in die Pleite umgewandelt wird?

in Individual- und Sozialsphäre, wie dies bei der sonstigen Verfolgung der jeweiligen Pflichtverletzungen mit der *actio pro socio* eine Rolle spielt. Eine Verlagerung der Abwehrmöglichkeiten auf die Beschlusskontrolle stärkt also den Minderheitenschutz erheblich.

bb) Die Gesellschafter untereinander

Die Berücksichtigung der Interessen der Mitgesellschafter am Maßstab der Verhältnismäßigkeit kann nun als gesicherter Grundbestand der Treuepflichtbindung des Stimmrechts gelten.[286] Dass dabei nur mitgliedschaftlich vermittelte Interessenstandpunkte einzubeziehen sind, kann ebenfalls unterstellt werden.[287]

Wie weit diese Rücksichtnahmepflicht im Verhältnis zu den Mitgesellschaftern im Einzelfall geht, hängt nun auch von der Bindung zur Gesellschaft ab. Die Minderheitsgesellschafter unterliegen dabei nämlich ebenso der weiten Bindung an den Verband. *Erst darüber hinaus*[288] werden gegenläufige Minderheitsinteressen nach dem Grundsatz der Verhältnismäßigkeit berücksichtigt.[289] Insofern hat die Rücksichtnahme auf die Mitgesellschafter quasi als Nebeneffekt[290] eine Bindung aller an das (erweiterte!) Verbandsinteresse zur Folge.[291] Die Minderheitsgesellschafter müssen also verhältnismäßige Eingriffe zum Wohle des Verbands hinnehmen. Dass diese auch im Rahmen von Grundlagenentscheidungen grundsätzlich dem (erweiterten) Verbandsinteresse verpflichtet

---

286 S. Fn. 247.

287 *Lutter*, AcP 180 (1980), 84, 128 ff.; *Ulmer*, in: Staub, HGB, 4. Aufl. (Voraufl.), § 105 Rdnr. 243; *Zöllner*, Schranken, S. 349.

288 A.A. natürlich die h.M., für die die *zwingende* Verbandsbindung „nach oben" in die Geschäftsführungsebene verschoben ist. Deutlich so *Tröger*, S. 276: „ bei ... ([Anm. d. Verf.] zweckgebundenen Beschlüssen) eine *Abwägung* (Hervorhebung des Verf.) überhaupt erst dann stattfindet, wenn sich das von der Mehrheit verfolgte Ziel als im Gesellschaftsinteresse liegend erwiesen hat."

289 Dies wird natürlich auch von all jenen abgelehnt, die im Rahmen der materiellen Beschlusskontrolle das Gesellschaftsinteresse nicht aus sich heraus anerkennen, sondern nur als Rechtfertigung für den Eingriff. Insofern führt dies zu einer schwächeren Bindung der Minderheit an das Verbandsinteresse, da sie diesem nur dienlich sein muss, soweit Verhältnismäßigkeitsgrenzen eingehalten werden. Dagegen muss die Minderheit nach der vorliegend angenommenen Bindungsintensität zunächst einen absoluten Vorrang der Gesellschaftsinteressen hinnehmen – sofern diese ihren Interessen entgegenstehen – und sieht ihre Position erst darüber hinaus nach den bekannten Grundsätzen berücksichtigt.

290 *Tröger*, S. 257 Fn. 17 verdeutlicht richtigerweise, dass es im Rahmen der Rechtfertigung des Eingriffs in Minderheitsinteressen nicht um die originäre Pflicht zur Rücksichtnahme auf den Verband geht, sondern darum, dass der Eingriff quasi durch einen positiven Effekt am anderen Ende ausgeglichen werden kann. Ähnlich *Haar*, S. 101.

291 *Mülbert*, S. 222.

sind, *wenn die Mehrheit einen Beschluss herbeiführen will*, es also z.B. um die Aufgabe von Sperrminoritäten geht, kann schließlich als gesichert gelten („Girmes"-Rechtsprechung).[292]

Genau hier fällt die Trennlinie zwischen der Verbandsbindung und der Mitgesellschafterbindung im Bereich von Grundlagenentscheidungen.[293] Die Verbandsbindung wird hier als absolute Grenze für alle Gesellschafter gesehen, die Mitgesellschafterbindung allgemein lediglich als eine Rücksichtnahmepflicht gegenüber den Benachteiligten. Auch dabei ist die entscheidende Frage natürlich, wie die rechtliche Gewichtung der Interessenstandpunkte ausfallen muss. Dort gilt nun, dass über die bereits erfolgte Berücksichtigung des Verbandsinteresses keine *rechtlich* begründete weitere Berücksichtigung erfolgen kann. Differenziert betrachtet stehen dann also die Partikularinteressen der Mehrheit im Raum. Der Vorteil für den Verband, mit dem der Nachteil für die Minderheit ausgeglichen wird, ist also überobligatorisch. Ohne eine genaue Einordnung vorwegzunehmen, könnte man also z.B. für die Bildung von Gewinnrücklagen davon ausgehen, dass diese, sofern sie für die nähere Zukunft notwendig ist, im rechtlich geschützten Verbandsinteresse liegt. Das faktisch natürlich aber auch darüber hinaus bestehende Interesse an einer Kapitalzuführung kann dann aber rechtlich zunächst nur als Partikularinteresse[294] an der Erweiterung des Unternehmens gelten. Es bietet sich an, zwischen dem „originären und damit zwingenden Verbandsinteresse" und dem „faktischen Verbandsinteresse" zu unterscheiden.[295] Bei *dieser* Abwägung ist dann auf allgemeine Grundsätze zurückzugreifen, da es im Personengesellschaftsrecht naturgemäß keine „vorgeprägten"[296] Entscheidungen gibt.

---

292 S. dazu nur *Henze*, ZHR 162 (1998), 186, 192; *Pentz*, in: Rowedder/Schmidt-Leithoff, GmbHG, § 13 Rdnr. 38; *Wiedemann*, DB 1993, 141, 143; *Würthwein*, in: Spindler/Stilz, AktG, § 243 Rdnr. 152.

293 Ebenso *Tröger*, S. 256, S. 257, natürlich ohne die hier vertretene Ausweitung.

294 „..kann die Mehrheit auch nicht vom Gesellschaftsinteresse gedeckte Rückstellungen (Anm. d. Verf.: Es sind Gewinnrücklagen gemeint) beschließen." *Mülbert*, S. 210. Ebenso *Schön*, FS Beisse, S. 471, 479, der ausführt, Investitionsentscheidungen, die den herkömmlichen (vertraglichen) Finanzierungsrahmen überschritten, müssten sich nicht am Gesellschaftsinteresse orientieren.

295 Der für das faktische Verbandsinteresse – oder auch das Partikularinteresse an der Überschreitung des gegebenen Rahmens – exemplarische Bezugsrechtsausschluss muss dabei im Blick behalten werden (vgl. unten III. 4).

296 Zur Vorprägung als Diskussionspunkt bei der Sachgrundrechtfertigung vgl. nur *Hirte*, S. 135. Auch bei Maßnahmen von einer minderen Eingriffsintensität, die die umfassende Kontrolle nicht zu rechtfertigen vermag, ist es denkbar, eine „Vorprägung" festzustellen, vgl. *Cahn/Senger*, in: Spindler/Stilz, AktG, § 53a Rdnr. 54.

b. Zwischenergebnis

Die Bindung des abstimmenden Gesellschafters an den Verband ergibt sich auch im Rahmen von Grundlagenentscheidungen als absolute Pflicht zur Sicherung und Förderung des Verbandsvermögens. Die Missachtung der Verbandsbindung ist bei Einstimmigkeit möglich, da (insbesondere im Personengesellschaftsrecht) kein Eigeninteresse der Gesellschaft existiert.

Eine Vermögensminderung ist nun ausschließlich dann zulässig, wenn eine ausdrückliche Ermächtigung zu eigennützigem Handeln besteht. Diese Pflicht ergibt sich aus dem Verhältnis des Einzelnen zum Verband. Die Zuständigkeit für Maßnahmen bei Verletzungen liegt also primär bei der Geschäftsführung. Ist der Bereich der originären Verbandsbindung überschritten, so greifen die bekannten Verhältnismäßigkeitsmaßstäbe, ein „Minus“ für die Minderheit ist nur durch ein „Plus“ für den Verband zu rechtfertigen. In diesem Bereich stehen die mehrheitlichen Partikularinteressen gegen die mitgliedschaftlichen Minderheitsinteressen.

3. Anwendung auf die Rücklagenbildung im Verhältnis zum Verband

a. Verhältnis der Treuebindung zu § 122 Abs. 1 Alt. 2 HGB

Aus dem zuvor Gesagten ergibt sich also, dass die Gesellschafter auch im Rahmen der Entscheidung über die Gewinnverwendung zunächst primär die Vermögensintegrität des Verbandes zu beachten haben. Über diese Grundthese hinaus gilt es nun, die genaue Trennlinie zwischen dem rechtlich geschützten Vermögensstatus der Gesellschaft und dem rechtlich geschützten Interesse der Gesellschafter auf Entnahme zu ziehen. Dabei ist, unter Anwendung der dargelegten Grundsätze, fraglich, inwieweit der gesetzlichen Regelung im Hinblick auf die Verbandsbindung ein abschließender Charakter zukommt.

Der abschließende Charakter des § 122 für die Verbandsbindung wird teilweise bejaht.[297] § 122 Abs. 1 Alt. 2 wird also – wie hier – als Ausprägung der Treuepflicht *zur Gesellschaft* gesehen.[298] Natürlich handelt es sich auch danach um eine *entsprechende* Anwendung der Grenze des § 122 Abs. 1 Alt. 2. Der offenbare Schaden dürfte also auch durch die vorübergehende Bindung des Kapitals nicht vermieden werden können, es muss vielmehr gerade die dauerhafte Bindung vonnöten sein. Dem ist zunächst insofern zuzustimmen, als eine direkte Anwendung der Norm im Rahmen der Verbandsbindung natürlich ausscheiden muss. Ansonsten könnte überhaupt nur die vorübergehende Einbehaltung der Summen

297 *Schön*, FS Beisse, S. 471, 477; *Ulmer*, in: Staub, HGB, 4. Aufl. (Voraufl.), § 120 Rdnr. 40 f.; a.A. *Schulze-Osterloh*, BB 1997, 1783, 1785.

298 Vgl. dazu *Haar*, S. 151.

als Fremdkapital zwingend sein. Für eine differenzierte Betrachtung spricht daneben, dass die Norm – wie oben angedeutet – eine Gewinnverwendungskompetenz lediglich für die Geschäftsführung anordnet. Einzelne Gesellschafterkompetenzen sind im Handelsgesetzbuch in ihrem konkreten Ausmaß daneben kaum angesprochen. Letztlich ist die Beschränkung der Kompetenzzuweisung in der zeitlichen Beschränkung zu sehen. Geht man von einer Befugnis zur Veränderung des Eigenkapitals nur auf Ebene der Gesellschafterversammlung aus, so hat die Geschäftsführung eben nur eine Kompetenz zum vorübergehenden Einbehalt. Darüber hinaus definiert § 122 Abs. 1 Alt. 2 dann die Reichweite der Bindung an den Verband im Rahmen der Gewinnverwendung. Die Schranke kann also entsprechend auf die konkrete Treuebindung angewandt werden. Es handelt sich um eine Ausgestaltung der Treuepflicht anhand vorhandener rechtlicher Grundlagen. Nicht durchschlagend für eine differenziertere Übernahme der Schranke ist dementsprechend das Argument, die Abwägung von Finanzierungs- und Ausschüttungsinteressen müsse umfassender getroffen werden, da § 122 Abs. 1 Alt. 2 HGB unter Zugrundelegung andersartiger Bilanzierungskompetenzen entstanden sei. Man sei bei Schaffung der Norm noch von einer Thesaurierungskompetenz der Geschäftsführung durch stille Reserven (§ 254 Abs. 4 a.F.) ausgegangen. Heute sei jedoch angesichts der Verlagerung der Kompetenz für gewinnverwendende Maßnahmen auf die Gesellschafterversammlung durch den BGH[299] eine umfassendere Abwägung geboten.[300] Da die Grenze des offenbaren Schadens aber nicht anhand der Bilanz allein zu Buchwerten bestimmt werden kann, ist die Sinnhaftigkeit einer hohen Schwelle für eine Thesaurierungspflicht grundsätzlich auch im Rahmen von offenen Rücklagen festzustellen. Nur wenn man dies annimmt, ergibt sich die Berücksichtigung des Gesellschaftsinteresses zuerst auf Ebene der Bewertung und dann zusätzlich auf der Ebene der Entnahme, dabei könnte § 122 Abs. 1 Alt. 2 allein quasi nur noch die Hälfte leisten, müsste also durch eine umfassende Abwägung ersetzt werden. Dafür, dass der „offenbare Schaden“ formal nach der Bilanz zu bestimmen ist, finden sich aber keine Anhaltspunkte. § 122 Abs. 1 definiert also die Treuepflicht zur Gesellschaft im Rahmen der Gewinnverwendung.

b. Ausmaß der originären Finanzierungs(treue)pflicht

aa) Gesellschaftsschaden

Nach § 122 Abs. 1 Alt. 2 HGB ist eine Thesaurierung durch die Geschäftsführung zulässig, soweit und solange der Gesellschaft ein Schaden droht. Bei der Klärung des Ausmaßes der der Norm in entsprechender Anwendung zu entneh-

299 Vgl. BGHZ 132, 263, 263.

300 *Schulze-Osterloh*, BB 1997, 1783, 1785.

menden Finanzierungspflicht müsst man zunächst auf den vertraglichen Finanzrahmen abstellen. Dies ist auch eindeutig dem Begriff des Schadens zu entnehmen, da ein solcher immer nur im Hinblick auf eine rechtswidrige Handlung vorliegen kann. Nur das vertraglich festgelegte finanzielle Ausmaß der Unternehmung kann hier den ersten Anhaltspunkt bieten. Eine originäre Pflicht zur Erweiterung muss ausscheiden. Es ist also auf die aktuelle Festlegung der Einlagenhöhe abzustellen. Die Notwendigkeit der Kreditaufnahme kann dabei als Bestandteil der normalen Finanzplanung angesehen werden.[301] Auch sie kann also keinen Schaden darstellen. Andererseits kann das vertragliche finanzielle Soll nicht zum Unterlaufen der Schadensschranke führen. Auch über diese Linie hinaus muss also die notwendige Rücklagenbildung zwingend sein. Von eigenständiger Bedeutung kann die Grenze der vereinbarten Einlagenhöhe also überhaupt nur im Rahmen nützlicher Rücklagen sein.

Das zweite – auch noch klare – Kriterium ist die Verhinderung einer Insolvenz. Hier muss die äußerste Grenze der Pflicht zur Förderung des gemeinsamen Zwecks liegen. Zumeist findet sich dafür die im Hinblick auf den Prognosespielraum weite Formulierung von der „Lebens- und Widerstandsfähigkeit" der Gesellschaft. Dazwischen liegt die Unschärfe. Teilweise geht man nämlich auch davon aus, die Durchführung der geplanten Geschäfte müsse möglich bleiben.[302] Man könnte dies als Pflicht zur Erhaltung des *status quo* bezeichnen. Ist das vertragliche Kapital gemindert, müsste man danach eine Pflicht zum „Auffüllen" bis zur vereinbarten Linie annehmen. Geht man nun davon aus, nicht jede Verschlechterung der Finanzlage führe automatisch zum Zusammenbruch, so liegt dazwischen eine Lücke. Die Frage ist, ob ein finanzielles Schrumpfen, das das Unternehmen überlebensfähig belässt, bereits einen Schaden darstellt. Letztlich kann hier wiederum nur die Pflichtgemäßheit der Handlung maßgeblich sein. In diesem Fall bestätigt aber nun § 122 Abs. 1, dass man nicht auf die Vollständigkeit der Kapitalanteile, also letztlich des Eigenkapitals insgesamt, abstellen kann. Nach der Norm kann der Gesellschafter auch bei vermindertem Kapitalanteil Gewinne entnehmen. Eine Minderung des Eigenkapitals kann also kein Schaden sein. Nur soweit Verluste die Gesellschaft zumindest in eine Lage bringen, die quasi als Vorstufe zur Insolvenz gesehen werden kann – so müsste man den Begriff der Widerstandsfähigkeit auslegen – besteht die Pflicht zur Finanzierung.

---

301 Allg.M.: *Haar*, S. 151; *Schäfer*, in: Staub, HGB, § 122 Rdnr. 20; *Schön*, FS Beisse, S. 471, 478.

302 *Schäfer*, in: Staub, HGB, § 122 Rdnr. 20; *Schön*, FS Beisse, S. 471, 478.

bb) Zumutbarkeit für den Gesellschafter?

Problematisch ist darüber hinaus, ob in diesem Bereich bereits die Treuepflicht zum Gesellschafter greifen kann.[303] Fraglich ist also, ob auch im Rahmen von notwendigen Rücklagen als Ausnahme vom Gleichbehandlungsgrundsatz einzelne Gesellschafter, die einen besonderen Bedarf nachweisen können, zu berücksichtigen sind. Dies ließe sich mit der Verhältnismäßigkeitsprüfung im Rahmen von Grundlagenentscheidungen begründen. Dort wäre nämlich im Rahmen der Verhältnismäßigkeit im engeren Sinne die *konkrete* Eingriffsintensität zu beachten. Dies ist jedoch mit obiger Argumentation vom absoluten Vorrang des Gesellschaftsinteresses abzulehnen. *Soweit* Rücklagen *tatsächlich* notwendig sind, besteht der Vorrang.[304] Die Abweichung vom Gleichbehandlungsgebot wäre zwar gerechtfertigt, wenn der Einzelne einen besonderen Bedarf nachweisen könnte. Diese Interessen sind jedoch hier schlichtweg rechtlich unbeachtlich. Im Rahmen des originären Verbandsinteresses haben sie keine Bedeutung. Insbesondere lässt sich dieses Ergebnis nicht mit dem Hinweis begründen, die Gesellschaft habe kein Eigeninteresse, das Gesellschaftsinteresse sei lediglich die Summe der Gesellschafterinteressen. Deshalb sei eine Abwägung von Gesellschafs- und Gesellschafterinteressen bereits im Bereich der notwendigen Finanzierungsmaßnahmen zu treffen.[305] Dass das Gesellschaftsinteresse dem Interesse aller entspricht und nicht darüber hinausgeht, bedeutet aber nur, dass alle zusammen auch für den Verband nachteilige Maßnahmen vornehmen können, ohne dass diese überprüfbar wären. Auch der Minderheitsgesellschafter kann sich aber auf diese (überindividuellen) Rahmenbedingungen berufen und somit zum Sachwalter des Gesellschaftsinteresses werden. Möchten alle Gesellschafter außer einem entgegen der Notwendigkeit, Rücklagen zu bilden, Ausschüttungen vornehmen, so konstituiert ihr Wille noch nicht das Gesellschaftsinteresse. In diesem Rahmen ist die Zustimmung zur Gewinnrücklagenbildung also für alle zwingend.

cc) Ausschüttung als Teil des Gesellschaftszwecks?

Der Gedanke von der Thesaurierung als Bestandteil des Gesellschaftszwecks ließe sich natürlich weiterstricken, indem man die *Ausschüttung darüber hinaus* (dann) zum Verbandszweck erklärte und somit einen gesonderten rechtlichen Grund für ihre Berücksichtigung vorweisen könnte.[306] Es würde sich danach

---

303 Dafür *Ehricke*, in: Ebenroth/Boujong/Joost/Strohn, HGB, § 122 Rdnr. 45; *Ulmer*, in: Staub, HGB, 4. Aufl. (Voraufl.), § 122 Rdnr. 21; Schäfer, in: Staub, HGB, § 122 Rn. 21; *Schilling*, in: Staub, HGB, § 169 Rdnr. 4 (für den Kommanditisten); wohl auch *Priester*, FS Quack, S. 373, 393.

304 I.E. ebenso *Löffler*, S. 73 f.; *Schön*, FS Beisse, S. 471, 477.

305 *Ehricke*, in: Ebenroth/Boujoung/Joost/Strohn, HGB, § 122 Rdnr. 45.

306 Vgl. *Pentz*, in: Rowedder/Schmidt-Leithoff, GmbHG, § 29 Rdnr. 86 (für die GmbH);

aus dem Verhältnis des Einzelnen zur Gesellschaft eine Pflicht ergeben, die Gewinnverteilung an die Gesellschafter zu ermöglichen. Natürlich gilt auch nach dieser Ansicht ein Vorrang für die Thesaurierung, soweit originäre Verbandsinteressen betroffen sind.[307] Darüber hinaus müsste aber danach *direkt* eine Ausschüttungspflicht greifen.

Dies erscheint jedoch konstruiert. Das primäre Interesse der Gesellschaft, die Gewinnerzielung, steht vielmehr in keinem konkreten Zusammenhang mit der Ausschüttung.[308] Ob diese vorgenommen wird oder nicht, ist für den Betrieb des Unternehmens in Gewinnerzielungsabsicht unbeachtlich. Dort, wo einzelne Gesellschafter durch mangelnde Ausschüttung zum Ausstieg veranlasst werden, und die Maßnahme damit indirekt zur Schädigung des Verbandes führen kann – der Abfindungsanspruch müsste zunächst originäre Verbandsinteressen tangieren –, ist dies bei wertender Betrachtung irrelevant. Denn das Recht zum Ausscheiden muss sogar zwingend bestehen.[309] Das Interesse an der Ausschüttung letztlich als Interesse an der Bindung der Gesellschafter ist also nicht der Verbandsebene zuzuordnen. Die Auszahlung ist vielmehr nur Gesellschafterinteresse. Der Unterschied liegt erstens in der Zuordnung des Rechtsverhältnisses aus dem sich die Pflicht ergibt – konsequent müsste man ansonsten davon ausgehen, der Einzelne könne nur im Rahmen der *actio pro socio* auf Ausschüttung klagen[310] – und zweitens in der Intensität. Die Ausschüttung ist vielmehr nur Gesellschafterinteresse und dementsprechend nach allgemeinen Maßstäben zu berücksichtigen.

4. Die Gesellschafter untereinander

Nun ist fraglich, inwieweit die Ausschüttungsinteressen der Gesellschafter zu berücksichtigen sind. Würde man § 122 Abs. 1 HGB als allgemeines Prinzip der Personenhandelsgesellschaft begreifen, so müsste hier die Vollausschüttung gelten. Wie oben ausgeführt, kann die Norm jedoch nur soweit Geltung beanspruchen, wie ihr im Rahmen der Treuepflicht Bedeutung zukommt.

Dabei kann das Vollausschüttungsprinzip auch nicht als „Vorprägung" gelten. Dieser Begriff dient dazu, die Pflichtenbindung insoweit auszuschließen, als

---

Timm, S. 28; *Tröger*, S. 124; *Zöllner*, ZHR 162 (1998), 235, 240 (für die Aktiengesellschaft); *ders.*, ZGR 1988, 392, 418 f.

307 *Tröger*, S. 124.

308 *Wiedemann*, GesR II, S. 155, 156 geht vielmehr davon aus, die Gesellschafter könnten die Ausschüttung grundsätzlich durch den Vertrag zum Gesellschaftszweck erheben. Auch *Fastrich*, in: Baumbach/Hueck, GmbHG, § 29 Rdnr. 33, ordnt das Dividendeninteresse allein der mitgliedschaftlichen Stellung zu.

309 Vgl. nur *K. Schmidt*, § 16 III 3 a.

310 A.A. *Zöllner*, ZGR 1988, 392, 418 f., der einen „mitgliedschaftlichen Anspruch auf Ausschüttung" bejaht, der sich aus dem Gesellschaftszweck ergeben soll.

Schutzmechanismen für die Minderheit bereits bestehen. Auch in dieser Hinsicht ist jedoch auf obige Argumentation zur Abbedingung des § 122 Abs. 1 zu verweisen. Der Schutzmechanismus gilt schlicht und ergreifend nicht. Der typische Fall einer Vorprägung – auch wenn man daran im Ergebnis berechtigte Zweifel haben kann – ist schließlich der *unabdingbare* Abfindungsanspruch. Die Berücksichtigung der Ausschüttungsinteressen ergibt sich also vorliegend nur aus allgemeinen Grundsätzen. Es ist nach Verhältnismäßigkeitsmaßstäben Rücksicht zu nehmen. Allerdings stehen über die notwendigen Rücklagen hinaus für den Verband keine originär geschützten Interessen in Rede. Will die Mehrheit also darüber hinaus weiteres Eigenkapital binden, so steht ihr gesellschaftsnützliches Partikularinteresse an der Erweiterung der finanziellen Basis gegen das Ausschüttungsinteresse. Obwohl sich eine solche Maßnahme wohl immer als gesellschaftsnützlich erweisen muss, so ist sie doch nicht von dem Bereich gedeckt, auf den sich alle Gesellschafter als zwingend geeinigt haben. Insofern könnte man die Bildung nicht zwingend notwendiger (nützlicher) Rücklagen auch als Verstoß gegen den finanziellen Rahmen des Zusammenschlusses deuten. Gleichsam ist ein Interesse an Ausschüttungen zumindest faktisch nicht zu bestreiten. Eine rechtliche Fundierung im Sinne eines genau definierbaren Anspruchs ist aber – wie schon zum Kernbereich und zur Disposivität des § 122 festgestellt – nicht in Sicht.[311]

Dennoch spricht das bessere Argument für die Zulässigkeit solcher Rücklagen. Es kann hier ein Vergleich mit dem Bezugsrechtsausschluss gezogen werden. Ist dort allgemein anerkannt,[312] dass die Minderheitsgesellschafter auch einen erheblichen Eingriff in ihre Interessen hinnehmen müssen, wenn die Maßnahme gesellschaftsnützlich ist – und die Gesellschaftsnützlichkeit ist dort eben auch kein originäres, zwingendes Verbandsinteresse[313] – so kann im Rahmen der nützlichen Rücklagen nichts anderes gelten. Man könnte sogar annehmen, es handle sich um einen Erst-Recht-Schluss. Denn der Eingriff im Rahmen des Bezugsrechtsausschlusses – bei korrekter Durchführung sollte „nur“ der „Ausschluss auf Raten“[314]

311 So *Schön*, FS Beisse, S. 471, 484; *Wiedemann*, WM 1992, Sonderbeilage 7, 1, 31; a.A. *Hommelhoff*, ZGR 1986, 418, 424; *Fastrich*, in: Baumbach/Hueck, GmbHG, § 29 Rdnr. 34, gerade unter Verweis auf das Dividendeninteresse. Dabei handelt es sich aber um eine Scheinbegründung, da gerade die rechtliche Qualität dieses Interesses in Frage steht. Über die allgemeine Treuepflicht hinaus wird dort auch kein besonderer Ansatz für die Fundierung der Ausschüttungsinteressen geboten.

312 Vgl. grundlegend BGHZ 71, 40 ff. (Kali und Salz); *Hirte*, passim; *M. Winter*, 132;

313 An diesem Beispiel zeigt sich deutlich der Unterschied. Die sicherlich fast immer unbestreitbare Nützlichkeit einer Kapitalerhöhung macht diese immer noch nicht zum originären Recht der Gesellschaft, dort steht das Belastungsverbot einem Zwang zur Teilnahme entgegen. Die Minderheit muss also auch im Hinblick auf das Partikularinteresse der Mehrheit an der Erweiterung Einbussen hinnehmen.

314 *Hirte*, S. 31.

verbleiben, der Vermögensverlust durch Sinken des inneren Anteilswerts sollte vermieden werden – ist wesentlich stärker. Systematisch entspricht dies letztlich der Anwendung der allgemeinen Maßstäbe auf die *Gesellschafter*interessen, nur dass die vorgelagerten *Gesellschafts*interessen vorliegend „verschoben" sind. Allerdings muss dann im Rahmen dieser Rücklagenbildung auch auf eine strenge Einhaltung der Verhältnismäßigkeitskriterien geachtet werden. Es wäre also stets zu fragen, ob gerade die Beschränkung der Ausschüttung notwendig ist, oder ob der Finanzbedarf nicht auch durch Kreditaufnahme gedeckt werden kann.

Dementsprechend ist dann eine direkte Übernahme der Verhältnismäßigkeitsprüfung aus dem Staatsrecht abzulehnen.[315] Besteht dort ein Festlegungsspielraum für die Geeignetheit der Maßnahme – das mildeste Mittel ist nur von gleich geeigneten Maßnahmen zu wählen –, so sollte man im Gesellschaftsrecht besser bereits an dieser Stelle effektiver abwägen. Es sollte also bereits das Verhältnis der Gesellschaftsnützlichkeit zur Eingriffsintensität im Hinblick auf die Alternativen betrachtet werden. Die Prüfung der Geeignetheit und Erforderlichkeit müsste vorliegend nämlich *generell* dazu führen, dass die Rücklagenfinanzierung der Fremdfinanzierung vorgehen müsste.[316] Es wäre lediglich im Rahmen der Verhältnismäßigkeit im engeren Sinne eine gewisse Ausschüttung neben der sonstigen Bildung nützlicher Rücklagen zu beachten. Besser sollte aber bereits im Rahmen des relativ mildesten Mittels die Fremdfinanzierung grundsätzlich vorgehen. Denn sie ist zwar weniger geeignet, aber doch *wesentlich* weniger eingriffsintensiv. Der Festlegungsspielraum aus dem Staatsrecht für die Geeignetheit einer Maßnahme, ohne Beachtung des Verhältnisses Geeignetheit/Eingriffsintensität,[317] ist hier nicht angezeigt. Das Verhältnis der Mehrheit zur Minderheit sollte im Sinne einer genaueren Analyse des Vorteil/Nachteil-Verhältnisses bestimmt werden, da der Ermächtigte dort primär eigene Interessen verfolgt.[318] Außerdem können die Rücksichtnahmepflichten in Gesellschaftsverhältnissen deshalb strenger bestimmt werden, da es um einen näher definierten gemeinsamen Zweck geht. Letztlich hat das originäre, zwingende Verbandsinteresse also nicht nur eine pflichtbegründende, sondern auch eine rechtsbegrenzende Funktion.[319] Wenn nun die Bildung nützlicher Rücklagen auch danach angezeigt ist – etwa weil die Kreditaufnahme nicht möglich ist –, so ist im Rahmen der Verhältnismäßigkeit im engeren Sinn

---

315 Allgemein kritisch auch *M. Winter*, S. 145.

316 Ebenso *M. Winter*, S. 284 Fn. 41.

317 Vgl. nur *Starck*, in: v. Mangold/Klein/Starck, GG, Art. 1 Rdnr. 243 ff.

318 Insofern ist die Begründung *Zöllners*, Schranken, S. 351 für die Übernahme dieses Grundsatzes aus dem Staatsrecht problematisch, denn das übergeordnete Interesse ist hier direkt das Interesse des Entscheidungsträgers. Die Vorteile verteilen sich nicht auch auf den Rest der positiv betroffenen Mitbürger.

319 Dazu *Hirte*, S. 30; *Hommelhoff*, S. 70; *Lutter*, AcP 180 (1980), 84, 90; *Tröger*, S. 70 f.

von Bedeutung, wie die Abwägungsbestandteile zu gewichten sind. Da es sich bei beiden Interessen – dem Interesse an der Erweiterung des finanziellen Rahmens und dem an der Ausschüttung – um Gesellschaf*ter*interessen handelt, ist von einer Gleichwertigkeit beider auszugehen. Eine gewisse Ausschüttung sollte also abgesehen von der Notwendigkeit der Bestandsvorsorge immer bleiben. Dieses Ergebnis ist im Verhältnis zur gegenläufigen Argumentation von der (Teil-)Erweiterung des finanziellen Rahmens insofern auch richtig, als im Rahmen der Bildung von Rücklagen die Einstimmigkeit eben nicht durch die Kernbereichslehre vorgegeben ist. Auch § 116 Abs. 2 ist insofern abbedungen. Die Mehrheit hat also eine (begrenzte) Kompetenz zur Erweiterung der finanziellen Basis. Es können also grundsätzlich auch nützliche Gewinnrücklagen gebildet werden. Die Bildung solcher Rücklagen liegt also im Ermessen der Mehrheit. Damit ist die oben aufgeworfene Frage, ob die Gesellschafter im Hinblick auf ihre Vermögensbetreuungspflicht im Verhältnis zum Verband nicht nur Abflüsse zu vermeiden, sondern zwingend auch Überschüsse zu produzieren haben, hier verneint. Die Rücklagenbildung kann jedoch dabei als Sonderfall gelten, da dort diametrale Interessen bestehen. Außerdem sind die nützlichen Rücklagen nicht Bestandteil des originären Verbandsinteresses. Auch die Vornahme der Kapitalerhöhung mit Bezugsrechtsausschluss als solche liegt schließlich im Ermessen der Mehrheit.

5. Umfassende Rechtfertigung?

Fraglich ist noch, ob der Beschluss zur Bildung von Rücklagen einer umfassenden Rechtfertigung bedarf. *Wiedemann*, der allgemein als Befürworter einer großzügigeren Anwendung der umfassenden Beschlusskontrolle gelten kann, verweist nun auch im Rahmen der Gewinnverwendung auf eine solche Rechtfertigungspflicht der Mehrheit.[320]

Dagegen spricht jedoch, dass eine solche Erschwerung der Mehrheitsherrschaft nur in besonderen Ausnahmefällen, die nicht durch anderweitige Schutzinstrumente ausgeglichen werden können, sinnhaft erscheint. Hier müsste man eine Treuepflicht zur späteren Ausschüttung nur *ex ante* notwendiger Rücklagen annehmen.[321] Damit wäre auch das begrenzte Recht der Mehrheit zur Erweiterung der finanziellen Basis nicht angetastet. Diese Rücklagen müssten bleiben dürfen. Der sich aus der Treuepflicht für die Bildung der *notwendigen* Rücklage ergebende Grund wäre aber weggefallen. Wenn auch die Pflichtenbindung des Mehrheitsbeschlusses als „Brücke" zwischen der Harmonie der Einstimmigkeit und der Willkürherrschaft der Mehrheit dienen muss, so sollte dennoch die Rich-

320 WM 1992, Sonderbeilage 7, 1, 31.
321 Vgl. *Schön*, FS Beisse, S. 471, 848.

tigkeitsgewähr der Mehrheitsentscheidung[322] nicht über Gebühr in Zweifel gezogen werden. Eine umfassende Rechtfertigung scheidet also aus.

IV. Gesamtergebnis zur Pflichtenbindung

Die Gesellschafter sind also in ihrer Gesamtheit ausnahmslos an das Verbandsinteresse gebunden. Notwendige Rücklagen müssen gebildet werden. Dies ergibt sich aus der Treuepflicht zur Respektierung und Erhaltung des Verbandsvermögens.

Darüber hinaus beginnt die Abwägung der Partikularinteressen an der finanziellen Erweiterung des Unternehmens gegen die – rechtlich wiederum nur aus der Treuepflicht abgesicherten – Ausschüttungsinteressen. Es ist hier zunächst eine strenge Anwendung des relativ mildesten Mittels geboten, der Ermessenspielraum hinsichtlich der Auswahl des geeignetsten Mittels sollte nicht anerkannt werden. Es ist das Verhältnis der Gesellschaftsnützlichkeit zur Beeinträchtigung der Minderheit wiederum ins Verhältnis zu dem der Alternative zu setzen. Demnach sollte die Fremdfinanzierung grundsätzlich vorgehen. Ist eine solche nicht möglich, verbleibt allerdings eine Gleichwertigkeit der Interessen im Rahmen der Verhältnismäßigkeit im engeren Sinne. Eine Umkehr der Rechtfertigungslast auf die Mehrheit ist nicht angezeigt.

322 Vgl. *K. Schmidt*, § 16 II 4.

Teil 5: Gruppenweite Zustimmungsrechte

I. Einführung: Das Kräfteverhältnis in der OHG/KG

Gesellschaftsrechtlich stellen sich bei der Entscheidung über die Gewinnthesaurierung in der Tochtergesellschaft der Personenhandelsgesellschaft zunächst im Hinblick auf das Organisationsgefüge der Obergesellschaft mehrere Fragen. Wer trifft die Entscheidung im Außenverhältnis – diese Frage ist relativ leicht zu beantworten –, und wie sieht die Gestaltung des Innenverhältnisses aus? Für die Rückwirkung der Entscheidung auf die Obergesellschaft können dabei die dargestellten Grenzen der Stimmrechtsmacht herangezogen werden. Die Fragen nach der Berechtigung einer „Konzernleitungskontrolle" werden für das Recht der Aktiengesellschaft, wo ungeschriebene Hauptversammlungszuständigkeiten zu den heikelsten Fragen der letzten Jahrzehnte gehören (sog. Holzmüller-Gelatine-Fälle), sehr vorsichtig bejaht. Im Recht der Personenhandelsgesellschaft – und mit gewissen Unterschieden auch im Recht der GmbH[323] – findet sich jedoch eine andere rechtliche Ausgangssituation vor. Da das Aktienrecht aber die Diskussion auch im Hinblick auf andere Rechtsformen geprägt hat, kann sich der (abgrenzende) Seitenblick vielfach als fruchtbar erweisen.

Im Recht der OHG/KG ist die Geschäftsführung nun zwar grundsätzlich ein mitgliedschaftliches Recht, davon *Ausgeschlossene* (§ 114 Abs. 2) haben also gerade keinen Einfluss wie in der GmbH (§ 37 Abs. 1 Alt. 2 GmbHG), die Gesellschafter sind jedoch bei außergewöhnlichen Maßnahmen der Geschäftsführung zu beteiligen (§ 116 Abs. 2). Dieses Geschäftsführungsrecht aller Gesellschafter bringt den vom Gesetz zugrunde gelegten engen persönlichen Bezug der Gemeinschaft der (zumindest teilweise) Mithaftenden zum Ausdruck. Insofern nachvollziehbar geht es dabei im Kern um die Ausweitung von Haftungsgefahren: Zustimmungspflichtig sind Geschäfte, die nach Art, Umfang oder Risikolage nicht als im Rahmen der ursprünglichen Vereinbarung antizipiert gelten können.[324] Soweit es allerdings um die laufende Geschäftsführung geht, haben die Geschäftsführer ein Vollzugsvorrecht.[325] Würde man den übrigen Gesellschaftern erlauben, im Wege der *actio pro socio* auf Unterlassung pflichtwidriger Geschäftsführungshandlungen zu klagen, so würde damit die gesetzliche Wertung von der Abdingbarkeit des Widerspruchsrechts unterlaufen. Darüber hinaus haben die Gesellschafter die

323 § 116 Abs. 2 gilt auch für die GmbH, vgl. *Emmerich*, in: Scholz, GmbHG, Anhang § 13 Rn. 64a; *Priester*, FS H. P. Westermann, S. 1281, 1286; a.A. *Jungkurth*, S. 59 f.; *Zöllner/Noack*, in: Baumbach/Hueck, GmbHG, § 37 Rn. 7.

324 Vgl. nur *Schäfer*, in: Staub, HGB, § 116 Rn. 11.

325 BGHZ 76, 160, 167 f.; *Habersack*, S. 317 f.; *Schäfer*, in: Staub, HGB, § 114 Rn. 74; *Zöllner*, ZGR 1988, 392, 431.

vollständige rechtliche Hoheit über die Grundlagen ihrer Gesellschaft, also über die Fragen, die das rechtliche Verhältnis der *Gesellschafter zueinander* betreffen.[326] Eine Verlagerung dieser Verfügungsmacht auf Dritte widerspräche dem Grundsatz der Verbandssouveränität.[327]

II. Das Kräfteverhältnis in der Obergesellschaft

1. Außenrechtsmacht

Die Vertretungsmacht für die Stimmrechtsausübung im Verhältnis zur Tochtergesellschaft liegt bei der Geschäftsführung. Es gibt generell keinen *äußeren* Durchgriff im Unternehmensverbund.[328] Eine Begrenzung durch die Rechtsfigur der Grundlagenentscheidung wird bei Gruppenbildungs- und Gruppenleitungsvorgängen allgemein abgelehnt.[329] Lediglich der Zustimmungsbeschluss gem. § 293 Abs. 2 AktG wird in analoger Anwendung teilweise als Durchbrechung dieses Prinzips angesehen. Es ließe sich – auch für die OHG/KG im Gegensatz zur Abfindungspflicht in Anteilen (vgl. § 305 Abs. 2 Nr. 3 AktG) – die entstehende Haftung (§ 302 AktG) anführen.[330] Allerdings erscheint es allgemein-verbandsrechtlich schwer begründbar, wieso im Rahmen des durch die Reichweite der Außenrechtsmacht der Geschäftsführung vermittelten Verkehrschutzes eine Abwägung mit den vermögensbezogenen Belangen des Verbands stattfinden sollte.[331] Selbst wenn man das außenwirksame Zustimmungserfordernis für die direkt von § 297 Abs. 2 AktG erfassten Verbandsformen nur damit begründet,

---

326 Plastisch *Lutter*, FS Stimpel, S. 825, 836, „Korporationen werden (…) „von unten“ gebildet und aufgebaut“; *Wiedemann*, ZGR 1996, 286, 292.

327 Vgl. dazu *Schäfer*, in: Staub, HGB, § 109 Rn. 30 ff.

328 Dazu *Lutter*, FS H. Westermann, S. 347, 361, 366; *ders.*, FS Stimpel, S. 825, 842; *Mülbert*, in: MüKo, HGB, KonzernR Rn 95; *Wiedemann*, GesR II, S. 529; *ders.*, Unternehmensgruppe, S. 72.

329 BGHZ, 159, 30, 38 (Gelatine); *Casper*, in: Ulmer/Habersack/Winter, GmbHG, Anh. § 77 Rn. 93; *Emmerich*, in: Scholz, GmbHG, Anhang § 13 Rn. 64b; *Koppensteiner/Schnorbus*, in: Rowedder/Schmidt-Leithoff, GmbHG, Anh. Nach § 52 Rn. 42; *Liebscher*, S. 40; *Lutter*, FS Stimpel, S. 825, 843; *Mülbert*, in: MüKo, HGB, KonzernR Rn. 99; *Schäfer*, in: Staub, HGB, Anh. § 105 Rn. 83; *U. H. Schneider*, FS Bärmann, S. 873, 890; *ders.*, BB 1980, 1057, 1059; *Wertenbruch*, ZIP 2007, 798, 802; *Wiedemann*, Unternehmensgruppe, S. 72.

330 So LG Mannheim, AG 1995, 142, 143; *Mülbert*, in: MüKo, HGB, KonzernR Rn. 82, 87; *Habersack*, in: Staub, HGB, § 126 Rn. 18; *Veil*, in: Spindler/Stilz, AktG, § 293 Rn. 37.

331 Dies scheint fragwürdig, da die risikoreiche Geschäftsführungsmaßnahme gem. § 116 Abs. 2 eindeutig noch von der Vertretungsmacht gedeckt ist. Wie hier *Jungkurth*, S. 50. Positiv aber *Mülbert*, in: MüKo, HGB, KonzernR Rn. 87.

was angesichts der Anwendbarkeit auf die 100%-ige Tochtergesellschaft plausibel erscheint,[332] bleibt eine Analogie allerdings fragwürdig. Denn der Wortlaut der Norm ist eindeutig,[333] wohingegen z.B. § 305 Abs. 2 AktG durchaus im Hinblick auf die Rechtsform des anderen Vertragsteils differenziert. Die Frage bedarf an dieser Stelle keiner abschließenden Beurteilung. Festgehalten werden kann, dass der Zustimmungsbeschluss gem. § 293 Abs. 2 AktG analog einen Fremdkörper im System des Verkehrsschutzes[334] der abhängigen Gesellschaft darstellen würde. Er bliebe unbestreitbar ein Einzelfall.[335]

Dieses Ergebnis könnte aus Sicht des Individualschutzes unbefriedigend erscheinen, wenn der Einfluss der Obergesellschafter damit im Verhältnis zur Rechtslage in der unverbundenen Gesellschaft effektiv mediatisiert wäre. Die Gruppenleitung wirkt nämlich unbestritten zumindest faktisch auf die Mitgliedschaft.[336] Die Durchsetzbarkeit der Gesellschafterrechte ist jedoch durch die Möglichkeit der vorbeugenden Unterlassungsklage (aus eigenem Recht) wegen drohender Missachtung von Zustimmungsrechten gegeben.[337] Die Gesellschafter können einer missbräuchlichen Stimmrechtsausübung also im Vorfeld entgegenwirken. Daneben kommt ein Anspruch auf Wiederherstellung und Ersatzleistung (an die Gesellschafter) in Betracht.[338] Insgesamt stellt sich bei der Gewinnthesau-

---

332 So BGHZ 105, 324, 335 f. (Supermarkt); *Emmerich*, in: Emmerich/Habersack, § 293 Rn. 8; *Hommelhoff*, S. 294 ff.; *Hüffer*, AktG, § 293 Rn. 17; *Mülbert*, S. 183; *Veil*, in: Spindler/Stilz, AktG, § 293 Rn. 37; vgl. für die 100 %-Tochtergesellschaft *Hommelhoff*, S. 294 ff.; *Mülbert*, S. 183; a.A. *Altmeppen*, in: MüKo, AktG, § 293 Rn. 102; *Jungkurth*, S. 50; *Rehbinder*, ZGR 1977, 518, 613; *Timm*, S. 56 Fn. 39; *Vetter*, AG 1993, 168, 171.

333 Vgl. auch *Vetter*, AG 1993, 168, 169.

334 Vgl. auch *Vetter*, AG 1993, 168, 170; s. allgemein *Fleischer*, DStR 2009, 1204.

335 Vgl. Begr. RegE, in: Kropff, Aktiengesetz, S. 381; *Mülbert*, S. 180; *Vetter*, AG 1993, 168, 170.

336 S. dazu z.B. die Darstellung bei *Liebscher*, S. 43 ff.; *Timm*, S. 9.

337 BGHZ 83, 122, 125 (Holzmüller); *Habersack*, S. 297 ff, 316 ff.; *ders*., in: Staub, HGB, § 126 Rn. 17; *Henssler*, FS Zöllner, 203, 216; *Hopt*, in: Baumbach/Hopt, HGB, § 116 Rn. 4; *Lutter*, FS Goerdeler, 327, S. 346; *Schäfer*, in: Staub, HGB, § 114 Rn. 74; *H. P. Westermann*, ZGR 1984, 352, 378; *Zöllner*, ZGR 1988, 392, 440 ff.

338 Hier zeigt sich die Besonderheit des Geschäftsführungsrechts der Gesellschafter nach § 116 Abs. 2. Werden ihre Zustimmungsrechte im Bereich der außergewöhnlichen Geschäftsführungsfragen übergangen, haben sie einen Anspruch wegen Kompetenzüberschreitung, aber i.d.R. keinen (Vermögens-)Schaden (vgl. nur *Schäfer*, in: Staub, HGB, § 116 Rn. 25), da negative Einwirkungen auf das Gesellschaftsunternehmen nicht ihrer Sphäre zuzurechnen sind. Beinhaltet der Übergriff in die Kompetenzsphäre der Gesellschafter auch inhaltlich eine Berührung der Mitgliederrechte (Grundlagengeschäfte und Vertragsänderungen), so kann den Gesellschaftern ein eigener Schaden entstehen. Als Beispiel sei hier die Gewinnthesaurierung genannt (vgl. nur *Henssler*, FS Zöllner, S. 203, 225 [allerdings restriktiv: nur bei Unterschlagung beschlossener Ausschüttungen]). Für

rierung kaum das Problem praktischer Irreversibilität, wie es bei wesentlichen Umstrukturierungsmaßnahmen auftreten kann.[339] Lediglich der durch die Gewinnverwendungsentscheidung als selbstständiges Gläubigerrecht entstehende Gewinnanspruch der außenstehenden Gesellschafter bildet hier ein Hindernis.[340] Im Hinblick auf den Minderheitenschutz der Obergesellschafter ist aber gerade die Vollausschüttung in der Tochtergesellschaft der unproblematische Fall. Die Ausschüttung des auf die Obergesellschaft entfallenden Gewinnanteils kann nun auch im Wege der Auflösung einer Rücklage frei beschlossen werden.[341]

Die Begründung für die umfassende Vertretungsmacht in der Unternehmensverbindung liegt darin, dass eine Begrenzung die Stellung der außenstehenden Gesellschafter nachteilig berührt. Der Kompetenzkonflikt Geschäftsführung/Gesellschafterversammlung müsste deren Handlungs- und Abwehrstrategien behindern. Der durch § 126 bezweckte Verkehrsschutz muss im Unternehmensverbund im Vergleich zum sonstigen Drittverhältnis also weiter gehen, alle Entscheidungen in der Tochtergesellschaft umfassen. Die Streitfrage, wo die Vertretungsmacht der Geschäftsführung normalerweise endet (Grundlagengeschäfte oder [echte] Vertragsänderungen), kann hier dahinstehen. Denn im konzerninternen Verhältnis bezieht das Recht mit der Grundwertung des Konzernkonflikts eine klare Stellung zum Schutz der außenstehenden Gesellschafter. Die Vertretungsmacht muss im Verhältnis zu Tochtergesellschaften unbeschränkt sein, um für die außenstehenden Gesellschafter eine durchschaubare Konzernführung zu gewährleisten. An dieser Stelle beeinflussen Drittinteressen dabei gem. § 126 *systemtypisch* die äußere Verbandsverfassung der OHG/KG. Es bedarf keiner weiteren Begründung, weshalb die Mitgliedschaft in der Tochtergesellschaft die Verbandsverfassung der herrschenden Gesellschaft berührt, was eine Ausnahme vom konzernrechtlichen Trennungsprinzip zwischen den Verbänden[342] darstellen würde. Dem im Ergebnis entsprechend wird, ganz im Gegenteil, eine Begrenzung der Außenrechtsmacht durch Gesellschafterrechte als Verletzung dieses Grundsatzes verstanden.[343]

---

die Personenhandelsgesellschaft ist die Frage insgesamt weitgehend unproblematisch, da die Geschäftsführer einer eigenen Treuepflicht zu den Gesellschaftern unterliegen.

339 Vgl. dazu *Hommelhoff*, ZGR 1990, 447, 464; *Zöllner*, ZGR 1988, 392, 428.

340 *Jungkurth*, S. 37 f.

341 Insbesondere kommt für einen Ausschüttungsbeschluss nach § 122 Abs. 2 keine Berührung des Kernbereichs in Frage, solange die Mehrheit nur den ihr zustehenden Betrag ausschüttet und der Rest, was die interne Zuordnung über die Buchung anbelangt, der Minderheit bleibt.

342 Vgl. dazu BGHZ 166, 84, 98 (Kirch/Breuer); *Bork*, ZGR 1994, 237, 243 f.; *Henze*, in: Großkomm. z. AktG, § 58 Rn. 60; *Hüffer*, AktG, § 58 Rn. 17; *Lutter*, FS H. Westermann, S. 347, 361; *Rehbinder*, FS Coing, S. 423, 428; *Tröger*, ZGR 2009, 447, 457; *Wiedemann*, GesR I, S. 759; *ders./Hirte*, FS 50 Jahre BGH, Bd. III, S. 337, 338 f.

343 *Lutter*, FS Stimpel, S. 824, 842; *ders.* FS H. Westermann, S. 347, 361.

2. Zustimmungsrechte der Gesellschafterversammlung

a. Grundsätzliche Überlegungen

Zu klären gilt es, in welchen konzernweiten Beschlussfällen die Gesellschafter der Obergesellschaft beteiligt werden müssen. Es geht also um die Frage „konzerndimensionaler" Gesellschafterrechte. Streit besteht bezüglich dieser Problematik der Organisationsverfassung letztlich nur im Hinblick auf die Voraussetzungen der Zustimmungsrechte. Im Verhältnis zur parallelen Problematik im Aktienrecht ist die Feststellung gruppenweiter Beteiligungsrechte für die Personenhandelsgesellschaft zunächst rechtstechnisch unproblematisch. Vielmehr bedürfte eine generelle Ablehnung der Beteiligung einer besonderen Begründung, da die Organisationsverfassung der §§ 105 ff. tatbestandlich offen gestaltet ist.[344]

Auch die zentrale Wertung des Konzernrechts, der Schutz der außenstehenden Gesellschafter und Gläubiger, trägt dies indes nicht.[345] Einer Ausweitung der Gefährdung dieser eindeutig schutzwürdigen Position durch eigensüchtig handelnde Obergesellschafter wird vielmehr gleichsam durch die spezifischen Mechanismen der Pflichtenstellung des herrschenden Unternehmens (z.B. §§ 311 ff. AktG) entgegengewirkt.[346] Solange aber in der Untergesellschaft diese gegenläufigen Kräfte unverändert bestehen, kann die *darüber hinaus* schützenswerte Autonomie der Obergesellschafter im Verhältnis zu ihrer Geschäftsführung kein eigenständiges Ausschlussargument sein. Hinweise auf eine „kaskadenartige" Wirkung des Konzernkonfliktes auf die Organisationsverfassung der Obergesellschaft finden sich schließlich im Gesetz nicht. Auch die §§ 309 Abs. 1 und 2, 317 Abs. 3 AktG binden die Vertretungsorgane der Obergesellschaft lediglich an das Rechtsverhältnis der Untergesellschaft. Diese Direktverpflichtung wirkt – wie auch sonstige externe Bindungen, z.B. als faktischer Geschäftsführer – nicht im eigenen Verbandsinnenverhältnis.[347] Eine derartige Argumentation liefe außerdem wesentlichen zivilrechtlichen Grundsätzen zuwider: Die Erfüllung vertraglicher Pflichten kann grundsätzlich auch auf

344 So für den Konzernzusammenhang *Hopt*, in: Baumbach/Hopt, HGB, § 105 Rn. 106; *Mülbert*, in: MüKo, HGB, KonzernR Rn. 71; *Liebscher*, S. 123; *Rehbinder*, FS Coing, S. 423, 428; *Schäfer*, in: Staub, HGB, Anh. § 105 Rn. 83; *Wertenbruch*, ZIP 2007, 798, 802.

345 In diese Richtung aber BGH, WM 1973, 170, 172; *Henssler*, FS Zöllner, 203, 209; *Rehbinder*, FS Coing, S. 423, 426 f., *Schäfer*, in: Staub, HGB, Anh. § 105 Rn. 84; *Ulmer*, in: Staub, HGB, 4. Aufl. (Vorauf.), Anh. § 105 Rn. 84 *H. P. Westermann*, FS Pleyer, S. 421, 430.

346 *Martens*, in: Schlegelberger, 5. Aufl. (Voraufl.), Anh. § 105 Rn. 17; *Mülbert*, S. 366 f.

347 *Henze*, in: Großkomm. z. AktG, § 58 Rn. 64; *Jungkurth*, S. 185; *Koppensteiner*, in: KK z. AktG, § 317 Rn. 34; *Timm*, S. 166; *Tröger*, S. 51.

Dritte übertragen werden, solange die Haftung des Vertragspartners (§ 278 BGB) bestehen bleibt.[348] Fraglich kann also überhaupt nur eine zusätzliche *externe* Pflichtenbindung der Handelnden nach dem Vorbild der §§ 309 Abs. 1 und 2, 317 Abs. 3 AktG sein. Nur eine solche erlaubt es, den außenstehenden Gesellschaftern Klagerechte einzuräumen (§§ 309 Abs. 4, 317 Abs. 4 AktG),[349] was für einen effektiven Schutz dieser Gruppe unerlässlich ist.

Die aus dem Prinzip der rechtlichen Selbstständigkeit im Unternehmensverbund abzuleitenden Einwände gegen Beteiligungsrechte der Gesellschafter, beziehen sich nicht auf die vorliegende Fragestellung. Denn es geht hier nur um die *interne* Zustimmung.[350] Zwar muss dann das Problem einer Beachtlichkeit der Reflexwirkung zwischen den Rechtsverhältnissen der Ober- und Untergesellschaft diskutiert werden,[351] doch ist diese Frage hier (noch) nicht entscheidungserheblich. Da die Gesellschafter ein internes Zustimmungsrecht für außergewöhnliche (Geschäftsführungs-)Maßnahmen mit *Außencharakter* haben (§ 116 Abs. 2), kann die Frage, ob sie durch Strukturmaßnahmen in Tochtergesellschaften auch im Rahmen ihrer eigenen Grundlagen berührt sind, zunächst offen bleiben. Diese rechtlichen Grenzen der Grundlagen der eigenen Gesellschaft – wo man sie auch ziehen möchte – überschreiten sie bereits nach § 116 Abs. 2.[352] Die Annahme, Handlungen im Verhältnis zu gruppenfremden Dritten bedürften der Zustimmung, gleich wirkende gruppeninterne Maßnahmen hingegen könnten von der Verwaltung autonom getroffen werden, begründet den „Ermächtigungsgedanken". Darauf wird noch einzugehen sein. Diese These beruht auf einer entsprechenden Verlagerung der – an sich bestehenden – Rechtsmacht auf die Verwaltung. Einwände gegen die Gesellschafterbeteiligung sind also im Kern nur Einschränkungen der Voraussetzungen. Im Hinblick darauf gilt es, die verschiedenen Facetten der Unternehmensverbindung in die Organisationsverfassung der Obergesellschaft einzupassen.

---

348 Eine Ausnahme ist die gestattete (!) Substitution, bei der der Beauftragte die Verantwortung für die ordnungsgemäße Auftragsdurchführung gem. § 664 Abs. 1 Satz 1 und 2 BGB abgeben kann. Satz 3, der die Zulässigkeit des Einsatzes eines Erfüllungsgehilfen statuiert, ist eine Klarstellung des allgemeinen Grundsatzes; vgl. *Martinek*, in: Staudinger, BGB, § 665 Rn. 16.

349 Denn die Begründung eines gesellschaftsvertraglichen Drittschutzes aus dem Recht der Obergesellschaft muss an dieser Stelle als Schutzinstrument ausscheiden; vgl. dazu noch II. 3. b.

350 Vgl. *Henze*, in: Großkomm. z. AktG, § 58 Rn. 58, 61; *Lutter*, FS H. Westermann, S. 347, 361; *Rehbinder*, FS Coing, S. 423, 427 f. *U. H. Schneider*, ZHR 143 (1979), 485, 500.

351 S. II. 2. d.

352 Ebenso *Liebscher*, S. 117.

b. Perspektive der Einordnung der Beschlussinhalte

Zunächst bedarf die Fixierung der Gewaltenteilung in der Obergesellschaft der Klärung der Frage, wie die Organisationseinheiten der verbundenen Unternehmen zusammenhängen. Die Annahme einer Durchgriffsperspektive würde dabei dazu führen, dass die Rechtslage der unmittelbar betroffenen Gesellschaft auch für die Einordnung in das Organisationsgefüge der Obergesellschaft gelten müsste.[353] Für diesen Ansatz finden sich jedoch im Gesetz keine Anhaltspunkte, und er widerspricht auch der Grundannahme der rechtlichen Selbstständigkeit im Unternehmensverbund. An dieser Stelle ist dieser Grundgedanke (mindestens) zu verorten. Die Durchbrechung dieses Grundsatzes ist dabei stets rechtfertigungsbedürftig. Der Gedanke des Schutzes der Obergesellschafter vor der Mediatisierung ihres Einflusses kann dabei aber nicht dazu führen, dass deren Rechtsstellung im Verhältnis zur Lage in der unverbundenen Gesellschaft ausgeweitet wird. Ansonsten müsste das außergewöhnliche Geschäftsführungsgeschäft der kleinen Tochtergesellschaft (§ 116 Abs. 2) von der Zustimmung abhängen. Die Tatsache, dass eine Rechtshandlung im Unternehmensverbund, und nicht im Verhältnis zu Dritten, vorgenommen wird, kann dies nicht rechtfertigen. Die besondere Wertung des Konzernrechts im Hinblick auf die Gefahren für die abhängige Gesellschaft kann auf Ebene der Obergesellschaft nicht herangezogen werden.[354]

Deshalb muss hier eine Einzelperspektive angesetzt werden. Die Einordnung von Handlungen im Unternehmensverbund ist also aus Sicht der Obergesellschaft vorzunehmen (sog. Qualifikationstheorie).[355] Dies führt insbesondere im Bereich des § 116 Abs. 2 dazu, dass die Frage nach der Außergewöhnlichkeit einer Geschäftsführungsmaßnahme nach den konkreten Gegebenheiten der Obergesellschaft zu beurteilen ist. Daraus ergibt sich automatisch, dass die Beschlussfassung nicht parallel verläuft. Hier trifft das Prinzip der rechtlichen Selbstständigkeit im Unternehmensverbund eine eindeutige Entscheidung.

---

353 Vgl. zu diesem Ansatz BGH, WM 1973, 170, 172. Der Bundesgerichtshof entschied in diesem Fall zu vertraglichen Zustimmungsrechten. Dabei wäre allerdings problematisch, ob die Wertung auf das gesetzliche Zustimmungsrecht zu übertragen wäre. Könnte man für vereinbarte Beschlussgegenstände noch im Wege der Auslegung eine Ausdehnung auf die Tochtergesellschaft annehmen, so stellt § 116 Abs. 2 doch wohl auf die Betroffenheit der Obergesellschaft ab. Anhaltspunkte für eine erweiterte Auslegung für Unternehmensverbindungen bestehen nicht.

354 *Martens*, ZHR 147 (1983), 377, 408, 417.

355 *Emmerich*, in: Scholz, GmbHG, Anhang § 13 Rn. 64a; *Mülbert*, in: MüKo, HGB, KonzernR Rn. 89; *Liebscher*, S. 40; *U. H. Schneider*, ZHR 143 (1979), 485, 499; *ders.*, BB 1980, 1057, 1059; ähnlich *Jungkurth*, S. 62; *Timm*, S. 169 Fn. 15; *H. P. Westermann*, FS Pleyer, S. 421, 435.

c. Verhältnis zur Gruppenbildungskontrolle und „Ermächtigungsgedanke"

Ein wichtiger Gedanke der Fragestellung ist, inwieweit sich die Geschäftsführung, abweichend vom System der Gewaltenteilung in der unverbundenen Gesellschaft, auf eine gesonderte Ermächtigung zum selbstständigen Handeln im Unternehmensverbund berufen kann. Dies kommt unter zwei Gesichtspunkten in Frage: Erstens liegt eine gewisse Ermächtigung im Unternehmensgegenstand – diesbezüglich geht die ganz h.M. allerdings davon aus, dass diese allein nicht ausreicht –[356], und zweitens könnten aktuelle Zustimmungsbeschlüsse weiter wirken.

aa) Gruppenbildungskontrolle

Für die Sachverhalte der Gruppen- und Konzernbildung lässt sich grob zusammenfassen, dass im Gegensatz zum Aktienrecht eine (wesentliche) Betroffenheit der Gesellschaftssphäre allein bereits ausreicht, um ein Zustimmungsrecht zu begründen. Andererseits kommt ein Zustimmungsrecht in Fragen bezüglich der Grundlagen der Gesellschaft und für Vertragsänderungen natürlich erst Recht in Frage, und zwar, wiederum anders als im Aktienrecht,[357] ohne eine Begrenzung durch ein besonderes Wesentlichkeitsmerkmal.[358] Dass eine Maßnahme neben[359] der wesentlichen Betroffenheit der Vermögenslage der Gesellschaft auch noch eine Annäherung an die Wirkung einer Satzungsänderung („Strukturänderung") aufweisen muss,[360] gilt hier nicht. Im Rahmen der Gruppenbildungskontrolle ist letzteres Merkmal dabei für die Personenhandelsgesellschaft sowieso kritisch zu betrachten, da durch diese Vorgänge die rechtlichen Grundlagen der Obergesell-

---

356 Strittig ist die Frage nach der gruppenweiten Geltung des „normalen" Unternehmensgegenstands (vgl. *Mülbert*, in: MüKo, HGB, KonzernR Rn. 71; abw. *Müller*, in: Spindler/Stilz, AktG, Vor §§ 311-318 Rn. 57). Diese Problematik kann vorliegend aber ausgeklammert werden. Sofern die Maßnahme vom Gesellschaftsvertrag nicht gedeckt ist, ist ein entsprechender Beschluss zur Vertragsänderung nötig. Da sich die Auswirkungen der Gruppenbildung allerdings nicht in der Rückwirkung auf den Unternehmensgegenstand erschöpfen, ist – wie allgemein anerkannt (vgl. nur BGHZ 83, 122, 128 [Holzmüller]) – dieser Aspekt auch nur *neben* weiteren Rückwirkungen bedeutsam.

357 Vgl. für die Unübertragbarkeit der aktienrechtlichen Grundsätze wegen des gesellschafterlichen Geschäftsführungsrechts und der sonstigen Allzuständigkeit im Rahmen der GmbH *Emmerich*, in: Scholz, GmbHG, Anhang § 13 Rn. 62a.

358 Vgl. dazu *Habersack*, AG 2005, 137, 149 (für das Aktienrecht).

359 Dies stellt natürlich für die Aktiengesellschaft im Verhältnis zur unverbundenen Gesellschaft eine wesentliche Schmälerung der Gesellschafterrechte dar, da Satzungsänderungen nicht zwingend entsprechende Auswirkungen auf die Vermögenslage haben müssen (ebenso *Götze*, NZG 2004, 585, 586).

360 BGHZ 159, 30, 39 ff. (Gelatine); zur Strukturänderung (als nicht zwingender Satzungsänderung) vgl. auch *Lutter/Leinekugel*, ZIP 1998, 225, 230; *Timm*, S. 61 ff.

schaft kaum angetastet werden. Der Begriff der „Strukturmaßnahmen" beschreibt primär die Umstrukturierung des Unternehmens, nicht der Gesellschaft. Der im Zukauf oder der Ausgliederung im Wege der Einzelrechtsnachfolge[361] liegende Aktivtausch von Vermögenswerten in Mitgliedschaftsrechte ist für die Einordnung der Maßnahme in das Kompetenzgefüge der Obergesellschaft zunächst unbeachtlich.[362] Im Hinblick auf die Organisationsordnung der Obergesellschaft bietet das Beteiligungsgeschäft bei der Personenhandelsgesellschaft daneben keinen der aktienrechtlichen Lage[363] vergleichbaren Anlass zur Sorge. Der Mediatisierungseffekt tritt hier nur in zwei von drei möglichen Varianten auf: Neben der „natürlichen" Mediatisierung, die durch die entgegenwirkenden Kräfte im Recht der Untergesellschaft entsteht,[364] bleibt nur die Ausweitung der Außenrechtsmacht. Für das interne Kräfteverhältnis bietet § 116 Abs. 2, unabhängig davon, ob sich die Gesellschafter dieser Gestaltungsmacht freiwillig begeben (Ermächtigungsgedanke), zumindest die Möglichkeit der Mitsprache. Diese „schwache" Mediatisierung des Einflusses auf ursprünglich voll beherrschte Vermögenswerte für ausreichend zu erklären, um eine entsprechende Veränderung der Organisationsstrukturen zu begründen, ist problematisch.[365] Das Verbandsvermögen ist doch im Rahmen von Zweck und Unternehmensgegenstand der Geschäftsführung gewidmet, solange nicht § 116 Abs. 2 eingreift.[366] Außerdem vermittelt die Pflicht der Verwaltung zur Unternehmensführung zumindest Schranken für die Tolerierung der „natürlichen" Mediatisierung. Auch wenn die h.M. die Frage nach der Kon-

361 Für die Gesamtrechtsnachfolge sind §§ 13 Abs. 1, 125, 123 Abs. 3 UmwG zu beachten.

362 *Liebscher*, S. 43; *Lutter*, FS H. Westermann, S. 347, 351; *Teichmann*, in: Lutter, UmwG, § 123 Rn. 23; *Wiedemann*, Unternehmensgruppe, S. 53.

363 Vgl. für den Mediatisierungseffekt als Hauptgrund für (dort ungeschriebene) Zustimmungsrechte in der Aktiengesellschaft BGHZ 159, 30, 41 (Gelatine); *Habersack*, AG 2005, 137, 143; *Wiedemann*, Unternehmensgruppe, S. 53.

364 Vgl. *Hirte*, S. 183; *Hommelhoff*, S. 107 ff.; *Liebscher*, S. 44; *Lutter*, FS Stimpel, S. 825, 839; *Mülbert*, in: MüKo, HGB, KonzernR Rn. 21; *Rehbinder*, FS Coing, Bd. II.S. 423, 431.

365 Dafür aber *Liebscher*, S. 116 (unter Berufung darauf, dass die typische PersonenGes normalerweise nicht als Gruppenspitze fungiert); für die GmbH auch *Jungkurth*, S. 37 ff., 48; a.A. *Habersack*, in: Staub, HGB, § 126 Rn. 16 Fn. 40; *Henssler*, FS Zöllner, S. 203, 211. Sogar für die Aktiengesellschaft wirft *Martens*, ZHR 147 (1983), 377, 405 Fn. 67b die Frage auf, ob eine erweiterte Gruppenleitungskontrolle die Gruppenbildungskontrolle nicht deshalb unnötig macht, da eine entsprechende Beeinträchtigung der Mitgliedschaftsrechte fehlt.

366 Von einem „Doppelcharakter" zwischen Geschäftsführungs- und Grundlagengeschäft der Gruppenbildung spricht *Wiedemann*, Unternehmensgruppe, S. 53. Die Grundlagenqualität leitet er (für die Aktiengesellschaft) aus dem Mediatisierungseffekt ab. *Hirte*, S. 180 betont die originäre Geschäftsführungskompetenz.

zernleitungspflicht im Sinne eines Ermessensspielraums beantwortet,[367] so trifft die Geschäftsführung doch die Pflicht, in der Tochtergesellschaft *unternehmerisch* tätig zu werden. Sie ist also gehalten, die entgegenwirkenden Kräfte aus der Untergesellschaft im Blick zu behalten, gegebenenfalls Beteiligungen zu unterlassen, wenn eine entsprechende Einflussnahme nicht möglich erscheint.[368] Damit bleibt die Unternehmensleitung bis zu einem gewissen Grade zwingend im eigenen Verband, wo sie mit Hilfe der (eigenen) Zweckbindung kontrolliert werden kann. Unter dem Gesichtspunkt der Vermögensumschichtung (Verbandssphäre) reicht für Beteiligungsgeschäfte *in entsprechendem Umfang* („Holzmüller-Kriterien") dann unstrittig die Risikoerhöhung durch die Verlagerung aus.[369] Hier bietet sich – über diese Schwelle hinaus – dabei auch eine flexible Berücksichtigung der Mediatisierungsgefahr an. Auch der Erwerb einer 51 %-Beteiligung an einem kleinen Unternehmen lässt sich z.B. bei Sonderverwaltungsrechten außenstehender Gesellschafter als Risikogeschäft qualifizieren.

Zustimmungsrechte gem. § 116 Abs. 2 bestehen außerdem unstreitig dann, wenn durch den Vorgang der Gruppenbildung konkrete Haftungsfolgen (z.B. § 302 AktG) eintreten. Die reine *Verschärfung der Gefahr* der Haftung, wie sie durch die reine (zusätzliche) Abhängigkeitsbegründung i.S.d. § 17 AktG hervorgerufen wird, genügt nicht.[370] Denn in diesen Fällen ergibt sich für die Betroffenheit des Verbandsvermögens nur eine „schwache" Wertung,[371] die „natürliche" Mediatisierung hingegen wird sogar gemindert.[372] Insofern ist bei diesen Vorgängen ebenfalls nicht von einem Eingriff in die Organisationsstrukturen auszugehen.[373] Eindeutig lässt sich für die Frage nach der Zustimmung der Gesellschafter also nach der unmittelbaren Rückwirkung auf das Verbandsvermögen durch Risikoerhöhung und erst Recht durch entsprechende Haftungsfolgen in *ausreichendem Umfang* (§ 116 Abs. 2) abgrenzen.[374] Dieses Ergebnis ist rechtsformvergleichend

---

367 So *Fleischer*, in: Spindler/Stilz, AktG, § 76 Rn. 75; *Hüffer*, AktG, § 76 Rn. 17; *Mülbert*, S. 29; *Wiedemann*, Unternehmensgruppe, S. 76; a.A. *Hommelhoff*, S. 76 ff; *Jungkurth*, S. 52; *U. H. Schneider*, BB 1981, 249, 253.

368 Deutlich *Timm*, S. 98.

369 *Habersack*, in: Staub, § 126 Rn. 13; *Henssler*, FS Zöllner, S. 203, 211.

370 *Mülbert*, in: MüKo, HGB, KonzernR Rn. 81; ähnlich *Emmerich*, in: Scholz, GmbHG, Anhang § 13 Rn. 63a; a.A. *Liebscher*, S. 117.

371 So *Mülbert*, in: MüKo, HGB, KonzernR Rn. 81. Es ließe sich zwar einwenden, § 116 Abs. 2 lasse gerade ein Risiko ausreichen (so *Liebscher*, S. 117), andererseits müsste man dieses als vom Beteiligungserwerb mitumfasst sehen.

372 S. auch für den Vertragskonzern *Mülbert*, S. 182 f.; *Hirte*, S. 145.

373 *Mülbert*, in: MüKo, HGB, KonzernR Rn. 82 („kein Grundlagengeschäft"); a.A. *U. H. Schneider*, ZHR 143 (1979), 485, 517; unklar *Liebscher*, S. 37.

374 Vgl. ausf. *Mülbert*, in: MüKo, HGB, KonzernR Rdnrn. 76-82; *Schäfer*, in: Staub, HGB, Anh. § 105 Rn. 83 (für eine einfache Anwendung der Kriterien des § 116 Abs. 2).

konsequent, wenn man den Mediatisierungseffekt allein bei nicht ausreichendem Umfang der Vermögensbewegung nicht für ausschlaggebend hält, denn bei der Personenhandelsgesellschaft ist dieser Effekt weniger stark, andererseits können die Gesellschafter auch über ausschließlich vermögensbezogene Belange entscheiden.

bb) Auswirkung auf die Gruppenleitungskontrolle

Nun ließe sich annehmen, die Zustimmung zur Konzernbildung beinhalte die Zustimmung zur weiteren Führung der Tochtergesellschaft. Dies könnte sogar dann gelten, wenn bei Gruppenbildung keine Gesellschafterbeteiligung geboten ist.[375] In letzteren Fällen müsste die Beteiligungsfreiheit bei der Gruppenbildung also auf die Gruppenleitung durchschlagen. Eine Ausnahme ist danach nur bei außergewöhnlichen Eingriffen in die Mitgliedschaft der Obergesellschafter zu machen.[376] Die Obergesellschafter hätten sich danach ihrer Rechtsmacht im Bereich der Geschäftsführungsfragen entäußert und wären nur noch teilweise in ihrem eigenen mitgliedschaftlichen Bereich geschützt. Diese Konzeption führt zu einer fast abschließenden Wirkung der Gruppenbildungskontrolle. Der Gesellschafterschutz bleibt dabei auf die Pflichtenbindung der Geschäftsführung reduziert.[377] Diesbezüglich wäre zwar eine Erweiterung der Pflichtenbindung auf die Rücksichtnahme auf die mitgliedschaftlichen Gesellschafterbelange[378] – und nicht nur eine reine Konzernleitungssorgfalt im Verhältnis zur eigenen Gesellschaft[379] – festzustellen.[380] Dennoch blieben damit Rechtsschutzmöglichkeiten durch das Vollzugsvorrecht der Verwaltung eingeschränkt. Es läge der Spielraum, den die

375 *Henssler*, FS Zöllner, S. 203, 217; *Henze*, in: Großkomm. z. AktG, § 58 Rn. 64; *Hüffer*, AktG, § 58 Rn. 17; *Liebscher*, S. 47; *W. Müller*, in: Ulmer/Habersack/Winter, GmbHG, § 29 Rn. 88; *Priester*, DStR 2007, 29, 31 f.; *Hommelhoff*, S. 446 ff.; *Martens*, ZHR 147 (1983), 377, 316 f., 426 f.; *H. P. Westermann*, FS Pleyer, S. 421, 440 f.; *Wiedemann*, Unternehmensgruppe, S. 72 f.

376 *Henssler*, FS Zöllner, S. 203, 218 (für die GmbH); ähnl. *Habersack*, AG 2005, 137, 149 (für die Aktiengesellschaft!); *Hommelhoff*, S. 446 ff.

377 Kritisch diesbezüglich *Lutter*, FS Stimpel, S. 825, 835 Fn. 50; positiv *Rehbinder*, FS Coing, S. 423, 427 f.; *Wiedemann*, Unternehmensgruppe, S. 73.

378 Ob die Befürworter einer solchen Generalermächtigung überhaupt anerkennen, dass die Obergesellschafter in diesen Fällen eigene rechtliche Interessen haben können, wäre allerdings fraglich.

379 Vgl. *Hüffer*, AktG, § 76 Rn. 17a; *K. Schmidt*, FS Lutter, S. 1167, 1175 f.; *Rehbinder*, FS Coing, S. 423, 437; *U. H. Schneider*, BB 1981, 249, 253.

380 Vgl. für die Pflichtenbindung der Geschäftsführung zu den Gesellschaftern BGHZ 71, 40 ff. (Kali und Salz); *Bayer*, in: MüKo, AktG, § 58 Rn. 69; *Habersack*, S. 268; *Hirte*, S. 105, 204; *Lutter*, AcP 180 (1980), 84, 123; *ders.*, ZGR 1979, 401, 411; *ders.*, FS H. Westermann, S. 347, 364; *Timm*, S. 80, 173; restriktiv *Henssler*, FS Zöllner, S. 203, 225.

Ermessensbegrenzungen im Rahmen der Gewinnverwendung lassen, bei der Geschäftsführung. Gerade für die Personenhandelsgesellschaft wäre die Verlagerung praktisch problematisch. Da die Geschäftsführung dort ein Recht der Gesellschafter ist, ist für deren Entzug eine besondere Begründung notwendig (§ 117). Deshalb ist von keiner der Lage im Kapitalgesellschaftsrecht vergleichbaren faktischen Einflussmöglichkeit auf die Vollzugsebene auszugehen.[381]

Auch spricht die Lückenhaftigkeit der Konzernbildungskontrolle gegen ihren Ausschlusscharakter. Die genannten Kriterien sind nicht geeignet, einen umfassenden Schutz der Mitgliedschaft sicherzustellen, da sie mit der Orientierung an Vermögenswerten faktische Schutzlücken belassen, so z.B. für die verhältnismäßig „billige" Ausgliederung relevanter Geschäftschancen. Auch wenn man den Vermögensbegriff diesbezüglich weit fassen wollte, etwa Ertragsaussichten einbeziehen würde,[382] so ergäbe sich unter dem Gesichtspunkt effektiven Gesellschafterschutzes ein Problem. Selbst wenn man davon ausgeht, dass die Kompetenzüberschreitung *ex post* festgestellt werden kann, wären Schadenersatzansprüche auf *ex ante* als wesentlich erkennbare Ausgliederungen beschränkt. Die rechtswidrig herbeigeführte Mediatisierung wäre wirtschaftlich gesehen nicht sinnvoll zu bekämpfen. Vom Standpunkt der Sicherung der der Mitgliedschaft inhärenten (umfassenden) Vermögens- *und* Mitspracherechte wäre ein Anspruch gegen den Verband auf (wirtschaftliche) Eingliederung der entstandenen rechtlichen Einheit kaum der Erweiterung der zukünftigen Mitspracherechte gleichzustellen.[383] Dies gilt dabei auch beim Verstoß gegen das Beteiligungsrecht im allgemein anerkannten Fall der Ausgliederung wesentlicher Vermögensteile. Hier bringt auch der Schadenersatzanspruch gegen die Geschäftsführung kaum ein erhöhtes Schutzniveau, da er durch die – im Falle der produktiven Tochtergesellschaft relevante – Gewinnerzielung dort im Wege der Vorteilsanrechnung eingeschränkt wird.[384] Hier wird im Schadenersatzrecht dem Mitspracherecht der Gesellschafter im Bezug auf die *Zusammensetzung* des Verbandsvermögens – im Gegensatz zu dem des Verbands[385] – ein geringer Stellenwert eingeräumt. Sofern man als Ziel der Gruppenbildungs- und Gruppenleitungskontrolle den Erhalt der Machtbalance *und* der Vermögenssituation angibt, kann der Ausschlussgedanke nicht überzeugen.[386]

---

381 Vgl. zu letzterem *Kleindiek*, S. 57 ff.; *Tröger*, S. 9.

382 So *Henssler*, FS Zöllner, S. 203, 213; s. auch *Dauner-Lieb*, DStR 2008, 34, 44 f.

383 Die Erweiterung der Mitspracherechte würde aber kaum dem Schutzzweck der (verletzten) Beteiligungsnorm bei der Gruppenbildung entsprechen.

384 Zu diesem Gesichtspunkt *Fleischer*, DStR 2009, 1204, 1209 f.

385 Das Recht des Verbands, über die Zusammensetzung seines Vermögens zu entscheiden, wird im Rahmen des Schadensbegriffs geschützt; vgl. *Fleischer*, DStR 2009, 1204, 1206.

386 I.E. ebenso *Mülbert*, S. 368.

Zwar ergibt sich tatbestandlich ein Subsidiaritätsverhältnis der Gruppenleitungs- zur Gruppenbildungskontrolle im Hinblick auf das Schutzanliegen der Obergesellschafter, über die wesentlichen Vermögensveränderungen und Vermögensbeeinträchtigungen i.R.d. § 116 Abs. 2 zu bestimmen: Die Zustimmung zur Gruppenbildung umfasst *in dieser Hinsicht* auch die Folgemaßnahmen. Denn die Gefährdung des Verbandsvermögens ergibt sich *allein* aus der Auslagerung der Entscheidungsmacht. Die Aufnahme der Leitung, die nach dem Beteiligungserwerb folgen kann, birgt – von Sonderfällen haftungsträchtiger Maßnahmen abgesehen – keine eigenständige Gefahr, im Gegenteil, das Verbandsvermögen wird dadurch gesichert. Sie ist damit von der Gruppenbildungskontrolle erfasst.[387] Sie ist also weder im Rahmen der Gruppenbildungskontrolle, als Übergang zum (qualifizierten) Konzern, noch im Rahmen der Leitungskontrolle relevant. Andererseits würde ein echtes Ausschlussverhältnis aber zu einer erheblichen Reduzierung der Stellung der Obergesellschafter führen. Es müsste z.B. die Änderung des Unternehmensgegenstands der Untergesellschaft trotz faktischer Rückwirkung auf die Obergesellschaft zustimmungsfrei bleiben. Ein genereller Vorrang der Gruppenbildungskontrolle würde also den Bereich der (indirekten) Betroffenheit –

auch der Grundlagen der Obergesellschaft – (im weiteren Verlauf der Unternehmensverbindung) ausklammern. Mit dem Kriterium der „außergewöhnlichen" Berührung mitgliedschaftlicher Interessen bliebe ein zu geringer Bereich des Schutzes der ansonsten unbeschränkten Herrschaft über Grundlagenfragen. Diese Konzeption entspricht vielmehr der Lage im Aktienrecht, wo die Mitwirkungsbefugnisse vom Gesetz eng begrenzt sind: Dort ist ein „tief greifender Eingriff in die mitgliedschaftlichen Befugnisse der Aktionäre"[388] erforderlich, um diese Begrenzung zu durchbrechen. Eine Begrenzung dieser Grundlagenherrschaft der Gesellschafter der Personenhandelsgesellschaft ist allerdings höchstens gemäß § 116 Abs. 2 durch eine Wesentlichkeitsschwelle im Hinblick auf die wirtschaftliche Bedeutung der Entscheidung („Holzmüller-Kriterien"), nicht hingegen im Hinblick auf die rechtliche Intensität des Eingriffs zu machen.[389]

387 Mit einem Beispiel für eine Ausnahme *Mülbert*, in: MüKo, HGB, KonzernR Rn. 91: Der Abschluss eines Gewinnabführungs- und Beherrschungsvertrages der verlustausgleichsberechtigten Tochtergesellschaft mit einer Enkelgesellschaft. Diese Maßnahme ist insofern schon unproblematisch zustimmungspflichtig, da dadurch Vermögensrisiken entstehen.

388 BGHZ 83, 122 140 (Holzmüller); vgl. dazu *Habersack*, AG 2005, 137, 149: Bei der Maßnahme in der Tochtergesellschaft muss es sich um eine „wesentliche" Strukturmaßnahme handeln.

389 Für die mögliche Einordnung einer Vertragsänderung in der Tochtergesellschaft als Geschäftsführungsmaßnahme für die Obergesellschaft unter Zugrundelegung der Qualifikationstheorie *U. H. Schneider*, ZHR 143 (1979), 485, 499; s. auch *Wiedemann*, GesR II, S. 529.

Die vertragsrechtliche Grundlage der Geschäftsführungsermächtigung in der Personenhandelsgesellschaft setzt dabei Schranken für eine Erweiterung. So kann in der unverbundenen Gesellschaft die erteilte Ermächtigung der Geschäftsführung auch nicht als unbegrenzt für den weiteren Verlauf gelten.[390] Ist der Geschäftsführung ein Tätigwerden im Interessenkreis der Gesellschaft erlaubt, so bestehen doch – anders als in der Aktiengesellschaft – auch im Rahmen der Geschäftsführung die Begrenzungen durch *Gesellschafterkompetenzen* in Fällen „außergewöhnlicher“ Maßnahmen. Darüber hinaus besteht natürlich dort erst Recht keine Ermächtigung für die Vornahme von Grundlagengeschäften. Eine zeitliche und umfangbezogene Generalermächtigung besteht stets nur für Handlungen in Verfolgung der unternehmerischen Ziele.[391] Deshalb kann auch in der Zustimmung zur Gruppenbildung nur eine Akzeptanz der konkreten (vermögensbezogenen) Folgen liegen. Würde hier zwischen dem Bereich der Geschäfsführungsbefugnis und der Gesellschafterkompetenz eine Lücke auftreten – wie dies bei der Aktiengesellschaft der Fall ist[392] – so könnte man bei Überschreitung der Grenzen der Geschäftsführungsbefugnis auch lediglich von pflichtwidrigem Handeln des Führungsorgans ausgehen,[393] und damit einen Kompetenzübergriff ablehnen. In diesen Fällen liegt der Ermächtigungsgedanke – quasi gezwungenermaßen – nahe, da die Aktionäre im Hinblick auf ihre Kompetenz der Verlagerung im Zuge der Gruppenbildung nicht „nachfolgen“ können. In der Personenhandelsgesellschaft kann die Ermächtigung der Geschäftsführung aber immer nur die Erlaubnis zur (reinen) Unternehmensführung gem. § 116 Abs. 1 sein. Eine Verlagerung der Kompetenz zur Vornahme von zumindest faktischen Grundlagengeschäften bedürfte vielmehr einer Änderung des Unternehmensgegenstands.[394] Diesbezüglich wären aber auch der zusätzliche Wille auch zur Vertragsänderung und die Einhaltung der Vorgaben gewillkürter Formerfordernisse nachzuweisen.

---

390 Für die Konzernleitungskontrolle ebenso *Emmerich*, in: Scholz, GmbHG, Anhang § 13 Rn. 64a; *Casper*, in: Ulmer/Habersack/Winter, GmbHG, Anh. § 77 Rn. 93.

391 Ebenso für die Unternehmensgruppe *Emmerich*, in: Scholz, GmbHG, Anhang § 13 Rn. 62; *Jungkurth*, S. 61;wohl auch *Tieves*, S. 276.

392 Vgl. für die Vornahme eines gegenstandsfremden (Geschäftsführungs-)Geschäfts *Hüffer*, AktG, § 83 Rn. 14. Insofern helfen auch die Holzmüller/Gelatine-Kriterien zunächst nicht, da diese den strukturänderungsähnlichen Charakter der Maßnahme voraussetzen. Allerdings wird unter weiter Auslegung des Strukturbegriffs auch dort eine Erweiterung der Aktionärsrechte auf Fälle der Beeinträchtigung wesentlicher Vermögensinteressen diskutiert (*Hoffmann*, in: Spindler/Stilz, AktG, § 119 Rn. 33), womit man sich letztlich an Personenhandelsgesellschaft/GmbH annähert.

393 Vgl. für die Frage der Behandlung kompetenzwidrigen Verhaltens im Verhältnis zur *Gesellschaft* nur *Schäfer*, in: Staub, HGB, § 114 Rn. 57 ff.

394 *Lutter*, FS Stimpel, S. 825, 843.

Aus diesem Grunde liegt der Vergleich mit einer Treuhand[395] speziell wegen der „dinglichen“ Außenwirkung der Gruppenleitungsmacht zwar funktional nahe, er beantwortet aber nicht die Frage, wie weit die Befugnisse des Treuhänders gehen. Insofern ist dem Ermächtigungsgedanken sogar eine gewisse Widersprüchlichkeit entgegenzuhalten. Geht man im Hinblick auf die strukturellen Rückwirkungen der Gruppenbildung auf die Obergesellschaft von einem Dreischritt – Unternehmensgegenstand, Mediatisierung, weitere Rückwirkungen im Rahmen der Gruppenleitung – aus, so müsste man mit dem Ermächtigungsgedanken bereits an erster Stelle ansetzen und die Ermächtigung bereits in der Konzernklausel sehen. Dass nach allgemeiner Meinung zumindest[396] noch einen Schritt weiter gegangen werden muss, zeigt, dass die Rückwirkungen vielfach sind.[397] Nur für die Aktiengesellschaft ließe sich dann aufgrund der Geschlossenheit der Zuständigkeitsordnung eine Begrenzung auf besonders schwere Eingriffe (erstmalige Mediatisierung, Kapitalerhöhungen in der Tochtergesellschaft) begründen.

Aus alledem folgt, dass man für die Personenhandelsgesellschaft das Prinzip der rechtlichen Selbständigkeit in der Unternehmensgruppe dahingehend verstehen muss, dass es auch die Integrität der Organisation der Obergesellschaft schützt. Allerdings dürfen nur Maßnahmen, die entsprechende Rückwirkungen auf die Obergesellschaft haben (Qualifikationstheorie), erfasst werden. Die Grenze zwischen der Ober- und der Untergesellschaft ist also nicht nach formellen, sondern nach materiellen Gesichtspunkten zu ziehen. Selbst wenn man den Gedanken der rechtlichen Selbständigkeit dabei restriktiv anwendet, also eine Reflexwirkung von Handlungen in der Tochtergesellschaft auf die Grundlagen der Obergesellschaft ablehnt, so genügt § 116 Abs. 2 für ein Zustimmungsrecht. Insofern lässt sich mit einer Einzelbetrachtung auch für die Obergesellschaft eine weitgehende Sicherung der Machtbalance auch für die Vorgänge der Gruppenbildung und –leitung gewinnen. Die Geschäftsführung hat also dieselben Begrenzungen zu achten wie in der unverbundenen Gesellschaft. Es ist also nicht von einem weitgehenden Ausschluss der Gruppenleitungs- durch die Gruppenbildungskontrolle aus-

---

395 So *Wiedemann*, Unternehmensgruppe, S. 72 f. (für alle Handelsgesellschaften!); a.A. *Jungkurth*, S. 61.

396 So geht auch *Wiedemann*, Unternehmensgruppe, S. 73 f. im Anschluss an *Hirte*, S. 175 ff. im Rahmen der Kapitalerhöhung in der Tochtergesellschaft von einer Gruppen(-weiter-)bildungsmaßnahme aus und beruft sich auf eine weitere Schwächung des Einflusses der Obergesellschafter.

397 So geht *Hirte*, S. 177, davon aus, es sei nicht auf die formale Abgrenzung Konzernbildung und –leitung abzustellen sondern auf die (dort zentrale) Frage nach dem Gesellschafterschutz. Insofern müsste man für die Personenhandelsgesellschaft nur das Argument von der unbegrenzten Grundlagenhoheit addieren.

zugehen, sondern von einem Gleichlauf.[398] Obwohl keine Subsidiarität letzteren Rechtsinstituts gegeben ist, wird sich auf tatbestandlicher Ebene dabei allerdings im Regelfall ein Schutz der Vermögensinteressen der Obergesellschaft aus der Gruppenbildungskontrolle, der Schutz der Herrschaft der Obergesellschafter über die eigenen Grundlagen aus der Konzernleitungskontrolle ergeben. Ein internes Zustimmungsrecht der Gesellschafter erweitert deren Rechtsschutzmöglichkeiten im Verhältnis zur sonstigen Pflichtenbindung einer originär entscheidungsbefugten Geschäftsführung dabei erheblich.

d. Ausnahme für die reine Beteiligungsverwaltung?

Denkbar wäre jedoch eine Rückeinschränkung durch § 116 Abs. 1. Auch aus Qualifikationsperspektive ließe sich eine Zuordnung zum Bereich der *gewöhnlichen* Geschäftsführung, insbesondere für die reine Beteiligungsverwaltung, vornehmen.[399] Wenn sich die Geschäftsleitung in der Obergesellschaft darauf beschränkt, also (überhaupt) keinen Einfluss auf die Unternehmenspolitik der Tochtergesellschaft nimmt,[400] bestünden keine Beteiligungsrechte der Obergesellschafter. Erst ab der Aufnahme der unternehmerischen Leitung müssten danach entsprechende Auswirkungen auf die Obergesellschaft zu verzeichnen sein. Das Verhältnis zur Tochtergesellschaft wäre funktional nur als Kapitalanlage zu qualifizieren.

Gegen eine pauschale Einordnung der Beteiligungsverwaltung in das Organisationsgefüge der Obergesellschaft als Maßnahme der einfachen Geschäftsführung sprechen jedoch die ausgeführten Gründe. Zwar ist richtig, dass hier keine Berührung der Grundlagen der Obergesellschaft vorliegen kann,[401] doch ist dies auch nicht notwendig. Auch diese Maßnahmen können von § 116 Abs. 2 erfasst sein. Eine Begrenzung der Zustimmungsrechte für außergewöhnliche Geschäftsführungsgeschäfte liefe auf den – unzutreffenden – Ermächtigungsgedanken hinaus. So werden also sowohl das Beteiligungsgeschäft (Gruppenbildung), als auch wesentliche Umstrukturierungsmaßnahmen, die eine Rückwirkung auf die Ertragsaussichten der beteiligten Gesellschaft aus der Kapitalanlage vermitteln

398 Dafür auch *Emmerich*, in: Scholz, GmbHG, Anhang § 12 Rn. 16; *Liebscher*, S. 56.

399 Zu diesem Ansatz *U. H. Schneider*, ZHR 143 (1979), 485, 497; *ders.*, FS Bärmann, S. 873, 880; *ders.*, BB 1980, 1057, 1059; abl *Mülbert*, in: MüKo, HGB, KonzernR Rn. 89; *Liebscher*, S. 54.

400 Dabei ist für das Merkmal der unternehmerischen Beteiligung keine umfassende Leitung der Tochtergesellschaft notwendig, vgl. *Hommelhoff*, S. 54; ähnlich *Tieves*, S. 410 f., 422.

401 *U. H. Schneider*, FS Bärmann, S. 873, 890; *Timm*, S. 9; a.A. *Liebscher*, S. 54 unter Verweis auf den Mediatisierungseffekt. Dieser kann jedoch bei einer entsprechenden statutarischen Verlagerung der Beteiligungsverwaltung in die Geschäftsführungsebene nicht mehr rechtlich erheblich sein.

(z.B. die Auflösung), Mitspracherechte auslösen. Allerdings ist der berechtigte Kerngedanken der Ausnahme festzuhalten: Soweit Gesellschaftsbeteiligungen zur reinen Kapitalanlage vom Gesellschaftsvertrag gedeckt sind, wird die weitere Verwaltung tatsächlich – hier greift der Ermächtigungsgedanke! – zumindest in den Bereich der Geschäftsführung (auch § 116 Abs. 2) verlagert. Diesbezüglich ist aber eine entsprechende Regelung im Gesellschaftsvertrag, d.h. eine ausdrückliche Spezifizierung im Rahmen des Unternehmensgegenstands, notwendig.[402] Damit bestätigt sich die dargelegte Sichtweise von der Begrenzung der Geschäftsführungsermächtigung.

e. Anwendung auf die Gewinnverwendung in der Tochtergesellschaft

Unter Heranziehung des Ermächtigungsgedankens wäre das Dividendeninteresse der Obergesellschafter lediglich vor außergewöhnlich hohen Thesaurierungen geschützt.[403] Erst dort hätten sie ein Zustimmungsrecht. Die nach dieser Konzeption notwendige Verlagerung des Gesellschafterschutzes auf die Ebene der Gruppenbildungskontrolle brächte dabei zusätzlich das Problem mit sich, dass die Wesentlichkeitsschwelle für die Zustimmung zum Beteiligungsgeschäft auch die zukünftige Ertragskraft der Tochtergesellschaft miteinbeziehen müsste.[404] Diese Verlagerung des organisationsrechtlich angezeigten Schutzes ist jedoch schlicht unpraktikabel. Die Gesellschafter könnten lediglich das Beteiligungsgeschäft unterbinden oder es genehmigen, mit der Folge, dass sie im Hinblick auf die Gewinnverwendung ihr Mitspracherecht aufgeben müssten. Die Möglichkeit, die zusätzlichen Ertragsaussichten aktiv zu nutzen, hätten sie nicht.

Aus den gefundenen Erkenntnissen lässt sich nun ableiten, dass im Rahmen der Gruppenleitungskontrolle keine besonderen Einschränkung aus dem Gesichtspunkt der Ermächtigung der Verwaltung zur Konzernleitung zu machen ist. Allerdings muss hier – um die bereits aufgeworfene Frage nach der Reflexwirkung aufzugreifen – natürlich darüber hinaus trotzdem festgestellt werden, ob eine Betroffenheit des Grundlagenbereichs der Obergesellschaft tatsächlich vorliegen kann, wenn in der Tochtergesellschaft über die Gewinnverwendung entschieden

---

402 Für eine ermächtigungsfreie Unterschwelle – also für die generelle Zulässigkeit der Beteiligungsverwaltung – kommt nur die vorübergehende Anlage in Aktien börsennotierter Gesellschaften in Frage, nur dies kann als Liquiditätssicherung gelten und damit in den Bereich der Annex-Kompetenz der Geschäftsführung fallen, vgl. *Hommelhoff*, S. 48 ff.; *Jungkurth*, S. 32; *Liebscher*, S. 67 f.; *Mülbert*, in: MüKo, HGB, KonzernR Rn. 77; *Müller*, in: Spindler/Stilz, AktG, Vor §§ 311-318 Rn 57; *Tieves*, S. 429, 432 ff.; *Timm*, S. 95.

403 *Henssler*, FS Zöllner, S. 203, 218.

404 Dazu *Henssler*, FS Zöllner, S. 203, 213.

wird. Die Tatsache allein, dass die Verwaltung nicht zur *umfassenden* Konzernleitung berechtigt ist, begründet eben noch nicht die Grundlagenqualität – dies ergibt sich aus den Ausführungen zur Requalifikation der Maßnahme.[405] Hier ist nun bei einer Anlehnung an die aktienrechtliche Diskussion wiederum Skepsis angebracht. Die Kapitalerhöhung in der Untergesellschaft wird dort als Rückwirkung auf die Mitgliedschaft der Obergesellschafter gesehen.[406] Die Bezeichnung dieser Maßnahme als „erweiterte Konzernbildung"[407] bringt die Probleme jedoch bereits ans Licht. Die Mediatisierung wird zwar auch im Rahmen der Gewinnthesaurierung auf weitere Vermögensteile, die ansonsten in den Entscheidungsbereich der Gesellschafter gelangen müssten, ausgedehnt. Allerdings ist diese Rückwirkung allein bei den Personenhandelsgesellschaften als Rechtfertigungsgrund für die Gewährung von Zustimmungsrechten – mit guten Gründen – umstritten. Mit dieser Argumentation ließe sich möglicherweise auch nur eine Einordnung in § 116 Abs. 2 vertreten.[408]

Die Berührung des mitgliedschaftlichen Bereiches durch Drittgeschäfte ist jedoch grundsätzlich anerkannt.[409] So gilt die Veräußerung des Unternehmens mit der Firma als Grundlagengeschäft. Dieses Rechtsgeschäft berührt nämlich den Gesellschaftsvertrag, *in concreto* die Firma.[410] Beispielhaft ließe sich außerdem ein Aufnahmevertrag mit einem Neu-Gesellschafter nennen.[411] Externe Rechtshandlungen der Geschäftsführung mit Dritten, die einen Zustand herbeiführen, der den Gesellschaftsvertrag berührt, gelten dabei – begrifflich irreführend – als „faktische" Vertragsänderungen.[412] Kerngedanke dieser Einordnung von Drittgeschäften kann dabei angesichts der Tatsache, dass der Gesellschaftsvertrag tatsächlich nicht berührt wird, nur die Begrenztheit der Ermächtigung der Geschäftsführung sein. Gleichzeitig wird damit deutlich, dass die Qualifikation als Drittgeschäft nicht entscheidend sein kann. Dass für die Einschrän-

405 Deutlich *Lutter*, FS Stimpel, S. 825, 842, 845, 859 ff., der den Ermächtigungsgedanken ablehnt, aber danach differenziert, ob die Mitgliedschaft der Obergesellschafter wesentlich betroffen ist.

406 Vgl. *Lutter*, FS Stimpel, S. 825, 849; *ders.*, FS H. Westermann, S. 347, 351; *Wiedemann*, Unternehmensgruppe, S. 73.

407 *Wiedemann*, Unternehmensgruppe, S. 73, s. auch *Hirte*, KapGesR, Rn. 8.48.

408 Dieser Ansatz – lediglich § 116 Abs. 2 als Einfallstor – findet sich, allerdings ohne obige Begründung, bei *Haar*, NZG 2007, 601, 604 und *Wertenbruch*, ZIP 2007, 792, 802.

409 Allgemein *Schlüter*, S. 39; *Habersack*, in: Staub, HGB, § 126 Rn. 13 ff. („mittelbare Berührung des Gesellschaftsvertrags"); für die Unternehmensverbindung *Rehbinder*, FS Coing, Bd. II.S. 423, 438; *U. H. Schneider*, FS Bärmann, S 873, 882 f.; *Timm*, S. 168.

410 BGH, NJW 1995, 596, 597; *K. Schmidt*, ZGR 1995, 675, 680

411 BGHZ 26, 333.

412 Verwendung des Begriffs in diesem Zusammenhang bei *Kleindiek*, S. 142; *Lutter*, FS H. Westermann, S. 825, 846; *U. H. Schneiders*, FS Bärmann, S. 873, 883.

kung der Geschäftsführungsmacht in den Fällen weit reichender faktischer Auswirkungen ein rechtliches Bedürfnis besteht, zeigt auch § 179a AktG;[413] in der Personenhandelsgesellschaft ist diese Problematik durch § 116 Abs. 2 erfasst. Würde man diese Wechselwirkung als rechtlich unbeachtlich einordnen, so liefe der Wirkbereich des Gesellschaftsvertrages und der darüber hinaus bestehenden Grundlagenhoheit der Gesellschafter leer. Dabei ist zwar davon auszugehen, dass nicht jede Grundlagenentscheidung in der Tochtergesellschaft insoweit relevant ist. Vertragsrelevante Beschlüsse dort, wie z.B. die Firmenänderung, wirken sich nicht auf die Mitgliedschaft der Gesellschafter aus.[414] Denn diese wird nicht durch die Vertragsgrundlage der Tochtergesellschaft bestimmt. Deshalb ist mit der Investition in einem anderen Verband natürlicherweise eine gewisse Mediatisierung verbunden.[415] Die Gewinnverwendungskompetenz ist aber konzernweit. Die Entscheidungshoheit der Gesellschafter besteht hier natürlicherweise, da die Rechtsverhältnisse der Verbände über das Gewinnbezugs- und verwendungsrecht verbunden sind. Diesbezüglich besteht eben grundsätzlich keine Ermächtigung zur Verwaltung als Kapitalanlage.[416] Die Geschäftsführung darf also nur soweit dies gestattet ist Finanzmittel auslagern, im weiteren Verlauf darf sie *damit* im Rahmen des Gesellschaftszwecks Geschäfte betreiben. Dass aus dem vermögensbezogenen Mitspracherecht (§ 116 Abs. 2) letztlich ein Grundlagenrecht wird, ergibt sich hier daraus, dass über diesen Vermögensteil herkömmlicherweise im Rahmen der Gesellschafterversammlung entschieden wird.

Die Gewinnverwendung in der Tochtergesellschaft ist also stets ein Grundlagengeschäft im Verhältnis zur Obergesellschaft. An dieser Stelle wird die Rückwirkung auf das Verhältnis der Gesellschafter besonders deutlich, da bei uneingeschränkter Geschäftsführungskompetenz letztlich nur eine „leere Hülse"[417] der Entscheidungsmacht der Gesellschafter verbliebe. Wird der Jahresüberschuss in der Tochtergesellschaft dem Eigenkapital zugewiesen, so trifft die Obergesellschafter außerdem der – typischerweise im Hinblick auf die Gläubiger genannte – „strukturelle Nachrang"[418] in der Unternehmensverbindung. Abhängig von der Stärke der „natürlichen" Mediatisierung erhöht sich also das Risiko für die Gesellschafter der Obergesellschaft im Verhältnis zur Lage bei der Thesaurierung in der eigenen Gesellschaft. Für die Obergesellschafter bedeutet dieser Aspekt

---

413 § 179a Abs. 1 Satz 1 AktG erfasst Fälle, in denen der Unternehmensgegenstand nicht bzw. nur „faktisch" geändert wird; vgl. *Hüffer*, AktG, § 179a Rn 8.

414 *Lutter*, FS Stimpel, S. 825, 845.

415 Insoweit ist *Wiedemann*, Unternehmensgruppe, S. 73 zuzustimmen.

416 Vgl. oben II. 2. c.

417 *Henssler*, FS Zöllner, S. 203, 208; *Liebscher*, S. 47.

418 *Hirte*, KapGesR, Rn. 8.13; *U. H. Schneider*, ZGR 1984, 497, 503.

der Maßnahme, auch wenn er allein kein Zustimmungsrecht begründen kann, insofern sogar einen stärkeren Eingriff als die Thesaurierung im eigenen Verband. Die Gesellschafter haben hier also ein uneingeschränktes Beteiligungsrecht.

Natürlich kann die Thesaurierung in der Tochtergesellschaft dann zustimmungsfrei bleiben, wenn der Geschäftsführung eine entsprechende Ermächtigung zur Erweiterung der Unternehmenstätigkeit auf Kapitalanlagen gewährt wurde. Dann lässt sich im Hinblick auf die Gewinnverwendung in der Tochtergesellschaft zumindest keine Grundlagenmaßnahme annehmen. In diesen Fällen ist also nur eine Begrenzung durch § 116 Abs. 2 gegeben. Diese greift dann ein, wenn die Geschäftsführung das notwendige Augenmaß bei der Anlagenverwaltung vermissen lässt, also insbesondere durch eine überhöhte Reinvestition der Dividenden unvertretbare Risiken eingeht. Abgesehen davon müsste die Geschäftsführungsbefugnis aber auch die vollständige Thesaurierung decken. Die Verlagerung von Geldern auf Kapitalbeteiligungen, die den vertraglichen Finanzrahmen überschreitenden, ist dabei von der Gruppenbildungskontrolle erfasst.

f. Verhältnis zum Vollzugsvorrecht

Der Fall der Gewinnverwendung ist dabei unverdächtig, durch konstruierte Gestaltung eine der wesentlichen Grundwertungen zum Geschäftsführungsrecht in der Personenhandelsgesellschaft, das Vollzugsvorrecht,[419] zu unterlaufen. Mit der Wertung, (äußerliche) Geschäftsführungshandlungen müssten als faktische Vertragsänderung gelten, und damit einen Übergriff in die Zuständigkeit der Gesellschafterversammlung darstellen, wird dieses Prinzip ausgehöhlt.[420] Dies kann jedoch so nicht richtig sein. Auch pflichtwidrige Geschäfte könnten nämlich durch Vertragsänderung „legalisiert" werden, so z.B. die konzerninterne Lieferung im faktischen Konzern unter dem Marktpreis durch Vertragskonzernierung. Das pflichtwidrige (sonstige) Drittgeschäft kann ebenso durch einstimmigen Gesell-

419 Vgl. dazu oben Fn. 325.

420 Für die faktische Vertragsänderung als Kompetenzübergriff vgl. *Emmerich*, in: Scholz, GmbHG, § 29 Rn. 108; *Habersack*, S. 335 f.; *M. Winter*, S. 227; *Lutter/Leinekugel*, ZIP 1998, 225, 229; *Schäfer*, in: Staub, HGB, § 114 Rn. 74 (verdeckte Gewinnausschüttungen); *Timm*, S. 118 f. (irreversible Aufgabe von Unternehmensbereichen); ansonsten *Habersack*, in: Emmerich/Habersack, Vor § 311 Rn 37; *ders.* S. 335, der einzelne Geschäfte außerhalb des Unternehmensgegenstands unter die „Holzmüller"-Abwehrklage fallen lässt; s. gegen letzteres *Zöllner*, ZGR 1988, 392, 431, kein Eingriff in die Mitgliedschaft in diesen Fällen.
Binnewies, S. 123 Fn. 8 und *Mülbert*, in: MüKo, HGB, KonzernR Rn. 222 sehen die Konzernbildung (in der Untergesellschaft) als Überschreitung der Geschäftsführung als zustimmungsbedürftig. Die Begründung ist allerdings, dass ein gesondertes Zustimmungsrecht vorliegt, nicht allein, dass es sich um eine „Überschreitung" der Geschäftsführung handelt.

schafterbeschluss legalisiert werden (§ 33 Abs. 1 Satz 2 BGB). Ob eine Maßnahme dem Vertrag zuwiderläuft und damit für die Geschäftsführung pflichtwidrig ist, durch Vertragsänderung legalisiert werden könnte, kann also noch kein Anhaltspunkt für eine relevante „faktische Vertragsänderung" sein. Auch das Kriterium von der praktischen Irreversibilität pflichtwidriger Maßnahmen[421] bietet keinen handhabbaren Maßstab für einen Kompetenzübergriff, da diese schlicht von der Leistungsfähigkeit des Schädigers abhängt. Darüber hinaus bleibt der Vertrag auch in diesen Fällen weit reichender Umgestaltungen rechtlich unberührt.[422] Die Frage, wann eine vertragswidrige Maßnahme der Geschäftsführung in den Bereich des Vollzugsvorrechts fällt, kann demnach nur danach abgegrenzt werden, ob sie, über den Vertragsverstoß hinaus, inhaltlich noch der unmittelbaren Zweckverfolgung dient.[423] Damit ist der Fall der Gewinnverwendung in der Tochtergesellschaft – nach obigen Ausführungen zu dessen Verhältnis zum Gesellschaftszweck – aber eindeutig nicht in diesen problematischen Bereich einzuordnen.

g. Ergebnis für die Beteiligungsrechte der Obergesellschafter

Die Gruppenleitungskontrolle in der Obergesellschaft ist umfassend. Es ist aus Sicht der Obergesellschaft in ihr Kompetenzgefüge einzuordnen. Dabei kommt im Bereich der Rückwirkung auf die Verbandssphäre die Einschränkung des § 116 Abs. 1 zum Tragen. Die Gewinnthesaurierung ist als Grundlagengeschäft stets beteiligungspflichtig, da durch sie der mitgliedschaftliche Gewinnanspruch berührt wird. Eine Ausnahme ergibt sich nur im Falle einer gesonderten Ermächtigung zur Beteiligungsverwaltung als Kapitalanlage.

3. Pflichtenbindung in der Obergesellschaft

a. (Ober-)Gesellschaft/(Ober-)Gesellschafter

Da den Obergesellschaftern ein Beteiligungsrecht eingeräumt ist, greift für sie die dargestellte Begrenzung aus der Treuepflicht, die sich aus dem dortigen Gesellschaftsverhältnis ergibt. Für die gruppenweite Geltung der Treuepflicht kann dabei auf die erarbeiteten Grundsätze der Qualifikationstheorie zurückgegriffen werden. Die Rückwirkung der Entscheidung auf die Obergesellschaft ist auch rechtlich beachtlich und in die entsprechenden Pflichtbereiche (Gesellschaft/

421 *Casper*, in: Spindler/Stilz, Vor § 241 Rn. 23; *Timm*, S. 108 f.; *Zöllner*, ZGR 1988, 392, 431.

422 Eine Ausnahme stellt hier § 20 Abs. 1 Nr. 4 UmwG dar, nach dem das Fehlen der für die Außenwirksamkeit nötigen Zustimmung der Gesellschafter gem. § 13 UmwG bei einer eingetragenen Verschmelzung geheilt wird (dazu *Grunewald*, in: Lutter, UmwG, § 20 Rn. 77). S. zur kompetenzrechtlichen Einordnung schon den Hinweis bei *Hirte*, S. 232.

423 So auch *Bitter*, S. 297.

Gesellschafter) einzuordnen. Die Einschränkung der Treuepflicht der Mehrheit der Obergesellschafter bei Entscheidungen in der Tochtergesellschaft auf eine Konzernlage i.S.d. § 18 Abs. 1 Satz 1 AktG und eine wirtschaftliche Wesentlichkeitsschwelle, wie sie die ITT-Entscheidung mit sich brachte,[424] ist nicht angezeigt. Vielmehr ist die Rückwirkung bei der Gewinnverwendung immer beachtlich, da sie die Grundlagen der Obergesellschaft und damit die Rechtsstellung der dortigen Minderheit tangiert. Insofern muss analog zur Lage in der unverbundenen Gesellschaft Rücksicht genommen werden. Die genannte Einschränkung muss denn auch bei genauerem Hinsehen nicht zwingend auf die Gesellschafterbindung bei gruppenweiten Beschlüssen übertragen werden.[425] Denn es handelt sich bei der Entscheidung über die Gewinnverwendung in der Tochtergesellschaft schlicht um eine verbandsinterne Grundlagenmaßnahme mit anschließendem Außenvollzug, wie auch bei jedem Beschluss gem. § 116 Abs. 2. Hier kann die Pflichtenbindung nicht fraglich sein. Im ITT-Fall ging es demgegenüber um die Treuebindung einer Handlung, die außerhalb des Gesellschaftsverhältnisses stattfand,[426] es ging um eine Einwirkung des Mehrheitsgesellschafters auf die Tochtergesellschaften.[427] Die Entscheidungsträger müssen also für notwendige Rücklagen Gewinne in der Tochtergesellschaft zur Ausschüttung bringen, um aus einer stillen Reserve im Beteiligungsbesitz eine offene Rücklage zu machen. Diese Bindung ergibt sich aus dem Rechtsverhältnis der Gesellschafter zur Gesellschaft. Andererseits ist dem Minderheitenschutz damit genüge getan, dass eine Ausschüttung auch zur Ausschüttung an diese bei der Obergesellschaft geboten ist,[428] wenn das zwingende Gesellschaftsinteresse nicht nachzuweisen ist und die Fremdfinanzierung zur Erweiterung der Unternehmenstätigkeit möglich ist.

b. Tochtergesellschaft

Eine Pflicht zur Bildung von Rücklagen *in der Tochtergesellschaft* kann sich nun aus dem Rechtsverhältnis des abstimmenden Gesellschafters zur (Ober-) Gesellschaft ergeben.[429] Die gegenteilige Auffassung, wonach sich die Rück-

---

424 BGHZ 65, 15, 20 (ITT).

425 A.A. *Hoffmann/Sauter*, GmbHR 1997, 639, 441, die sich ohne weitere Auseinandersetzung für die konzernweite Gewinnverwendung darauf berufen.

426 S. zu dieser Problematik *M. Winter*, S. 127 f.

427 Vgl. BGHZ 65, 15 (ITT).

428 Ebenso *Hoffmann/Sauter*, GmbHR 1997, 639, 641 f.

429 Vgl. *Henssler*, FS Zöllner, S. 203, 221; *W. Müller*, in: Ulmer/Habersack /Winter, § 29 Rn. 88; allgemein *Hommelhoff*, S. 71 f.; *Hopt*, in: Großkomm. z. AktG, § 93 Rn. 114; *Jungkurth*, S. 99; *Lutter*, FS H. Westermann, S. 347, 362; *Mülbert*, S. 366 f.; *U. H. Schneider*, ZHR 143 (1979), 485, 504; *Timm*, S. 146, 166.

sichtnahmepflicht aus dem Rechtsverhältnis der Gesellschafter zueinander ergibt,[430] ist abzulehnen. Sie widerspricht der Abstraktion des Verbands- vom Mitgliederinteresse, da die Mitgliedschaft in der Tochtergesellschaft zum Verbandsvermögen gehört.[431]

Die mitgliedschaftlichen Rechtsverhältnisse und die damit einhergehenden Pflichtenpositionen sind zwar grundsätzlich scharf zu trennen,[432] so dass die Treuebindung zur Tochtergesellschaft keine *direkte* Rechtswirkung *im Verband* entfalten kann. Doch es ist anerkannt, dass vertragliche Verpflichtungen zu Dritten – im Rahmen des herkömmlichen Ermessenspielraums bei der Definition des Gesellschaftsinteresses –, nachdem sie ins Verhältnis zu Vor- und Nachteilen der Nichterfüllung gesetzt sind, auch zur verbandsinternen Bindung führen können.[433] Eine direkte Wirkung der Zweckbindung der Tochtergesellschaft im Verbandsverhältnis der Muttergesellschaft würde dagegen den Grundsatz von der Abdingbarkeit der Treuepflicht unterlaufen. Damit wäre die Verbandssouveränität durchbrochen. Dieser Befund lässt sich auch nicht durch die Konstruktion des Gesellschaftsvertrags als Vertrag mit Schutzwirkung zugunsten der Untergesellschaft aufweichen.[434] Dieser Drittschutz wird zwar teilweise aus objektivem Recht abgeleitet,[435] womit die angedeutete Dispositionsbeschränkung begründbar wäre.[436] Es fehlt jedoch an der Schutzwürdigkeit der Untergesellschaft,[437]

430 BGHZ 65, 15, 18 (ITT).

431 Gleichsame Stellungnahmen zu ITT bei *Rehbinder*, ZGR 1976, 386, 391 f.; *Ulmer*, ZHR 148 (1984), 391, 417; *M. Winter*, S. 235.

432 Vgl. *Lutter*, FS Stimpel, S. 825, 838 f.

433 Vgl. *Fleischer*, in: Spindler/Stilz, AktG, § 93 Rn 30; *ders*., ZIP 2005, 141, 150; *Hopt*, in: Großkomm. z. AktG, § 93 Rn. 100; *Jungkurth*, S. 99 Fn. 302; *Lutter*, ZIP 2007, 841, 843; *Paefgen*, in: Ulmer/Habersack/Winter, GmbHG, § 43 Rn. 34; *Schäfer*, in: Staub, HGB, § 114 Rn. 56; *U. H. Schneider*, in: Scholz, GmbHG, § 13 Rn. 78; *Windbichler*, ZGR 1989, 434, 437.

434 Es bestünde jedenfalls ein Schadenersatzanspruch der außenstehenden Gesellschafter; vgl. BGHZ 49, 350, 353; *Gottwald*, in: MüKo, BGB, § 328 Rn. 128; *Heinrichs*, in: Palandt, BGB, § 328 Rn. 13. Auch hier bliebe allerdings eine Kollision mit dem Grundsatz der Verbandssouveränität im Raum, da dieses gesellschaftsvertragliche Recht nicht mehr von den Gesellschaftern beseitigt werden könnte; vgl. dazu *Schäfer*, in: Staub, HGB, § 109 Rn. 33.

435 So *Canaris*, FS Larenz, S. 27, 103; *Gottwald*, in: MüKo, BGB, § 328 Rn. 112; *Lakner*, S. 208; *Paschke*, AG 1988, 196, 203, *Stimpel*, AG 1986, 117, 119; *Tröger*, S. 45; *M. Winter*, S. 257; a.A. *Jungkurth*, S. 188; *Heinrichs*, in: Palandt, BGB, § 328 Rn. 14.

436 BGHZ 75, 321, 325; *Gottwald*, in: MüKo, BGB, § 328 Rn. 111 f., 117; *Lakner*, S. 209; *Tröger*, S. 46; *M. Winter*, S. 256 f.

437 Vgl. BGHZ 133, 168, 173; BGHZ 129, 136, 169 (Girmes); BGHZ 70, 327, 330; *Gottwald*, in: MüKo, BGB, § 328 Rn. 127; *Heinrichs*, in: Palandt, BGB, § 328 Rn. 18; *Lakner*, S. 207.

da – zumindest in den Fällen der Gewinnverwendung – stets ein inhaltsgleicher Anspruch gegen den Verband besteht.[438] Außerdem entfalten die Schutzpflichten in der Obergesellschaft keine Drittwirkung („Leistungsnähe"). Dies gilt auch im Bezug auf die im Rechtsverhältnis der Obergesellschaft durchaus bestehende Rücksichtnahmepflicht auf die Beteiligung als Teil des Verbandsvermögens. Denn der Zweck der Verwaltung, die Schutzrichtung der Hauptleistung,[439] besteht – abseits der besonderen Konstellation des ITT-Urteils[440] – in der Gewinnerzielung. Die hier ausgeführte Relativität der Rechtsbindungen zueinander macht deutlich, dass es im Recht der Obergesellschaft nicht um den Schutz der Tochtergesellschaft geht.[441] Der gebotene Außenseiterschutz kann sich systemgerecht also nur unmittelbar aus dem Rechtsverhältnis der Tochtergesellschaft ergeben,[442] womit auch die Problematik der Dispositionshoheit[443] gelöst wäre. Es wird sich angesichts der Rechtsfolgen einer Pflichtverletzung – Nichtigkeit bzw. Anfechtbarkeit des Beschlusses –, allerdings zumindest teilweise eine vorrangige Bindung an die Interessen der Tochtergesellschaft ergeben. Denn *insoweit* sind durch eine Pflichtverletzung kaum *Vorteile* erzielbar, da keine Ansprüche entstehen, ausgeschüttete Leistungen zurückzugewähren sind. Eine Ausnahme wäre der Fall der sicheren Erkenntnis, dass in der Tochtergesellschaft nicht angefochten wird. Dann sind auch Schadenersatzklagen ausgeschlossen.[444]

---

438 So auch BGHZ 129, 136, 169 (Girmes); *Lakner*, S. 207; *Tröger*, S. 46; *Wimmer-Leonhardt*, S. 326.

439 Vgl. BGHZ 133, 168, 173; BGHZ 129, 136, 168 (Girmes); BGHZ 70, 327, 329; BGHZ 49, 350; 354; *Gottwald*, in: MüKo, BGB, § 328 Rn. 120; *Heinrichs*, in: Palandt, BGB, § 328 Rn. 17; *Janoschek*, in: Bamberger/Roth, BGB, § 328 Rn. 51.

440 In BGHZ 65, 15, 21 (ITT) war der Zweck der Mutter- auf Leitung der Tochtergesellschaften gerichtet.

441 Die gegenteilige Auffassung (*Assmann*, FS 100 Jahre GmbHG, S. 657, 710 f.; *Lakner*, S. 204; *Paschke*, AG 1988, 196, 203; *Stimpel*, AG 1986, 117, 119 f.; *M. Winter*, S. 256) ist insofern konsequent, als sie unter Zugrundelegung einer – unrichtigen – Deutung des ITT-Urteils in BGHZ 65, 15, 21, bzw. auf einer Missachtung des feinen Unterschieds in der Rechtsprechung zum Drittschutz in der GmbH & Co. KG in BGHZ 76, 326, 327 und BGHZ 75, 321, 322 beruht. Vielmehr *kann* der Verbandszweck direkt auf den Schutz der Tochtergesellschaft ausgerichtet sein – im Fall der Komplementär-GmbH ist er dies regelmäßig. Wie hier *Bitter*, S. 285; *Jungkurth*, S. 188; *Koppensteiner*, in: Rowedder/Schmidt-Leithoff, GmbHG, Anh. nach § 52 Rn. 76; *Limmer*, S. 71; *Tröger*, S. 48; *Wimmer-Leonhardt*, S. 327.

442 Zur Problematik s. Teil 7.

443 Diese kann im Interesse des Außenseiterschutzes natürlich nicht bestehen; vgl. *Assmann*, FS 100 Jahre GmbHG, S. 657, 709; *Koppensteiner*, in: Rowedder/Schmidt-Leithoff, GmbHG, Anh. nach § 52 Rn. 76; *Paschke*, AG 1988, 196, 203; *Tröger*, S. 46.

444 Vgl. dazu *M. Winter*, S. 320 ff.

Allerdings wird teilweise vertreten, die haftungsbegründenden Maßnahmen seien generell auch im Verbandsinnenverhältnis pflichtwidrig.[445] Die Schwierigkeit dieser Konzeption zeigt sich bereits im Verhältnis der Frage der Verlusttragung im Innenverhältnis der Obergesellschaft zu der der Vollziehbarkeit. Unabhängig davon, ob auch der einflussnehmende Gesellschafter im Außenverhältnis haftbar ist (womit sich der Ausgleich gem. § 426 Abs. 1 BGB ergibt), muss doch im Endeffekt der den Schaden tragen, dem die Vorteile zugeflossen sind.[446] In diesem Falle könnte eine Einflussnahme im Recht der Muttergesellschaft aber gleichzeitig zum Ausgleichsanspruch des Gesellschafters bzw. zur Verlusttragungspflicht der Gesellschaft führen *und* vom Mitgesellschafter wegen Pflichtwidrigkeit mittels Widerspruchs unterbunden werden. Am Ausgleichsverhältnis zeigt sich also schon, dass die Frage nach der Pflichtgemäßheit in der Obergesellschaft differenzierter zu betrachten ist.[447]

Auch an dieser Stelle ist die Zurückhaltung des ITT-Urteils im Hinblick auf konzernweite Treuebindungen *ansonsten* zumindest mit Vorsicht zu genießen. Denn die Treuepflichtschranken im Bezug auf die Tochtergesellschaft bei der gruppenweiten Gewinnverwendungsentscheidung sind kein konzernrechtliches Spezifikum.[448] Es geht, wie die h.M. zur externen Legalitätsbindung zeigt, um die Rückwirkungen auf das eigene Unternehmen.[449] Eine konzernrechtliche Pflichtenbindung ist an dieser Stelle nur *ein* Faktor, auch die reine Kapitalanlage ist grundsätzlich bedeutsam. Insofern ist die Treuebindung allein schon aus dem Gesichtspunkt der Pflicht zur sorgsamen Verwaltung des Verbandsvermögens[450] angezeigt.[451] Dies kann allerdings, insbesondere bei Minderheitsbeteiligungen aufgrund der dort gegebenen weitergehenden Schadensverteilung auf die außenstehenden Gesellschafter, auch dazu führen, dass die Schädigung der

---

445 So *Henze*, in: Großkomm. z. AktG, § 58 Rn. 64; *Hoffmann/Sauter*, GmbHR 1997, 639, 641; *Lakner*, S. 167; *Mülbert*, S. 366 f.; *Henssler*, FS Zöllner, S. 203, 223; *Tröger*, S. 39; *H. P. Westermann*, FS Pleyer, S. 421, 442.

446 So zutreffenderweise *Lakner*, S. 44.

447 So i.E. *Rehbinder*, ZGR 1977, 568, 643.

448 Vgl. allgemein für die nur reflexive Bedeutung der §§ 15 ff. AktG im Bezug auf die Verbandsordnung der Obergesellschaft *Mülbert*, in: MüKo, HGB, KonzernR Rn. 21.

449 Deutlich *U. H. Schneider*, ZHR 143 (1979), 485, 504; insofern zu unspezifisch *Henssler*, FS Zöllner, S. 203, 221, der annimmt, es sei „gesellschaftsrechtlich nicht zu beanstanden“, wenn der Entscheidungsträger die Belange der Tochtergesellschaft beachtet.

450 Dazu *Assmann*, FS 100 Jahre GmbHG, S. 657, 710; *Fleischer*, in: Spindler/Stilz, AktG, § 76 Rn. 71; *Habersack*, in: Emmerich/Habersack, § 311 Rn. 87; *Lutter*, FS H. Westermann, S. 347, 364; *Mülbert*, S. 182; *M. Winter*, S. 222.

451 Zumindest andeutungsweise BGHZ 65, 15, 20 (ITT), „…zur Leitung des Verbunds von (…) Unternehmen eingesetzt, an denen die Parteien vermögensmäßig unmittelbar oder mittelbar beteiligt sind.“

Tochtergesellschaft zulässig ist, da sie per Saldo im Interesse des eigenen Verbands liegt. Dem Bundesgerichtshof ist andererseits insoweit zuzustimmen, als er zur Begründung für die direkte Geltung des Schädigungsverbots der Tochter- im Rechtsverhältnis der Muttergesellschaft darauf abstellt, dass der *Zweck der Muttergesellschaft* auf die Leitung der Töchter gerichtet war.[452] An dieser Stelle tritt die Qualifikationstheorie zumindest ansatzweise zu Tage, gleichzeitig wird damit die Dispositionshoheit der Obergesellschafter betont. Wollte man das Urteil so interpretieren, dass eine direkte – aber disponible – Geltung des externen Schädigungsverbots nur auf einer besonderen Gestaltung des eigenen Verbandszwecks beruhen kann, sonstige Treuebindungen nur reflexiv wirken, so würde es sich nahtlos in diese Sichtweise von der Requalifikation der gruppeninternen Maßnahmen einpassen.[453]

Dementsprechend kann die Treuepflicht zum Tochterverband aber weder aus dem Gesichtspunkt der Beachtlichkeit rechtlicher Sanktionen im Falle der Nichteinhaltung, noch aus dem Gesichtspunkt der ordnungsgemäßen Verwaltung des Gesellschaftsvermögens grundsätzlich direkt wirken. Es lässt sich zusammenfassen, dass der abstimmende Obergesellschafter auf die Belange des eigenen Verbands Rücksicht nehmen muss, wobei die Belange der Tochtergesellschaft darin enthalten sind. Darüber hinaus bleibt es bei der Bindung im Verhältnis zu den Mitgesellschaftern.

c. Verhältnis zu den Gläubigern

Fraglich bleibt darüber hinaus die Auswirkung des strukturellen Nachrangs der Gläubiger der Obergesellschaft. Da diese beim Zugriff auf das in der Untergesellschaft gebundenen Vermögens nach deren Gläubigern befriedigt werden, ist ihr Zugriff mediatisiert. Dieser „Teleskopeffekt" wird für Kapitalgesellschaften durch die Kapitalkonsolidierung in der Konzernbilanz (§§ 290, 301) zumindest im Hinblick auf die Information der Gläubiger ausgeglichen. Inwieweit das Kapital der OHG/KG vom strukturellen Nachrang erfasst wird, wird nicht sichtbar. Mangels Registerpublizität des Jahresabschlusses im Recht der Personenhandelsgesellschaft ist aber die Abbildung des (unverbundenen) Kapitals

452 Vgl. BGHZ 65, 15, 20 f. (ITT); ebenfalls (allgemein) auf den Zweck der Muttergesellschaft abstellend *Jungkurth*, S. 77; *U. H. Schneider*, ZHR 143 (1979), 485, 504; *Timm*, S. 99 f., 146.

453 Ebenso zur Interpretation *Timm*, S. 170 Fn. 17, der in ITT „andeutungsweise" die relative Wirkung der *externen* Zweckbindung sieht. Das Urteil lässt sich entsprechend nicht für die Erstreckung der Treuebindung in das Rechtsverhältnis der Tochtergesellschaft in Anspruch nehmen; es diente lediglich der *inhaltlichen Erweiterung* der Treuebindung in der Obergesellschaft; so *Bitter*, S. 283; *Lakner*, S. 200 f.; *Schießl*, S. 96, 98 f.; *Stimpel*, AG 1986, 117, 118; a.A. *Assmann*, FS 100 Jahre GmbHG, S. 657, 710.

kein Baustein des Gläubigerschutzes.[454] Eine Pflicht zur Bildung von Rücklagen zum Zweck des Gläubigerschutzes kann damit nicht begründet werden. Weitgehend wird das Problem außerdem bereits an der Stelle erfasst, an der das Personenhandelsgesellschaftsrecht den Gläubigerschutz verortet; neben der unbegrenzten Haftung der Komplementäre sind dies die §§ 171 f. Es ist also auf den Grundsatz zurückzugreifen, dass in der Personenhandelsgesellschaft die Kapitalaufbringung und –erhaltung durch entsprechende persönliche Haftung ersetzt wird. Die Haftung des Kommanditisten ist an das Beteiligungsverhältnis anzupassen.[455]

Für die haftungsbeschränkten Gesellschaften ließe sich eine Zwangsrücklage zum Ausgleich des strukturellen Nachrangs darüber hinaus letztlich nur mit der Kumulation der Haftungsobjekte durch die Unternehmensverbindung bei gleichzeitig identischem Kapital begründen.[456] Das Problem bleibt aber die Erfassbarkeit einer angemessenen Kapitalausstattung.[457] Für die Personenhandelsgesellschaften müssen vergleichbare Überlegungen bereits deshalb ausscheiden, da das Gesetz die unbeschränkte Haftung einer natürlichen Person *generell* als ausreichend erachtet.[458] Eine Finanzierungsverpflichtung im Verhältnis zu den Gläubigern besteht also nicht. Wege zum Ausgleich des strukturellen Nachrangs liegen, wenn überhaupt, im Bereich der Mit-Haftung der Tochtergesellschaft.[459]

d. Ergebnis Pflichtenbindung

Die Obergesellschafter sind in ihrem eigenen Verband an dessen Zweck gebunden, daneben besteht selbstverständlich eine Rücksichtnahmepflicht im Verhältnis zu ihren Mitgesellschaftern. Das Verbandsinteresse der Tochtergesellschaft entfaltet dabei – nach allgemeinen Grundsätzen – eine relative Wirkung in Rah-

---

454 Vgl. für die Bedeutung der Rechnungslegung der Kapitalgesellschaften im Hinblick auf den Gläubigerschutz in Abgrenzung dazu nur *Hirte*, KapGesR, Rn. 1.36.

455 Der Grundsatz der realen Kapitalaufbringung leistet auch hier genügend Schutz. Bei der Einbringung einer Beteiligung ist ein die Verschuldung des Rechtsträgers widerspiegelnder Wert zu berücksichtigen. Spätere Wertminderungen durch weitere Verschuldung haben als Abschreibungen zumindest für Entnahmen im Innenverhältnis eine begrenzende Wirkung.

456 So *U. H. Schneider*, ZGR 1984, 497, 513 f., der allerdings auch vom Zwang einer angemessenen Kapitalausstattung ausgeht.

457 Vgl. *Hirte*, KapGesR, Rn. 5.167 ff. Die Rechtsprechung lehnt die materielle Unterkapitalisierung für die Gesellschaften mbH als Durchgriffsgrund mittlerweile klar ab: zuletzt BGHZ 176, 204 (Gamma).

458 *Bitter*, S. 137; *Wiedemann*, FS Bärmann, S. 1037, 1038.

459 Zur Mithaftung gem. § 133 UmwG bei umwandlungs*nahen* Vorgängen vgl. *K. Schmidt*, ZGR 1995, 675, 678.

men des Interesses der Muttergesellschaft. Je nach Lage kann sich eine Pflicht zur Respektierung der Tochtergesellschaft ergeben, andererseits kann auch der vollständige Gewinnentzug geboten sein, wenn sich andernorts entsprechend überwiegend Vorteile ergeben. Aus dem Gläubigerschutz lässt sich auch in der Unternehmensgruppe der Personenhandelsgesellschaft nichts für die Pflichtenstellung bei der Thesaurierung ableiten.

4. Verbleibende Rechtsschutzfragen

a. Geschäftsführerhaftung

aa) Der Pflichtenmaßstab: Grundsatz

Ist also die Rechtsposition der Gesellschafter*gesamtheit* im Verhältnis zur Geschäftsführung im Rahmen der Thesaurierung in der Tochtergesellschaft durch Annahme eines Zustimmungsrechts geschützt, so stellt sich die Frage nach dem Rechtsschutz der Minderheit im Verhältnis zur Geschäftsführung. Beschließt die Mehrheit entgegen ihrer Treuebindung z.B. die volle Thesaurierung des Gewinns in der Tochtergesellschaft, so ist der Beschluss anfechtbar.[460] Eine Rechtfertigung, wie § 93 Abs. 4 Satz 1 AktG sie für das Handeln auf der Grundlage rechtmäßiger Beschlüsse vorsieht, kommt also nicht in Frage, wenn die Geschäftsführung diesen vollzieht. Damit steht allerdings noch nicht automatisch fest, dass der Vollzug des Beschlusses pflichtwidrig ist. Primär ist die Verwaltung nämlich dem Gesellschaftsinteresse verpflichtet.[461] Dieses kann mit sonstigen Rechtsbindungen kollidieren, z.B. wenn eine vorteilhafte Maßnahme ohne Beachtung gesellschaftsvertraglicher Beschränkungen (Zustimmungsrechte) durchgeführt wird.[462]

Dabei schließt das Legalitätsprinzip für die Geschäftsführung nach h.M. allerdings auch die Verfolgung „nützlicher" *Gesetzes*verstöße aus.[463] Die Möglichkeit der Abwägung bei der Erfüllung des Drittvertrages kann nicht für nichtgesetzliche Bindungen verallgemeinert werden. Denn der Gesellschaftsvertrag, der die Rechtswidrigkeit treuewidriger Beschlüsse statuiert,[464] entfaltet im Innenverhältnis unmittelbare Wirkung.[465] Außerdem ist allgemein anerkannt, dass

460 Vgl. dazu Teil 2, II. 2.

461 *Paefgen*, in: Ulmer/Winter/Habersack, § 43 Rn. 176; *Schäfer*, in: Staub, HGB, § 114 Rn. 37.

462 Vgl. nur *Ihrig*, WM 2004, 2098, 2103 ff.

463 *Fleischer*, in: Spindler/Stilz, § 93 Rn. 32; *Paefgen*, in: Ulmer/Winter/Habersack, § 43 Rn. 32; *Schäfer*, in: Staub, HGB, § 114 Rn. 56.

464 Die wohl h.M. nimmt an, Geltungsgrundlage der Treuepflicht sei der Gesellschaftsvertrag, und nicht das Gesetz; vgl. Fn. 94.

465 *Wiedemann*, GesR II, S. 92 f.

die Beachtung der Kompetenzordnung zum Pflichtenprogramm des Geschäftsführers gehört.[466] Die Kontrolle einer tatsächlich gegebenen Ermächtigung der Gesellschafterversammlung auf ihre Rechtmäßigkeit/Wirksamkeit hin muss sich daraus ebenfalls ergeben. Denn die Unwirksamkeit des Beschlusses führt im Ergebnis dazu, dass der Geschäftsführer mit dem Vollzug seine Kompetenzen überschreitet.[467]

Eine Kollision mit *zwingenden* Interessen des Verbands mit der Folge einer Rechtfertigung des Vollzugs ist im Falle der Thesaurierungsentscheidung angesichts der klaren Trennung der Interessensphären dabei ausgeschlossen.[468] Die Argumentation, man lasse sich aus Sicht der aktuellen (erweiterten) Gesellschaftsnützlichkeit lieber auf einen Rechtstreit um die gebotene Ausschüttung ein, verfängt also nicht.[469] Eine zwingende Verpflichtung der Geschäftsführung auf dieses umfassende (faktische) Gesellschaftsinteresse kann beim Vollzug von Grundlagenentscheidungen nicht existieren. *Jegliche* Treuepflichtwidrigkeit des Thesaurierungsbeschlusses macht den Vollzug durch die Geschäftsführung also im Verhältnis zum Verband pflichtwidrig.[470] Nur im umgekehrten Fall ergibt sich eine Ausnahme von der strikten Bindung an den (rechtmäßigen) Beschluss, wenn sich nach Beschlussfassung die tatsächlichen Umstände verändert haben.[471] Allerdings bleibt es dann dennoch bei der Entscheidungshoheit der Gesellschafter. Auch wenn die Thesaurierungsentscheidung im Verhältnis zum Verband unmittelbar zweckgebunden ist, so ist die Kompetenzzuordnung doch eindeutig. Die Gegenansicht erlaubt der Geschäftsführung beim Vollzug die eigenmächtige Korrektur pflichtwidriger Beschlüsse,[472] durchbricht damit allerdings die Kompetenzordnung ohne guten Grund.[473] Dies ergibt sich schon aus dem gesellschafterlichen Verfügungsrecht über den Verbandszweck. Die Ausnahme von der Vollzugspflicht bei veränderter Sachlage lässt sich dabei

466 *Paefgen*, in: Ulmer/Habersack/Winter, § 43 Rn. 24; *Volhard*, ZGR 1996, 55, 59; *Wiedemann*, DB 1993, 141, 146.

467 *Habersack*, S. 297, 348; *Volhard*, ZGR 1996, 55, 59.

468 I.E. ebenso *Habersack*, S. 347 f., der eine Rechtfertigung des Eingriffs durch den *Beschlussvollzug* außerhalb der Fälle der „sachlichen Rechtfertigung" des – dann rechtmäßigen – Beschlusses nicht zulässt.

469 In diese Richtung aber *Fleischer*, BB 2005, 2025, 2030: „… das Interesse an der Rechtmäßigkeit von Hauptversammlungsbeschlüssen nur einen Teil des umfassenderen Gesellschaftsinteresses bildet und daher keinen absoluten Geltungsvorrang genießt."

470 So auch *Habersack*, S. 364.

471 Dazu *Fleischer*, in: Spindler/Stilz, § 93 Rn. 232; *Hopt*, in: Großkomm. z. AktG, § 93 Rn 327; *Paefgen*, in: Ulmer/Winter/Habersack, § 43 Rn. 121; *Schäfer*, in: Staub, HGB, § 116 Rn. 18.

472 So *Rehbinder*, FS Coing, S. 423, 438.

473 *Fleischer*, ZIP 2005 2025, 2026; *ders.*, in: Spindler/Stilz, AktG, § 83 Rn. 17.

durchaus in die dargelegte Konzeption einbinden. Denn auch wenn sich die Pflichtgemäßheit einer gesellschaftsinternen Rechts*handlung ex ante* beurteilt, so erlaubt die Anerkennung des allgemeinen verbandsrechtlichen Schädigungsverbotes doch die flexible Berücksichtigung der aktuellen Umstände.

Teilweise gesteht man dem Handelnden allerdings einen Ermessensspielraum zu, wenn die Rechtslage unklar ist.[474] Damit nimmt man eine Durchbrechung des Legalitätsprinzips auf Ebene der objektiven Pflichtwidrigkeit vor. Grundsätzlich wird der Rechtsirrtum nur auf Ebene des Verschuldens berücksichtigt.[475] Letzteres ist auch funktional richtig. Lehnt man lediglich das Verschulden ab, so ließe sich wenigstens eine Primärpflicht zur Folgenbeseitigung aus der Pflichtenstellung der Geschäftsführung als Sachwalter rechtsmäßiger Zustände ableiten. Insgesamt verbleibt damit aber ein gewisser Bereich, in dem die Geschäftsführung einen minderheitenschädlichen Beschluss vollziehen kann, ohne dabei auf Schadenersatz zu haften. Damit wird ausreichend der Tatsache Rechnung getragen, dass die Legalitätsbindung anderseits auch hemmend auf die Geschäftsführungstätigkeit wirkt.

bb) Berücksichtigung der Schwebelage

Problematisch bleibt damit die Frage nach den Konsequenzen der Anfechtbarkeit, sofern sie als Rechtsfolge von Beschlussmängeln im konkreten Verband eingreift, für den Vollzug durch die Geschäftsführung. Auch hier ist zunächst strikt zwischen der objektiven Rechtslage (Ausführungspflicht) und einem möglichen Verschulden (Schadenersatz) zu differenzieren.[476] Der unangefochtene Beschluss ist nun rechtsgeschäftlich wirksam,[477] wobei man im Gesellschaftsrecht für die Auswirkungen auf den Vollzug zurückhaltender formuliert. Es müsse mit seiner Aufhebung *gerechnet* werden.[478] Die h.M. lehnt deshalb den Vollzug in diesen Fällen ab,[479] manche nehmen einen Ermessensspielraum an.[480]

Dabei haben die Verpflichteten zunächst ein Leistungsverweigerungrecht in gesamtanaloger Anwendung der §§ 770 Abs. 1, 1137 Abs. 1 Satz 1, 1211

---

474 *Hopt*, in: Großkomm. z. AktG, § 93 Rn. 99.

475 *Fleischer*, BB 2004, 2025, 2026; *Heinrichs*, in: Palandt, § 276 Rn. 23; *Paefgen*, in: Ulmer/Habersack/Winter, § 43 Rn. 88, 129; *Wertenbruch*, NZG 2009, 645, 649.

476 Vgl. *Fleischer*, BB 2005, 2025, 2026; *Haertlein*, ZHR 168 (2004), 437, 446, 459.

477 *Heinrichs*, in: Palandt, BGB, § 142 Rn. 3; *Roth*, in: Staudinger, BGB, § 142 Rn. 5.

478 *Haertlein*, ZHR 168 (2004), 437, 446; *Volhard*, ZGR 1996, 55, 55.

479 *Fleischer*, in: Spindler/Stilz, AktG, § 83 Rn. 9; *ders.*, ZIP 2005, 2025, 2026; *Haertlein*, ZHR 168 (2004), 437, 445 f.

480 *Volhard*, ZGR 1996, 55, 67.

Abs. 1 Satz 1 BGB, § 129 Abs. 2 HGB.[481] Die Regelungslücke bedarf für die Verbandsverfassung der OHG/KG keiner näheren Begründung. Dass das Gesetz nur die Auswirkung der Anfechtbarkeit auf die akzessorische Haftung regelt, spricht nicht gegen eine Übernahme. Vielmehr ist die Tatsache, dass der Anfechtungsberechtigte vorliegend nicht selbst zur Leistung verpflichtet ist, erst recht dafür zu werten. Die ansonsten zwingende Ausführungspflicht, die sich aus dem bislang wirksamen Beschluss ergibt, wird also in der Schwebephase dispensiert. Die Einrede ergibt sich dabei sowohl für den Verband im Bezug auf die Zahlungspflicht, als auch für den Geschäftsführer im Bezug auf die Ausführungspflicht.[482]

Ob im Einzelfall (objektiv) auch während der Anfechtungsfrist schon vollzogen werden darf, ist dabei eine Frage der Abwägung der Folgen für das Gesellschaftsinteresse.[483] Dieses ist *insofern* einer Abwägung zugänglich, es ist nicht durch einen Zwang zur vollständigen Wahrnehmung aller subjektiven Rechte des Verbands gekennzeichnet.[484] So kann auf die Einrede wegen minderheitenschädlicher Thesaurierung verzichtet werden (die nötigen Finanzmittel können damit anderweitig eingesetzt werden), wenn dies *insgesamt* vorteilhaft erscheint. Damit korrespondierend hat die Geschäftsführung nämlich nur bei gesellschaftsschädlichen Beschlüssen eine *Pflicht* zur Anfechtung.[485] Die Geltendmachung von Minderheitenrechten obliegt insoweit den Betroffenen. Die rückwirkende Nichtigkeit *nach* erfolgreicher Anfechtung kann für die Pflichtenstellung beim Beschlussvollzug vernachlässigt werden, denn die Nichtigkeitsfolge hat die Nichtgeltung des Rechtsgeschäfts nur im Hinblick auf den Anfechtungsgrund zur Folge.[486] Dieser liegt im Gesellschaftsvertrag, so dass vorliegend eine flexible Berücksichtigung der Fehlerfolgen möglich ist.

cc) Umfang der Ersatzpflicht

Überwiegend nimmt man an, die Vermögensbetreuungspflicht der Geschäftsführung beschränke sich auf die Gesellschaft, ein Drittschutz im Verhältnis zu

---

481 So auch *Haertlein*, ZHR 168 (2004), 437, 450.

482 Dass das Anfechtungsrecht selbst keine Einrede beinhaltet (vgl. nur *Roth*, in: Staudinger, BGB, § 142 Rn. 14) ist dabei unschädlich, da die Rolle des Geschäftsführers insofern eigenständig ist.

483 A.A. für das Aktienrecht *Haertlein*, ZHR 168 (2004), 437, 446, 450 f.

484 Vgl. *Fleischer*, in: Spindler/Stilz, AktG, § 93 Rn. 88.

485 Vgl. für das Aktienrecht *Hopt*, in: Großkomm. z. AktG, § 93 Rn. 92; *Hüffer*, AktG, § 93 Rn. 26; *Würthwein*, in: Spindler/Stilz, AktG, § 243 Rn. 49; a.A. *Fleischer*, in: Spindler/Stilz, AktG, § 93 Rn. 274; *Haertlein*, ZHR 168 (2004), 437, 450.

486 Vgl. dazu *Noack*, S. 64 ff.; *Roth*, in: Staudinger, BGB, § 142 Rn. 31; a.A. *Casper*, ZHR 163 (1999), 54, 64.

den Mitgesellschaftern werde durch die organschaftliche Pflichtenstellung nicht vermittelt (vgl. § 114, § 93 Abs. 2 AktG, § 43 Abs. 2 GmbHG).[487] Dementsprechend wäre der Ersatz des Gesellschafterschadens nicht möglich.

In der Personenhandelsgesellschaft ist den Minderheitsgesellschaftern allerdings auch der Eigenschaden zu ersetzen.[488] Denn auch wenn es nicht ausgeschlossen scheint, für den pflichtwidrigen Vollzug minderheitsschädlicher Beschlüsse unter Zugrundelegung einer Begrenzung des Schutzzwecks der Haftungsnorm § 280 Abs. 1 BGB, § 114 nur einen Anspruch der Gesellschaft anzuordnen, so unterliegt der personengesellschaftliche Geschäftsführer-Gesellschafter doch parallelen Treuebindungen zur Minderheit.[489] Damit hat er auch diesen gegenüber eine Vermögensbetreuungspflicht. Der Minderheit ist also auch ihr auf dem Vollzug der rechtswidrigen Thesaurierung beruhende Vermögensschaden zu ersetzen.[490] Damit bedarf es auch der Konstruktion über die *actio pro socio* vorliegend nicht.

ee) Unterlassungsanspruch

Eine vorbeugende Unterlassungsklage ist für den Vollzug der treuwidrigen Thesaurierung nach Gesagtem möglich. Es handelt sich um einen Kompetenzübergriff, der dieses Abwehrrecht begründet.

ff) Ergebnis Geschäftsführerhaftung

Die Geschäftsführung unterliegt beim Beschlussvollzug einer strikten internen Legalitätsbindung, sie hat also sowohl Treuepflichtverstöße zum Verband, als

487 Für die KapGes *Habersack*, S. 205 f.; *Henssler*, FS Zöllner, S. 203, 225; *Paefgen*, in: Ulmer/Winter/Habersack, § 43 Rn. 176; *Zöllner*, ZGR 1988, 392, 408; *ders./Noack*, in: Baumbach/Hueck, § 43 Rn. 64; a.A. *U. H. Schneider*, in: Scholz, § 43 Rn. 301.

488 Die h.M. bejaht – ohne nähere Begründung – einen Ersatzanspruch des Gesellschafters gem. § 114 im Hinblick auf den Eigenschaden; vgl. *Martens*, in: Schlegelberger, 5. Aufl. (Voraufl.), § 114 Rn. 40; *Rawert*, in: MüKo, HGB, § 114 Rn. 66; *Schäfer*, in: Staub, HGB, § 114 Rn. 50; besser BGH, NJW 1962, 895 unter Berufung auf die Treuebindung der Gesellschafter untereinander. Damit ist die Haftungsbegründung aber für die Frage nach der Pflichtwidrigkeit des Vollzugs eines rechtswidrigen Beschlusses nicht zwingend bestätigt. Der „klassische“ Eigenschaden ergibt sich vielmehr als Nebenfolge der Schädigung des Verbandsvermögens (vgl. *Hüffer*, AktG, § 117 Rn. 9: Aufgrund der Aktionärseigenschaft gewährtes Darlehen, mit dem der Aktionär in der durch den Schädiger verursachten Insolvenz ausfällt), wie sie hier nur im Verstoß gegen die Rechtmäßigkeit im Verband jenseits der Zweckverfolgung besteht.

489 BGH, NJW 1962, 895; *Habersack*, S. 7; *M. Winter*, S. 10 ff.

490 Ebenso *Habersack*, S. 276 f., dessen konstruktiver Ansatz über das Deliktsrecht hier angesichts der Sonderverbindung zwischen der Geschäftsführung und den Gesellschaftern keiner Erörterung bedarf.

auch solche im Verhältnis zu den Mitgesellschaftern als Vollzugshindernis zu achten. Rechtsirrtümer können nur i.R.d. Verschuldens berücksichtigt werden.

Der Lauf der Anfechtungsfrist schafft insoweit eine Durchbrechung der strikten internen Legalitätsbindung. Während der Schwebephase steht der Beschlussvollzug im pflichtgemäßen Ermessen der Geschäftsführung. Ihr steht insofern ein Leistungsverweigerungsrecht zu, über dessen Ausübung sie entscheiden kann. Die Gesellschafter haben einen Unterlassungsanspruch.

b. Beschlussanfechtung

Eine Anfechtung des Gewinnverwendungsbeschlusses in der Tochtergesellschaft – durchzuführen durch die Geschäftsführung in Wahrnehmung ihrer Pflichten –kommt dabei nicht in Betracht.[491] Eine Treuepflichtverletzung den Minderheitsgesellschaftern der Obergesellschaft gegenüber ist im Rahmen von Handlungen in der Tochtergesellschaft nicht von Belang, da diese dort keine Gesellschafterstellung innehaben. Alles andere liefe auf eine systemwidrige Beschränkung der Vertretungsmacht der Geschäftsführung hinaus, da damit das Abstraktionsverhältnis zwischen Vertretungs- und Grundverhältnis aufgehoben würde.

Deshalb ist die Nicht-Aktivierung einer Gewinnforderung in der Bilanz der Obergesellschaft ohne Gewinnverwendungsbeschluss in der Tochtergesellschaft nicht angreifbar.[492] In Frage kommt höchstens die Treuewidrigkeit des Gewinnverwendungsbeschlusses dort, wo die Obergesellschaft einen sonstigen Gewinn ausweist, der das Defizit decken könnte.

491 BGHZ 170, 283 (Otto).

492 BGHZ 170, 283 (Otto); *Henssler*, FS Zöllner, S. 203, 225.

Teil 6: Ausblick: Das Phasenproblem

I. Einführung: Die Phasengestaltung zwischen Gesellschafts- und Bilanzrecht

Ein besonderes Problem im Hinblick auf den Minderheitenschutz in der Obergesellschaft bei der Gewinnverwendung in der Tochtergesellschaft ist das der zeitlichen Zuordnung. Im Gegensatz zur Thesaurierung in der Tochtergesellschaft, wobei der Gewinnanspruch der Obergesellschaft *a priori* ausgeschlossen wird, kann durch gewisse Gestaltungen der Bilanzierungsvorgänge in den verbundenen Gesellschaften – bzw. durch die Ausübung von (etwaigen) Bilanzierungswahlrechten – die Möglichkeit der Gewinnverteilung um eine bzw. bei entsprechender Tiefenstaffelung des Konzerns auch um mehrere Rechnungslegungsperiode(n) *verzögert* werden.[493] Der strukturelle Nachrang trifft die Obergesellschafter bei einem solchen Vorgehen zwar nicht, da der Jahresüberschuss dann zumindest als Fremdkapital zu behandeln ist. Damit stellt die Verzögerung der Gewinnaktivierung im Hinblick auf den Minderheitenschutz in der Obergesellschaft aber immer noch eine klassische „Umwegpression“[494] dar. Deshalb – und weil damit die hier entwickelte Konzeption der Konzernverfassung der Obergesellschaft verfeinert werden kann – lohnt es, diesen Fall aus der Vielzahl der möglichen gewinnverwendenden (bzw. ertragsverschiebenden) Maßnahmen herauszugreifen.[495]

Rechtstechnisch geht es dabei um den Zeitpunkt der Realisierung des Gewinnanspruchs der Obergesellschaft (§ 252 Abs. 1 Nr. 4, HS 2), der zu einer Aufdeckung der bis dahin angesichts fehlender Konsolidierungsmöglichkeiten im Einzelabschluss bestehenden stillen Reserve in der Beteiligung[496] führt. Bei erster (praktischer) Draufsicht widerstreitet hier der gesellschaftsrechtliche Minderheitenschutz mit dem bilanzrechtlichen Gläubigerschutz,[497] es steht das Vorsichtsprinzip gegen die Ausschüttungsinteressen, wobei das Bilanzrecht, soweit es reicht,[498] natürlich den Vorrang hat. Dogmatisch ist der erste Ansatzpunkt dabei

493 *Henssler*, FS Zöllner, S. 203, 227; *W. Müller*, in: Ulmer/Habersack/Winter, GmbHG, § 29 Rn. 89. Die Anzahl der Rechnungslegungsperioden, um die der Gewinnanspruch zeitlich verzögert bilanziert wird, steigt natürlich mit der Tiefe der Beteiligungsstruktur des Konzerns; vgl. BGHZ 65, 230; *Gelhausen/Gelhausen*, WPg 1996, 573, 574; *Kropff*, ZGR 1997, 115, 118.

494 *Wiedemann*, ZGR 1980, 147, 157.

495 Damit wird natürlich vorweggenommen, was andere im Ergebnis verneinen.

496 Dazu *Henssler*, FS Zöllner, S. 203, 230; *Priester*, DStR 2007, 28, 31.

497 *Haar*, NZG 2007, 601, 602; *Henssler*, FS Zöllner, S. 203, 204; *ders.*, JZ 1998, 701, 703.

498 Dabei zu weitgehend *Henssler*, FS Zöllner, S. 203, 222, der aus der Gläubigerschutzfunktion der Bilanz auch eine Pflicht zur Thesaurierung ableitet. Mit der Feststellung der

also die Auslegung der einschlägigen bilanzrechtlichen Vorschrift: Die Frage kann zunächst nur sein, inwieweit der gesellschaftsrechtlich gewünschte Minderheitenschutz dort Berücksichtigung finden kann. *Diese* Frage ist andererseits wieder in das Kompetenzgefüge der Gesellschaft einzuordnen, bei dem die starke Stellung der geschäftsführenden Gesellschafter für die Minderheit zum Problem werden könnte. Soweit man den Ansatz der Gewinnforderung gegen die verbundene Gesellschaft als Bilanzierungspflicht bezeichnen kann, ist die Situation einfach: Der technische Vorgang der Bilanzaufstellung obliegt der Geschäftsführung. Bei der Feststellung der Bilanz verbleibt den (restlichen) Gesellschaftern ein Prüfungsrecht nur insoweit, als die Bilanzaufstellung rechtlich richtig ist. Bilanzierungsspielräume können (grundsätzlich) nicht beanstandet werden.[499] Auch sind Mehrheitsentscheidungen hier leicht möglich. Sofern eine Ansatzpflicht besteht, kann der Minderheitsgesellschafter aber den Aufstellungsvorgang wegen Rechts- und damit Pflichtwidrigkeit angreifen. Das bilanzrechtliche Kompetenzproblem stellt sich bei gebundenen Entscheidungen also nicht.

Soweit demgegenüber ein Ansatzwahlrecht besteht, erlangt die Frage nach der kompetenzrechtlichen Zuordnung Bedeutung. Ist das Wahlrecht dabei der Ergebnisermittlung zuzuordnen, so obläge es der Geschäftsführung, es wahrzunehmen.[500] Ein Prüfungsrecht der Gesellschafterversammlung besteht dort eben nicht. Schranken aus der Treuepflicht binden die Geschäftsführung – richtigerweise – auch nur in Ausnahmefällen.[501] Denn soweit die Maßnahme der Geschäftsführung zuzuordnen ist, gilt die Pflicht zur Orientierung am Gesellschaftsinteresse. Sofern die Ausübung eines (etwaigen) Wahlrechts demgegenüber der Ergebnisverwendung zuzuordnen wäre,[502] wäre der Minderheitenschutz verbessert. Zwar ist über die Ergebnisverwendung – nach hier vertretener Auffassung – nicht zwingend mit

---

Bilanz ist *dieser* Gläubigerschutz bereits verwirklicht, eine weitergehende Wertung kann daraus nicht gewonnen werden. Vgl. zum Bilanzrecht als bloßes „Folgerecht“ des Gesellschaftsrechts *Sieker*, ZIP 2007, 849.

499 *Hopt*, FS Odersky, S. 799, 802, 807; *Priester*, in: MüKo, HGB, § 120 Rn. 63; *ders*., FS Quack, S. 373, 37382; *Schäfer*, in: Staub, HGB, § 120 Rn. 20; *Schön*, FS Beisse, S. 471, 471.

500 So die Abgrenzung in BGHZ 132, 263.

501 Dazu *Schäfer*, in: Staub, HGB, § 120 Rn. 20.

502 Unter Heranziehung der sog. Kompetenztheorie der h.L. (vgl. *Schön*, FS Beisse, S. 471, 478 ff.; zustimmend *Haar*, S. 175; *Priester*, in: MüKo, HGB, § 120 Rn. 75; *Schäfer*, in: Staub, HGB, § 120 Rn. 36) wäre danach zu fragen, wer für den dem Wahlrecht zugrunde liegenden Geschäftsvorfall zuständig ist. Dabei könnte man auf die Gewinnverwendungsentscheidung (bzw. die Objektivierung der Gewinnverwendungsabsicht) in der Tochtergesellschaft abstellen, die – nach hier vertretener Auffassung –, zumindest was das gesellschaftsinterne Verhältnis anbelangt, der (Ober-)Gesellschafterversammlung zugewiesen ist. Demnach läge eine Gewinnverwendungsentscheidung vor.

Einstimmigkeit zu beschließen, doch wirkt hier eine stärkere Treuebindung der Gesellschafter untereinander.

Über die Frage der bilanzrechtlichen Behandlung im eigentlichen Sinne hinaus bleibt es aber dabei, dass die Geschäftsführung bei formaler Betrachtung die weiteren Umstände, die die Voraussetzungen für die rechtliche Behandlung der Gewinnvereinnahmung sind, in der Hand hat.[503] Die gesellschaftsrechtlich bedeutsamere Frage ist also die, inwieweit die Minderheit einen Anspruch auf Gestaltung des Phasenablaufs hat.[504]

II. Bilanzrechtliche Behandlung

1. Die Voraussetzungen für die Aktivierung

Die Frage, wann ein Gewinnanspruch gegen die Tochtergesellschaft in der Bilanz zu aktivieren ist, bzw. aktiviert werden könnte, ist gemäß der Normen des (richtlinienbasierten)[505] Bilanzrechts zu beantworten: § 246 ordnet die wirtschaftliche Betrachtungsweise bei der Bilanzierung der Vermögensgegenstände des Kaufmanns an. Für den Ansatz von Forderungen gilt das Realisationsprinzip des § 252 Abs. 1 Nr. 4 HS 2. Dabei kommt es nicht auf die rechtliche Entstehung im Zeitpunkt der Gewinnverwendung an,[506] sondern darauf, dass eine ausreichende

---

503 Zu diesem Bilanz*gestaltungs*potenzial *Henssler*, FS Zöllner, S. 203, 228; *Strieder*, DZWir 1997, 183, 186; *Hoffmann*, BB 1996, 1493, 1494; *Kropff*, ZGR 1997, 115, 119; *Schruff*, FS Baetge, S. 427, 441; *Schulze-Osterloh*, ZGR 1995, 170, 185.

504 *Henssler*, FS Zöllner, S. 203, 228.

505 Vgl. Art. 31 I lit. c) a.A.) der Vierten Richtlinie 78/660/EWG des Rates vom 25. Juli 1978, ABl. EG 1978 L 222/11 vom 14.8.1978. Die Entscheidung des EuGH v. 27.6.1996, Rs. C-234/94 = DStR 1996, 1093 ff. (Tomberger [Berichtigungsbeschluss v. 10.7.1997 = DStR 1997, 1416 ff.]) ist aufgrund der dort gegebenen engen Voraussetzungen (gleiche Geschäftsjahre, Konzernverhältnis, Feststellung des Jahresabschlusses vor Prüfung des Abschlusses der Muttergesellschaft) für die Diskussion nur bestätigend, nicht weiter erhellend; vgl. dazu *Hoffmann*, BB 1996, 1493; *Kütting*, DStR 1996, 1947; *Moxter*, S. 51 Fn. 12. Vor allem hat der EuGH die umstrittenste Frage danach, was eine „Zuweisung" von Gewinnen an die Muttergesellschaft vor Abschluss ihrer Prüfung bedeutet, nicht beantwortet; dazu *Gelhausen/Gelhausen*, WPg 1996, 573, 576; *Hoffmann*, BB 1996, 1493 f.; *Kropff*, ZGR 115, 126 f.; *Schruff*, FS Baetge, S. 427, 436; *Strieder*, DZWir 1997, 183, 185.
Für die Personenhandelsgesellschaft hätte diese Diskussion aber überhaupt nur dann Bedeutung, wenn man von einer einheitlichen europarechtskonformen Auslegung des handelsbilanzrechtlichen Realisationsprinzips ausgeht; dazu *Hüffer*, in: Staub, HGB, Vor § 238 Rn. 18; *Kropff*, ZGR 1997, 115, 128.

506 So aber der Schlussantrag des GA *Thesauro*, DB 1996, 316, 317. Für die Personenhandelsgesellschaft als Untergesellschaft *kann* diese Voraussetzung wegfallen, wenn der Ge-

Sicherheit der Entstehung spätestens im Zeitpunkt des Stichtags feststeht. Dies setzt voraus, dass das zugrunde liegende Rechtsverhältnis, aus dem die Forderung erwachsen soll, besteht.[507]

Bei Gewinnforderungen ist dies grundsätzlich unproblematisch: das Rechtsverhältnis, aus dem sie später erwachsen, ist die Mitgliedschaft bzw. das durch die Kernbereichslehre besonders geschützte,[508] in ihr enthaltene (Vermögens-)Stammrecht.[509] Da es um einen Anspruch auf den im abgelaufenen Geschäftsjahr erwirtschafteten Gewinn geht, ist dabei Mindestvoraussetzung, dass das Geschäftsjahr der Tochtergesellschaft spätestens mit dem Geschäftsjahr der Muttergesellschaft endet.[510]

Strittig ist – für die Personenhandelsgesellschaft mangels für die Wirksamkeit der Abschlussfeststellung bedeutsamer Pflichtprüfung (§§ 256 Abs. 1 Nr. 2 AktG [analog] i.V.m. 316 Abs. 1)[511] –, ob die Feststellung des Jahresabschlusses der Tochtergesellschaft (nur) vor dem Zeitpunkt der Feststellung in der Muttergesellschaft liegen muss, oder sogar vor dem der Aufstellung. Es geht dabei um die Reichweite des Werterhellungsprinzips für die *Errechnung des Gewinns*.[512] Die Bestimmung der Forderung kann demnach auch auf nach dem Abschlussstichtag gewonnenen Erkenntnisses beruhen, sofern diese die Verhältnisse zum Stichtag erhellen. Für die Feststellung der Muttergesellschaft als Begrenzung votiert die h.M.[513] Für die Personenhandelsgesellschaft ist die Gegenansicht, die die Aufstellung als entscheidend erachtet,[514] aufgrund der dortigen Bilanzierungskompetenzverteilung zu befürworten. Die Aktivierung der Forderung findet zu die-

---

winnanspruch gem. § 122 Abs. 1 ohne weiteres entsteht; dazu *Ballwieser*, in: MüKo, HGB, § 246 Rn. 66; *Strieder*, DZWir 1997, 183.

507 *Ballwieser*, in: MüKo, HGB, § 246 Rn. 62; *Kropff*, ZGR 1997, 115, 120; *Schulze-Osterloh*, ZGR 1995, 170, 181.

508 Vgl. *Habersack*, S. 86.

509 BGHZ 65, 230; BGHZ 137, 378 (Tomberger); *Kropff*, ZGR 1997, 115, 124; *Kütting*, DStR 1996, 1947, 1950; *Merkt*, in: Baumbach/Hopt, § 252 Rn. 15; *Moxter*, S. 51; *Schulze-Osterloh*, ZGR 1995, 170, 182; allgemein *Habersack*, S. 86.

510 Allg.A.: BGHZ 65, 230; BGHZ 137, 378 (Tomberger); *Claussen*, in: KK z. RLR, § 252 Rn. 49; *Gelhausen/Gelhausen*, WPg 1996, 573, 579; *Kropff*, ZGR 1997, 115, 124; *Schulze-Osterloh*, ZGR 1995, 170; 183; *Strieder*, DZWir 1997, 183, 185.

511 Ausnahmen nach PublG und § 264a Abs. 1.

512 Allgemein dazu *Gelhausen/Gelhausen*, WPg 1996, 573, 580; *Kütting*, DStR 1996, 1948, 1950.

513 *Ballwieser*, in: MüKo, HGB, § 246 Rn. 65 f. (anders aber § 252 Rn. 65); *Gelhausen/Gelhausen*, WPg 1996, 573, 580; *Kropff*, ZGR 1997, 115, 125; *Schulze-Osterloh*, ZGR 1995, 170, 184 (für die KapGes bei Abschlussprüfung); vgl. auch BGHZ 137, 378 (Tomberger).

514 *Henssler*, JZ 1998, 701, 705.

sem Zeitpunkt statt, sogar bilanzielle Spielräume stehen der Geschäftsführung zu. Insgesamt kann diese Frage hier jedoch offen bleiben. Wenn die Aufstellung bei der Muttergesellschaft relevant ist, ist das Problem faktisch noch größer, da diese grundsätzlich von der Geschäftsführung vollzogen wird.

Außerdem muss die Obergesellschaft die rechtliche Einflussmöglichkeit haben, um die Entstehung einer entsprechenden Gewinnforderung tatsächlich herbeiführen zu können. Dafür reicht allerdings die Mehrheitsmacht in der Gesellschafterversammlung aus. Ein Konzernverhältnis i.S.d. § 18 AktG ist keine Voraussetzung.[515]

Problematisch sind die weiteren Voraussetzungen, die hinzukommen müssen, damit die für die wirtschaftliche Realisierung der Forderung nötige Absicht der Ausschüttung im Zeitpunkt des Stichtages bestanden haben kann. Diese Voraussetzung trennt die abstrakte Bilanzierungsfähigkeit von der Realisierung i.S.d. § 252 Abs. 1 Nr. 4, HS 2.[516] Dabei erlaubt das Werterhellungsprinzip einen Rückbezug von (objektiven) *werterhellenden* Umständen, die zwischen Stichtag und Bilanzaufstellung/-feststellung liegen, soweit diese sich auf die Vermögensverhältnisse des abgelaufenen Geschäftsjahres beziehen.[517] In diesem Zeitraum müsste also mindestens ein Gewinnverwendungsvorschlag bzw. die außenwirksame Erklärung einer entsprechenden Absicht vorliegen.[518] Zu einem anderen Ergebnis käme man, würde man einen entsprechenden allgemeinen Erfahrungssatz annehmen, dass Mehrheitsgesellschafter Gewinne ausschütteten. Demnach wäre auch nach der objektiven Wertaufhellungssystematik eine Realisierung ohne entsprechende (zusätzliche) Objektivierung durch Gewinnausschüttungsvorschlag gegeben.[519] Der Bundesfinanzhof richtet sich mittlerweile allerdings insgesamt gegen die Annahme der Ausschüttungsabsicht zum Stichtag. Da der Mehrheitsgesellschafter im Regelfall erst aufgrund einer umfassenden Abwägung über die Gewinnverwendung beschließe, ergebe sich die Ausschüttungsabsicht vielmehr im Regelfall erst nach dem Stichtag, es handle sich um einen *wertbegründenden* Um-

---

515 Dazu *Claussen*, in: KK z. RLR, § 252 Rn. 49; *Gelhausen/Gelhausen*, WPg 1996, 573, 579; *Keller*, WM 2000, 229, 231; *Kropff*, ZGR 1997, 115, 124; *Kütting*, DStR 1996, 1947, 1948; *Schruff*, FS Baetge, S. 427, 440; *Schulze-Osterloh*, ZGR 1995, 170, 184; *Watermeyer*, GmbHR 1998, 1061, 1062; a.A. *Strieder*, DZWir 1997, 183, 184 f. Nach *Henssler*, JZ 1998, 701, 706 ist sogar die Alleingesellschafterstellung nötig.

516 *Schulze-Osterloh*, ZGR 2001, 497, 501; *ders.*, ZGR 1995, 170, 182.

517 Dazu *Ballwieser*, in: MüKo, HGB, § 252 Rn. 65 f.; *Moxter*, S. 53 f.; *ders.*, DB 2000, 2333, 2334; *Schulze-Osterloh*, ZGR 2001, 497, 504; s. auch BGHZ 65, 230.

518 So *Kropff*, ZGR 1997, 115, 127; *Schulze-Osterloh*, ZGR 1995, 170, 185; s. auch *Kleindiek*, in: Staub, HGB, § 246 Rn. 18.

519 So *Moxter*, S. 53 f.; unter Zugrundelegung des subjektiven Wertaufhellungsprinzips noch *ders.*, DB 2000, 2333, 2335; dagegen *Schulze-Osterloh*, ZGR 2001, 497, 505 f.

stand.[520] Demnach wäre eine objektive Erkennbarkeit der Ausschüttungsabsicht *bereits zum Bilanzstichtag* erforderlich.

2. Wahlrecht oder Pflicht?

Liegen die genannten Voraussetzungen vor, so besteht aufgrund des Vollständigkeitsprinzips (§ 246 Abs. 1) eine Ansatzpflicht.[521] Ein Wahlrecht wäre an dieser Stelle systematisch unstimmig. Es handelt sich nicht um einen Sonderfall mit entsprechender Wertung.[522] Damit ist die Problematik ganz auf die Frage nach der Zuordnung der Phasengestaltung konzentriert.

III. Gesellschaftsrechtliche Behandlung

Aus obigen Ausführungen zur Aktivierung von Gewinnforderungen ergibt sich der weite Gestaltungsspielraum durch die Festlegung des Phasenablaufs der Auf- und Feststellung, der Gewinnverwendung oder durch die Manifestation einer entsprechenden Ausschüttungsabsicht. Die Einordnung der Entscheidung über die Phasengestaltung bereitet nun deshalb Schwierigkeiten, weil sie die Kompetenzsphären überschreitet. Die erarbeiteten Grundsätze der Qualifikationstheorie passen hierbei auf den ersten Blick nur teilweise, da sie lediglich dazu dienen, Maßnahmen der Beteiligungsverwaltung (im umfassenden Sinne) einzuordnen. Bei starrer Anwendung dieser Formel bestünde also nur eine Kompetenz der Obergesellschafter den Phasenablauf *in der Tochtergesellschaft* zu bestimmten.

Das Recht der Gesellschafter auf Bestimmung der Gestaltung des Phasenablaufs wird dementsprechend allgemein unter Betonung der diesbezüglichen Geschäftsführungskompetenz (in der unverbundenen Gesellschaft!) geleugnet.[523]

---

520 BFHE 192, 339, 339; ähnlich auch *Claussen*, in: KK z. RLR, § 252 Rn. 49, der ohne Vorliegen eines gefassten Verwendungsbeschlusses nur die Möglichkeit eines Ansatzwahlrechts diskutiert.

521 BGHZ 137, 378 (Tomberger); *Kleindiek*, in: Staub, HGB, § 246 Rn. 18; *Kropff*, ZGR 1997, 115, 122; *Kütting*, DStR 1996, 1947, 1948, 1951; *Merkt*, in: Baumbach/Hopt, § 252 Rn. 15; *Schruff*, FS Baetge, S. 427, 440; *Schulze-Osterloh*, ZGR 1995, 170, 185; *Watermeyer*, GmbHR 1998, 1061, 1062; ebenso *Henssler*, FS Zöllner, S. 203, 229 (allerdings bei bereits beschlossener Gewinnverwendung); offengelassen noch in BGHZ 65, 230; a.A. *Keller*, WM 2000, 229, 232. *Claussen*, in: KK z. RLR, § 252 Rn. 49 nimmt an, bei Vorliegen einer Gewinnverwendungsentscheidung handle es sich um eine Ansatzpflicht, andernfalls könne es sich nur um ein Wahlrecht handeln. Dagegen spricht das obige Argument von der systematischen Stellung des Forderungsansatzes.

522 *Kleindiek*, in: Staub, HGB, § 246 Rn. 18; *Kütting*, DStR 1996, 1947, 1950 f.; *Watermeyer*, GmbHR 1998, 1061, 1062 f. („nicht mehr vertretbar").

523 *Henssler*, FS Zöllner, S. 203, 228; *ders.*, JZ 1998, 701, 706 f.; *Henze*, in: Großkomm. z. AktG, § 58 Rn. 65; *W. Müller*, in: Ulmer/Habersack/Winter, GmbHG, § 29 Rn. 89;

Wollte man diesen Gedanken verallgemeinern, so hieße das, dass die Kompetenzverteilung in der Obergesellschaft betreffend Handlungen im eigenen Verband auch durch gruppenspezifische Reflexwirkungen nicht beeinflusst wird. Dies würde jedoch den materiellen Kern der Qualifikationstheorie – den Gesellschafterschutz – zumindest teilweise auszuhöhlen. Faktisch wird die Maßnahme mit der Thesaurierung in der Tochtergesellschaft verglichen.[524] Der verbandsinterne zeitliche Spielraum der Geschäftsführung für die Phasengestaltung[525] kann dabei zunächst zumindest nicht verabsolutiert werden. Denn wenigstens die Rücksichtnahme auf Gesellschafterinteressen – soweit rechtlich relevant – bindet auch die Geschäftsführung.[526] Dass die im zeitlichen Spielraum für die Phasengestaltung in der unverbundenen Gesellschaft enthaltene begrenzte „Thesaurierungskompetenz" hier eine verallgemeinerungsfähige Aussage für die gruppenweite Ertragszuordnungspolitik trifft,[527] und damit insoweit (originäre) Gesellschafterrechte systematisch ausschließt, ist schwerlich anzunehmen.[528] Im Rahmen der herkömmlichen Zweckverfolgung hat die Geschäftsführung zwar in Abgrenzung

---

Schruff, FS Baetge, S. 427, 440; *Strieder*, DZWir 1997, 183, 186, 188. S. auch *Hoffmann*, BB 1996, 1493, 1494 und *Schulze-Osterloh*, ZGR 1997, 170, 185, die den weisungsbefugten GmbH-Mehrheitsgesellschafter für ungebunden halten.

524 *Kropff*, ZGR 1997, 115, 118; s. auch *Kütting*, DStR 1996, 1947.

525 Für die Kapitalgesellschaften ergibt sich dies grundsätzlich aus § 316 Abs. 1 HGB, da die Abschlussprüfung für die phasengleiche Aktivierung relevant ist; vgl. *Henssler*, FS Zöllner, S. 203, 228. Für die Personengesellschaften ergäbe sich eine Thesaurierungskompetenz *qua* Phasenverschiebung – nach h.M. zu den Voraussetzungen der Phasenaktivierung (vgl. Rn. 518) – grundsätzlich nur dann, wenn der Geschäftsführung vertraglich auch das Recht zur Feststellung des Jahresabschlusses zugewiesen ist (vgl. dazu allgemein *Schäfer*, in: Staub, HGB, § 120 Rn. 18), oder eine Prüfung des Jahresabschlusses vereinbart bzw. vorgeschrieben ist (vgl. *Schäfer*, in: Staub, HGB, § 120 Rn. 13). In allen anderen Fällen hätten die Obergesellschafter mit der Feststellungskompetenz sowieso „das letzte Wort" in Fragen der Phasengestaltung. Folgt man allerdings der Minderansicht, dass das Ende der Wertaufhellungsperiode der Aufstellungszeitpunkt ist (Fn. 514), so erlangt das Problem weitere Bedeutung.

526 Dies hält auch *Schruff*, FS Baetge, S. 427, 440 im konkreten Fall für möglich; restriktiv im konkreten Fall aber *Henssler*, FS Zöllner, S. 203, 228 und *W. Müller*, in: Ulmer/Habersack/Winter, GmbHG, § 29 Rn. 89, die Phasengestaltung dürfe lediglich nicht mehrfach zum Nachteil der Gesellschafter verändert werden. Kern des Streits ist dabei also die Frage, *inwieweit* die Thesaurierung in der Tochtergesellschaft durch *Phasenverzögerung* überhaupt ein Eingriff in mitgliedschaftliche Belange darstellt. Gänzlich abl. *Hoffmann*, BB 1996, 1493, 1494 und *Schulze-Osterloh*, ZGR 1997, 170, 185.

527 So i.E. *Henssler*, FS Zöllner, S. 203, 228.

528 So auch grundsätzlich *Hopt*, FS Odersky, S. 799, 802 ff.; s. für die Diskussion um die Kompetenzverteilung für die Spielräume bei der Bilanzierung auch *Priester*, FS Quack, S. 373, 384 ff.

dazu die Möglichkeit, Gewinnausschüttungen zu verzögern. Sie kann z.B. die Lieferung von Waren, und damit auch den Realisationszeitpunkt für Forderungen aus Lieferungen und Leistungen verschieben.[529] Dieser Spielraum wird aber auch grundsätzlich durch die unmittelbare Zweckverfolgung vorgegeben.[530]

Der Zweck der Ermächtigung zur Phasengestaltung liegt nun allerdings nur in der *Ermöglichung einer ordnungsgemäßen Bilanzierung*, nicht in der – aus der Qualifikationsperspektive zu bejahenden – *Gewinnverwendung*. Dies begründet sich mit der organisationsrechtlichen Sonderstellung der Beteiligungsverwaltung: Der Spielraum für eine Verzögerung der (eigenen) Gewinnausschüttung durch die Bilanzaufstellung/Feststellung ist durch seinen Zweck begrenzt.[531] Die Möglichkeit, durch diese Maßnahmen wertaufhellende Informationen miteinzubeziehen oder zu unterschlagen – der grundlegende bilanzrechtliche Kern der vorliegenden Fragestellung –, beschränkt sich nach der Qualifikationstheorie auf den eigenen (sonstigen) Geschäftsbetrieb. Die Gewinnzuordnung des Jahresergebnisses der Tochtergesellschaft ist insoweit als rechtlich bedeutsame (Grundlagen-)Reflexwirkung davon ausgenommen. Damit ist die Ermächtigung aber begrenzt. Es handelt sich bei der Beteiligungsverwaltung im Hinblick auf den damit verbundenen bilanzpolitischen Spielraum im Verbandsinnenverhältnis nicht um ein beliebiges sonstiges Austauschgeschäft (im Rahmen der Zweckverfolgung). Der Gewinn in der Tochtergesellschaft ist insoweit auch im Verhältnis zur Muttergesellschaft „erwirtschaftet". Die Phasenverschiebung ist also aus Sicht der Obergesellschaft Ertragszuordnung *und* Gewinnverwendung. Da die *phasengleiche* Aktivierung dabei durch eine Verzögerung der relevanten Handlungen in der Muttergesellschaft bewirkt wird, spricht im Sinne der Ermöglichung einer ordnungsgemäßen Bilanzierung, die verbleibende Kompetenz der Geschäftsführung, nichts dagegen. Allerdings sind zeitlich die gesetzlichen/vertraglichen Höchstgrenzen einzuhalten, was aber eine phasengleiche Aktivierung selten tangieren wird. Die Anwendung des Stetigkeitsprinzips gem. § 252 Abs. 1 Nr. 6 (bzw. § 246 Abs. 3 n.F.)[532] auf diesen bilanzpolitischen Spielraum scheint schon systematisch sehr fragwürdig,[533]

529 Vgl. zur Zulässigkeit unter bilanzrechtlichen Gesichtspunkten *Kropff*, in: Rechtliche Vorfragen im Jahresabschluss, S. 9, 12 f.; *Kütting*, DStR 1996, 1947, 1950; *ders./Tesche*, DStR 2009, 1491, 1495; *Schulze-Osterloh*, ZGR 1995, 170, 185; *Schulze zur Wiesch*, in: 50 Jahre Wirtschaftsprüferberuf, S. 61, 67; *H. P. Westermann*, FS Goerdeler, S. 697, 719 f.

530 *Kropff*, in: Rechtliche Vorfragen im Jahresabschluss, S. 9, 11, 12; *Servatius*, S. 129 ff.; *Tröger*, S. 110 ff.

531 Vgl. dazu nur *Schäfer*, in: Staub, HGB, § 120 Rn. 12.

532 Einführung der *Ansatz*stetigkeit durch Art. 1 Nr. 4c des BilMoG v. 24.4.2009, BGBl. I, 1102; vgl. dazu nur *Braun*, in: KK z. RLR, § 246 Rn. 104.

533 Positiv aber *Kropff*, ZGR 1997, 115, 119; a.A. *Hoffmann*, BB 1996, 1493, 1494; *Küting/Tesche*, DStR 2009, 1491, 1495. Das BilMoG hat den Stetigkeitsgrundsatzes zwar auf

sie würde in jedem Fall ebenfalls der phasengleichen Vereinnahmung nicht im Grundsatz entgegenstehen. Die Gesellschafter haben also, zumindest soweit es um die Frage nach der Ertragszuordnung durch Phasengestaltung geht, ein Beteiligungsrecht. Da diese Entscheidung im Verhältnis zum Verband zweckgebunden ist, können allerdings durchaus Gründe für eine phasenverschobene Aktivierung sprechen. Im Verhältnis zur Thesaurierung in der Obergesellschaft bietet sich diese Maßnahme z.B. als milderes Mittel an. Ebenfalls kann eine bestimmte Nutzung des Gestaltungspotentials auch mit Rücksicht auf das herkömmliche Ermessen der Geschäftsführung gebunden sein. Denn die Phasenverschiebung kann durchaus bilanzpolitisch im Hinblick auf die Werterhellung *sonstiger Geschäftsvorfälle* geboten sein. Hier kann sich aus dem Interessenhierarchieverhältnis, das die Treuepflicht mit sich bringt, eine Bindung ergeben.

Damit zeigt sich also, dass die Qualifikationstheorie, verstanden in einem umfassend mitgliedsschützenden Sinne, auch die herkömmlichen, nicht-gruppenbezogenen Kompetenzen in der Obergesellschaft verändert. Eine Kontrollüberlegung verdeutlicht dies: schließt die Geschäftsführung im Rahmen der Zweckverfolgung einen beliebigen Austauschvertrag mit der Tochtergesellschaft, so ist sie nicht nur gehalten, auf die *unmittelbare* wirtschaftliche Vorteilhaftigkeit für den eigenen Verband zu achten, sie muss vielmehr auch die Wechselwirkungen aus der Unternehmensverbindung im Blick behalten. Dies *kann* zwar per Saldo zur Zulässigkeit der Schädigung der Tochtergesellschaft führen, kann aber gleichzeitig auch bedeuten, dass einer Festigung der Tochtergesellschaft der Vorrang einzuräumen ist, wenn diese eine höhere Rentabilität aufweist.[534]

Mit dieser Verlagerung der Entscheidungsmacht auf die Gesellschafter ist – zumindest für die Frage der Phasengestaltung zulasten der Gesellschafter der Obergesellschaft – *eines* der Probleme gruppeninterner Ergebnismanipulationen gelöst. Die diesbezüglichen Fragen des Gläubigerschutzes haben im Personengesellschaftsrecht zumindest rechtlich keinen signifikanten Stellenwert. Insofern kann die Forderung, *de lege ferenda* Ausschüttungen rechtlich verbindlich am Konzernergebnis zu orientieren,[535] insbesondere auch da sie für die gesetzestypi-

den *Ansatz* von Vermögensgegenständen erstreckt (§ 246 Abs. 3 n. F.), auch darin ist allerdings kein ausreichender Hinweis auf die Erfassung von *Sachverhaltsgestaltungen* zu sehen.

534 Hier ginge es systematisch – im Gegensatz zur Thesaurierung in der Tochtergesellschaft – um die unzulässige Verfolgung eigener Partikularinteressen im Bereich der originären Zweckbindung. Vorstellbar wäre z.B., dass die Geschäftsführung auf schnelle Gewinnausschüttung aus ist, um private Investitionen zu tätigen, und dabei die langfristig höheren Ertragschancen des verbundenen Unternehmens außer Acht lässt.

535 Vgl. *Henssler*, FS Zöllner, S. 203, 229 ff.; *Pellens/Amshoff/Schmidt*, ZGR 2009, 231, 265 ff.

sche OHG/KG überhaupt eine entsprechende Bilanzierungspflicht mit sich bringen würde (vgl. § 290) zurückgestellt werden. Die auf Ebene der Zweckverfolgung verbleibenden gruppeninternen Manipulationsmöglichkeiten bei der Ertragszuordnung[536] sind dagegen schwerer zu fassen, da sie originär dem Geschäftsführungsbereich zuzuordnen sind, die (zumindest mittelbare) Berücksichtigung von Gesellschafterinteressen ist rechtlich problematisch, da hier die Interessensphären vermischt werden.

VI. Ergebnis

Die Phasengestaltung ist aus gesellschaftsrechtlicher Sicht ein beteiligungspflichtiges Geschäft. Aus der formalen Zuordnung zum Bereich der Geschäftsführung kann deren Entscheidungshoheit nicht abgeleitet werden. Soweit es um die Verschiebung von Gewinnen geht – insoweit ist natürlich zunächst entscheidend, wann die Tochtergesellschaft die Bilanzgeschäfte grundsätzlich durchführt – haben die Gesellschafter ein Zustimmungsrecht. Die Qualifikationsperspektive zeigt damit, dass eine umfassende Neubetrachtung der Maßnahmen der Gruppenleitung nötig ist, um einen funktional vollwertigen Schutz der Mitgliedschaft der Obergesellschafter sicherzustellen.

536 Dazu *Pellens/Amshoff/Schmidt*, ZGR 2009, 231, 258 f.

Teil 7: Der Schutz der abhängigen Gesellschaft

I. Einführung

Um ein umfassendes Bild von der mehrheitsgetragenen Gewinnverwendung im Personenhandelsgesellschaftskonzern zeichnen zu können, muss man die (relativen) Rückwirkungen aus dem Recht der Tochtergesellschaft aufzeigen. Dabei beschränkt sich die Darstellung auf die OHG/KG, deren rechtlicher Rahmen der Gewinnpolitik bereits dargelegt wurde.

II. Relevanz der §§ 15 ff. AktG

1. Konzernrecht vs. Gesellschaftsrecht

Wie an anderer Stelle bereits dargelegt, sind konzernrechtliche Verflechtungen i.S.d. §§ 15 ff. AktG[537] für die Rückwirkungen auf die Obergesellschaft *ein* Faktor, soweit sie die Pflichtenstellung verschärfen. Daraus *kann* sich eine verbandsinterne Verpflichtung zur Respektierung der „Gegenkräfte" aus dem Recht der Tochtergesellschaft ergeben.[538] Hier gilt es die Frage nach der konzernrechtlichen Pflichtenstellung bei der Gewinnthesaurierung zu klären. Wenn kein Konzernrecht i.S.d. §§ 15 ff. AktG auf die Rechtsbeziehung der verbundenen Personenhandelsgesellschaften Anwendung findet, so lässt sich die Rückwirkung andererseits bereits aus den Ausführungen im Teil 4 ersehen.

Für die vorliegende Fragestellung könnte das Konzernrecht im Rechtssinne dabei an anderer Stelle insofern relevant werden, als sich hier im Aktienrecht Instrumente finden, um weiter auf die Organe des herrschenden Unternehmens durchzugreifen (§ 317 Abs. 3 AktG). Das System der §§ 311 ff. AktG wird heute jedoch allgemein als Sonderregelung verstanden, die zusätzliche Pflichtenbindung der Organe der herrschenden Gesellschaft als solche kann sich also nur aus allgemeinen Grundsätzen ergeben.[539] Allerdings gilt es etwaige Auswirkungen einer Unternehmenseigenschaft des Verpflichteten auf die konkrete Haftungsgestaltung zu beachten.

2. Die relevanten Unternehmensverbindungen

Außen vor gelassen werden kann vorliegend der Fall des OHG/KG-Vertragskonzerns. Diese Unternehmensverbindung wird durch Einrichtung eines „dienenden"

537 Vgl. für die Anwendbarkeit auf die OHG/KG nur *Emmerich*, in: Emmerich/Habersack, § 15 Rn. 5; *Windbichler*, in: Großkomm. z. AktG, § 15 Rn. 16.

538 S. dazu Teil 5, II. 3. b.

539 A.A. – analoge Anwendung von § 317 Abs. 2 AktG – z.B. *Altmeppen*, S. 78 ff., 84 ff.

Verbandszwecks begründet.[540] Angesichts der zwingenden Einstimmigkeit (§ 33 Abs. 1 Satz 2 BGB) ist die Frage nach weiteren Minderheitsrechten allerdings kaum von Belang. Vielmehr kann hier grundsätzlich auf einen angemessenen Interessenausgleich vertraut werden.[541] Da so die – auch *schädliche* – Einflussnahme im Konzerninteresse ermöglicht wird, müssen die außenstehenden Gesellschafter eine Sicherung i.S.d. §§ 300, 302 AktG garantieren. Dies gilt insbesondere angesichts der Tatsache, dass sich die privatautonome Einrichtung eines „dienenden" Verbandszwecks – anders als die aktienrechtliche Vertragskonzernierung[542] – nach strittiger Auffassung auch auf die Grundlagenentscheidungen auswirkt.[543] Damit wäre auch eine Ausschüttung im Konzerninteresse möglich. Deshalb müssen für diese Verbindung Sicherungsmechanismen eingerichtet werden, die dem Rechnung tragen. Diese sind im Übrigen einfach-gesellschaftsrechtlicher Art, so dass es auf die Unternehmenseigenschaft nicht ankommt.[544]

Die unterhalb dieser Intensitätsschwelle verbleibenden Formen der Unternehmensverbindung sind also die rechtstatsächlich relevanten Konstellationen. Dabei darf man davon ausgehen, dass bereits die Abhängigkeit der OHG/KG gem. § 17 Abs. 1 AktG die – wie auch immer geartete – besondere Regelungswürdigkeit begründet.[545] Die faktische Konzernierung i.S.d. § 18 Abs. 1 Satz 1 AktG als solche ist nur am Rande relevant.[546] Zwar begreift man die Konzernierung im Rechtssinne teilweise als eigenständigen Bestandteil des Schutzrechts der abhängigen Gesellschaft und postuliert ein präventives Zustimmungsrecht,[547] teilweise sogar

540 Dazu *Bitter*, S. 364; *Kleindiek*, S. 256.

541 Vgl. allgemein *Kleindiek*, S. 258; *Liebscher*, S. 211; *Wiedemann*, Unternehmensgruppe, S. 62; *ders./Hirte*, ZGR 1986, 169, 174.

542 Vgl. die Nachweise in Fn. 572.

543 Vgl. für die Zulässigkeit dieser Gestaltung allgemein *Mülbert*, in: MüKo, HGB, KonzernR Rn. 233; *M. Winter*, S. 189, *Zöllner*, ZGR 1992, 173, 175; a.A. *Kleindiek*, S. 72 f. und *Lange*, in: Ebenroth/Boujong/Joost/Strohn, HGB, § 105 Rn. 45 die das Konzept der §§ 291 ff. AktG aus Gründen des Minderheitenschutzes für zwingend halten.

544 Vgl. *Schall*, in: Spindler/Stilz, AktG, § 15 Rn. 17.

545 Vgl. *Casper*, in: Ulmer/Habersack/Winter, GmbHG, Anh. § 77 Rn. 52; *Emmerich*, in: Scholz, GmbHG, Anhang § 13 Rn. 73; *Habersack*, in: Emmerich/Habersack, Anh. § 317 Rn. 7; *Hüffer*, AktG, § 17 Rn. 1; *K. Schmidt*, FS Lutter, S. 1167, 1170; *Timm*, ZGR 1987, 403, 424; *Zöllner*, FS Kropff, S. 333, 338 f.

546 Vgl. verbandsrechtlich nur *Casper*, in: Ulmer/Habersack/Winter, GmbHG, Anh. § 77 Rn. 40; *Emmerich*, in: Emmerich/Habersack, § 18 Rn. 2; *Schilling*, FS Hefermehl, S. 383, 400 f.; *K. Schmidt*, FS Lutter, S. 1167, 1170; *Zöllner*, FS Kropff, S. 333, 338 f.

547 So die h.M., allerdings überwiegend unter Ablehnung der Verlustausgleichspflicht, vgl. *Binnewies*, S. 44 f., 100; *Bitter*, S. 29; *Emmerich*, FS Stimpel, S. 743, 749; *Kleindiek*, S. 256; *Laule*, FS Semler, S. 541, 554; *Liebscher*, S. 323; *Mülbert*, in: MüKo, HGB KonzernR Rn. 258, 269; *Schäfer*, in: Staub, HGB, Anh. § 105 Rn. 39, 58; *Schießl*, S. 39 f.; *Ulmer*, in: Staub, HGB, 4. Aufl. (Voraufl.), Anh. § 105 Rn. 40, 59.

die Pflicht zum Verlustausgleich.[548] Der Verlustausgleich bereits im einfachen faktischen Konzern – richtiger erst bei qualifizierter *Schädigung*[549] – würde zwar die aus der Diskussion um die Rechtsfolgen des § 302 AktG bekannte *unterjährige* Schutzlücke[550] schließen.[551] Er klammert aber im Gegensatz zur Verpflichtung nach § 302 AktG generell Fälle *externer* Ursachen aus.[552] Damit bleibt ein empfindliches Schutzdefizit.

Der Zustimmungsvorbehalt würde die außenstehenden Gesellschafter in die Lage versetzen, auch – strategisch attraktiv[553] – *punktuell* Leitungsmaßnahmen anzugreifen.[554] Damit könnte (auch) die Gewinnverwendung im Konzern unterbunden werden. Die Konzernvermutung des § 18 Abs. 1 Satz 3 AktG würde hier den Nachweis der Pflichtwidrigkeit weitgehend unnötig machen.[555] Die heute h.M. geht jedoch, auch angesichts der Rechtsprechungswende zum Verlustausgleich im GmbH-Recht („TBB"),[556] davon aus, dass (sogar) die (intensive) Konzernleitung nicht mit einer Schädigung der abhängigen Gesellschaft gleichgesetzt

---

548 So *Laule*, FS Semler, S. 541, 558; *Ulmer*, in: Staub, HGB, 4. Aufl. (Vorauf.), Anh. § 105 Rn. 75; *Schäfer*, in: Staub, HGB, Anh. § 105 Rn. 75, in Anlehnung an BGH, NJW 1980, 231 (Gervais).

549 Die Lücke entsteht dabei allerdings auch; vgl. dazu *Mülbert*, in: MüKo, HGB, KonzernR Rn. 179, 185.

550 Im Hinblick auf die Existenzvernichtungshaftung besteht diese allerdings *unterjährig* nur für *externe* Ursachen nach der Konzeption von BGHZ 105, 168, 183 ff. (HSW) und *Hirte*, in: Großkomm. z. AktG, § 302 Rn. 62.

551 Vgl. nur *Bitter*, S. 531.

552 *Laule*, FS Semler, S. 541, 558 f.; *Ulmer*, in: Staub, HGB, 4. Aufl. (Vorauf1.), Anh. § 105 Rn. 75; *Schäfer*, in: Staub, HGB, Anh. § 105 Rn. 75; im *Hinblick auf den Haftungsumfang* ebenso BGHZ 115, 187 (Video); *Mülbert*, in: MüKo, HGB, KonzernR Rn. 188.

553 Ein Problem ergäbe sich nur dort, wo sich das „Rosinenpicken" durch Bekämpfung nur einzelner Leitungsmaßnahmen als konkludente Zustimmung zur Konzernierung darstellt. Die Frage, welche Anforderungen an diesen Rechtsakt zu stellen sind, hängt davon ab, ob man den Konzernierungsbeschluss als Vertragsänderung ansieht.

554 Vgl. *Mülbert*, in: MüKo, HGB, KonzernR Rn. 299.

555 Für die Gewinnverwendung (bzw. allgemein den Finanzbereichs) als Bestandteil einheitlicher Leitung vgl. *Hüffer*, AktG, § 18 Rn. 11; *Windbichler*, in: Großkomm. z. AktG, § 18 Rn. 26. Allerdings ist nach teilweise vertretener Ansicht ein weiter Konzernbegriff anzusetzen (z.B. *Emmerich*, in: Emmerich/Habersack, § 18 Rn. 14), so dass vom – vermuteten – Vorliegen eines Konzerns i.S.d. § 18 Abs. 1 Satz 1 AktG nicht zwingend auf die – nach Literaturansicht (Fn. 557) zwingend als nachteilig zu sehende – Koordinierung aller wesentlichen Unternehmensbereiche, also auch der Gewinnverwendung (dafür aber als zwingender Bestandteil *Hüffer*, AktG, § 18 Rn. 11) zu schließen wäre.

556 BGHZ 122, 123 (TBB).

werden kann.[557] Damit trägt man vor allem auch dem Gedanken der grundsätzlichen Legalität der Einflussnahme durch die Gesellschafter außerhalb des Aktienrechts Rechnung.[558]

Sowohl eine umfassende Schädigungsvermutung, einzusetzen im Rahmen eines Anspruchs wegen Verletzung der Treuepflicht,[559] als auch auf § 302 AktG oder § 670 BGB[560] gestützte Versuche des Durchgriffs (im untechnischen Sinne) sind damit abzulehnen. Da damit der Begründungsansatz von der Zweckwidrigkeit *ex definitione* ausscheidet, bleibt als Rechtfertigung auch für ein präventives Zustimmungsrecht nur die im Verhältnis zur Abhängigkeitsbegründung *graduell* erhöhte Gefährdung des Verbands durch die Realisierung einheitlicher Leitung.[561] An dieser Stelle ist der Schutz jedoch richtigerweise vorzuverlegen, da für das Ansetzen des Zustimmungsrechts kein irgendwie konkretisiertes Risiko gefordert ist.[562] Auch wenn man die Vorverlegung zunächst als Verbesserung des Schutzniveaus ansehen könnte, kristallisiert sich dabei gleichzeitig die die Notwendigkeit einer effizienten *einheitlichen* Konzernleitungskontrolle verdeutlichende Schwäche des Konzepts heraus. Die außenstehenden Gesellschafter haben nämlich *aus-*

557 Dies wurde unter zwei Gesichtspunkten diskutiert: Einmal sollte die einheitliche Leitung automatisch schädlich sein insofern, als die Gewinnerzielung als autonomes Unternehmen tangiert bzw. unmöglich wird (so *Laule*, FS Semler, S. 541, 552; *Reuter*, ZHR 146 [1982], 1, 10 f.; *Schäfer*, in: Staub, HGB, Anh. § 105 Rn. 58; a.A. *Binnewies*, S. 107 ff.; *Bitter*, S. 28; *Kleindiek*, S. 45; *Liebscher*, S. 261; *Tröger*, S. 196). Anders wird dies mit einem angeblichen Eigenwillen des Verbands begründet, der die faktische Freiheit der handelnden Organe von Dritteinflüssen garantieren soll (so *Mülbert*, in: MüKo, HGB, KonzernR Rn. 127; a.A. *Koppensteiner*, in: KK z. AktG, Vorb. § 311 Rn. 4; *Tröger*, S. 149 f.).

558 *Bitter*, S. 503 f.; *Mülbert*, in: MüKo, HGB, KonzernR Rn. 179; *Schall*, S. 271 f.; *Wimmer-Leonhardt*, S. 358 f. Die Grundwertung des Aktienrechts, das die Einflussnahme als solche zum Ausgangspunkt der Riskoabwälzung macht (Begr. RegE, in: Kropff, AktG, S. 392), gilt hier also nicht.

559 Vgl. zu den verschiedenen Erklärungsansätzen zur dogmatischen Grundlage der Konzernhaftung im GmbH-Recht *Wiedemann/Hirte*, FS 50 Jahre BGH, Bd. III, S. 327, 351 f.

560 S. dazu Fn. 548.

561 So *Bitter*, S. 29; *Kleindiek*, S. 256 f.; *Liebscher*, S. 323, mit der Begründung der Gefährdung des Eigeninteresses für die Annahme eines Grundlagengeschäfts! Auf Ebene der Geschäftsführung ist jedoch (faktisch) allein das Verbandsvermögen betroffen.

562 So i.E. *Emmerich*, FS Stimpel, S. 743, 749; *Hirte*, KapGesR, Rn. 8.60; *Hopt*, in: Baumbach/Hopt, § 105 Rn 102; *Wiedemann*, Unternehmensgruppe, S. 64 f. Für die Personenhandelsgesellschaft bietet sich hier eine Analogie zu § 116 Abs. 2 an. Dabei kann kaum eingewendet werden, die Treuepflicht schaffe genügend Sicherheit (so aber *Liebscher*, S. 322). Auch die typischerweise gem. § 116 Abs. 2 zustimmungspflichtigen Geschäfte können schließlich so kontrolliert werden.

schließlich bei Entstehung der Abhängigkeit ein Beteiligungsrecht, da die Gefährdung als einheitliches Phänomen damit „abgegolten" ist.[563] Damit ergibt sich also insbesondere in den Fällen anfänglicher Attraktivität der Gruppeneinbeziehung, etwa zu Sanierungszwecken,[564] das Bedürfnis, Abhängigkeitslage und Konzern gleichermaßen zu kontrollieren. Ein an eine generelle Rechtswidrigkeit einheitlicher Leitung anknüpfendes Widerspruchsrecht bei Leitungsmaßnahmen besteht nicht.

Damit bleibt festzuhalten, dass sich die Frage nach der besonderen konzernrechtlichen Pflichtenstellung bei der Gewinnthesaurierung effektiv ab dem Vorliegen eines Abhängigkeitstatbestands stellt. Durch die weitere Intensität der Einflussnahme des herrschenden Unternehmens kann diese zwar unbeachtlich werden, wenn das abhängige Unternehmen in die Verlustzone gerät, darüber hinaus bleibt die Frage aber bedeutsam. Damit kommt in jedem Falle dem Konzern i.S.d. § 18 Abs. 1 Satz 1 AktG (vor allem der Konzernvermutung gem. § 18 Abs. 1 Satz 3 AktG) keine eigenständige Funktion im Schutzrecht der abhängigen Gesellschaft mehr zu.

III. Die besondere Pflichtenstellung des herrschenden Unternehmens

1. Systematische Einordnung

Auf den ersten Blick mag die Frage nach der besonderen abhängigkeitsrechtlichen Pflichtenstellung bei der Gewinnverwendungsentscheidung systematisch fehl am Platze erscheinen; denn das Konzernrecht befasst sich im Rahmen seiner Eingangsvoraussetzungen gem. §§ 15 ff. AktG mit Einflussmöglichkeiten, die sich auf die Geschäftsführung beziehen.[565] Für die Personenhandelsgesellschaft ist anerkannt, dass auch die Mehrheit in der Gesellschafterversammlung ohne entsprechenden Einfluss auf die Geschäftsführung keine Konzerngefahr begründet.[566] Es ließe sich einwenden, die typische Schädigungsgefahr[567] sei nicht (bzw. weniger)

563 So *Binnewies*, S. 126 f.; *Habersack*, in: Emmerich/Habersack, Anh. § 318 Rn. 8; *Liebscher*, S. 324; *Timm*, ZGR 1987, 403, 432; a.A. *Kleindiek*, S. 258.

564 Vgl. zur Treuepflicht, einer Gruppeneinbeziehung zuzustimmen *Binnewies*, S. 103; *Löffler*, S. 76; *Zöllner*, FS Kropff, S. 333, 343.

565 Vgl. nur *Emmerich*, in: Emmerich/Habersack, § 17 Rn. 5 f.; *Schäfer*, in: Staub, HGB, Anh. § 105 Rn. 25; *Schall*, in: Spindler/Stilz, AktG, § 17 Rn. 9; *Tröger*, S. 9; *Windbichler*, in: Großkomm. z. AktG, § 17 Rn. 17.

566 *Mülbert*, in: MüKo, HGB, KonzernR Rn. 57 ff.; *Schäfer*, in: Staub, HGB, Anh. § 105 Rn. 26.

567 S. für die Beschreibung des Konzernkonflikts nur Begr. RegE, in: Kropff, AktG, S. 373.

gegeben. Die Entscheidung in der Gesellschafterversammlung ist im Gegensatz zur – möglicherweise verdeckten – Einflussnahme auf die Geschäftsführung klar individualisierbar.[568] Da das Konzernrecht den *reflexiven* Schutz der außenstehenden Gesellschafter durch den Schutz der abhängigen Gesellschaft bezweckt,[569] müsste eine erhöhte Pflichtenstellung bei Grundlagenentscheidungen außerdem dann ausscheiden, wenn man an dieser Stelle davon ausgeht, der Verband habe gar kein rechtlich geschütztes Interesse. Denn systematisch geht es um „Nachteile" für den Verband (vgl. § 311 Abs. 1 AktG).[570]

Nun spricht allerdings die Tatsache, dass die Eingangsvoraussetzung die Einflussnahme auf die Handlungen im Rahmen der unmittelbaren Zweckverfolgung ist, letztlich nicht dagegen, *auch* die Grundlagenentscheidungen kritisch auf ihre Gefahrneigung hin zu untersuchen. Denn die Konzerngefahr verstärkt sich im Zusammenspiel mit der – zumeist zusätzlich vorliegenden – Herrschaft in der Gesellschafterversammlung.[571] Außerdem ließe sich ein systematischer Zusammenhang zum Vertragskonzern herstellen. Dort ist anerkannt, dass sich die *erweiterte* Einflussmöglichkeit des herrschenden Unternehmens (§ 308 Abs. 1 Satz 2 AktG) als Abwägungsmaßstab im Verhältnis zu den Mitgliederinteressen in die Grundlagenentscheidungen *nicht* fortsetzt.[572] Wenn also diese Unternehmensverbindung, die gerade die Erweiterung des Einflusses bezweckt, den Konzerninteressen an dieser Stelle keine rechtfertigende Wirkung (mehr) beimisst, so muss doch gemäß dem gesetzlichen Ansatz im faktischen Konzern, der gerade die Einflussmöglich-

568 Dieses Argument wird allerdings von der ganz h.M. nicht im Grundsatz anerkannt; vgl. für die Stimmabgabe als Veranlassung i.S.d. § 311 AktG Begr. RegE, in: Kropff, AktG, S. 408; *Habersack*, in: Emmerich/Habersack, § 311 Rn. 29; *Hüffer*, AktG, § 311 Rn. 17; *Wimmer-Leonhardt*, S. 81, 100. Es behält aber im Bezug auf die originäre Gesellschafterstellung seine Berechtigung. Begr. RegE, in: Kropff, AktG, S. 374 spricht ausdrücklich vom „Durchsichtig-Machen" der Unternehmensverbindung.

569 Begr. RegE, in: Kropff, AktG, S. 275; *Casper*, in: Ulmer/Habersack/Winter, GmbHG, Anh. § 77 Rn. 72; *Hommelhoff*, S. 124, 137; *Hüffer*, AktG, § 311 Rn. 1; *Limmer*, S. 163; *Mülbert*, S. 274; *H.-F. Müller*, in: Spindler/Stilz, AktG, § 311 Rn. 1; *Tröger*, S. 1; *J. Vetter*, in: K. Schmidt/Lutter, AktG, § 311 Rn. 3.

570 Begr. RegE, in: Kropff, AktG, S. 407; *Emmerich*, in: Scholz, GmbHG, Anhang § 13 Rn. 73; *Hommelhoff*, S. 124; *Limmer*, S. 163; *Mülbert*, S. 292; *H.-F. Müller*, in: Spindler/Stilz, AktG, § 311 Rn. 1; *Schießl*, S. 41; *Strohn*, S. 41 f.; *Wimmer-Leonhardt*, S. 82, 101.

571 Begr. RegE, in: Kropff, AktG, S. 275, 406; *Binnewies*, S. 2; *Haar*, S. 271 f.; *Hirte*, S. 144 f.; *Schießl*, S. 41.

572 Vgl. *Haar*, S. 271; *Hirte*, S. 47 f.; *Koppensteiner*, in: KK z. AktG, § 308 Rn. 23; *Strohn*, S. 39; *Veil*, in: Spindler/Stilz, AktG, § 308 Rn. 22; *Wiedemann*, ZGR 1980, 140, 158; *ders./Hirte*, FS 50 Jahre BGH, Bd. III, S. 327, 383; a.A. *Hommelhoff*, S. 316 Fn. 74; *Martens*, FS Rob. Fischer, S. 437, 451.

keiten einzuschränken sucht, eine erhöhte Pflichtenstellung zu begründen sein.[573] Eine sichere Grundlage findet die abhängigkeitsrechtliche Pflichtenstellung dabei aber nur in der Erkenntnis, dass die Entscheidung über die Gewinnthesaurierung auch unmittelbar zweckgebunden ist.[574] Damit kann das Interesse des Verbands daran direkt in den Schutzbereich einbezogen werden. Die Gewinnverwendungsentscheidung ist dabei – soweit sie das Verhältnis zum Verband betrifft – ein gutes Beispiel für die Auswirkungen der Konzerngefahr auf Grundlagenentscheidungen.[575] Denn auch wenn der Gesellschafterbeschluss als solcher im Minderheiteninteresse gut wahrnehmbar ist,[576] so ist doch die Frage nach der inhaltlichen Berechtigung von der Kenntnis der Unternehmensinterna abhängig. Die Definition des aktuellen Eigeninteresses bereitet aber in der Unternehmensverbindung Schwierigkeiten.[577]

Eine erhöhte Rücksichtnahmepflicht im Bezug auf die mitgliedschaftlichen Belange der Mitgesellschafter lässt sich demnach aber nicht begründen.[578] Diesbezüglich liegt tatsächlich kein konzerntypisches Schutzdefizit vor. Denn im Hinblick auf deren Rechtsstellung ändert sich durch die Abhängigkeitslage nichts, lediglich der Einfluss auf den Verband wird schwerer kontrollierbar.

2. Ausgestaltung

Fraglich bleibt, wie eine „qualifizierte" Pflichtenstellung aussehen kann. Die Grundprämisse des gesetzlichen Ansatzes ist es dabei, die abhängige Gesellschaft im Ergebnis so zu stellen, als würde sie von einem unabhängigen, ordentlichen Geschäftsleiter geführt.[579] Vom normativen Ziel her gedacht wäre also eine quantitativ erhöhte Rücksichtnahme auf die abhängige Gesellschaft verfehlt.[580] Die Pflicht, beispielsweise auch nützliche Rücklagen zu bilden, wiewohl sie praktisch

573 S. auch *Strohn*, S. 39.

574 Vgl. dazu Teil 4, III. 2. a. aa).

575 Vgl. auch Begr. RegE, in: Kropff, AktG, S. 373.

576 *M. Winter*, S. 112 sieht darin bereits einen ausreichenden Schutz der Minderheit.

577 Vgl. Begr. RegE, in: Kropff, AktG, S. 409; BGHZ 80, 69, 74; *Binnewies*, S. 4; *Emmerich*, FS Stimpel, S. 743, 747; *Reuter*, ZHR 146 (1982), 1, 13; *Tröger*, S. 190 ff.; *Ulmer*, ZHR 148 (1984), 391, 397.

578 So auch *Limmer*, S. 163; *Schießl*, S. 41; *Strohn*, S. 42; *Wimmer-Leonhardt*, S. 101; a.A. *Casper*, in: Ulmer/Habersack/Winter, GmbHG, Anh. § 77 Rn. 81 und *Emmerich*, in: Scholz, GmbHG, Anhang § 13 Rn. 68, beide unspezifisch und ohne nähere Begründung.

579 Begr. RegE, in: Kropff, AktG, S. 375; *Emmerich*, in: Scholz, GmbHG, Anhang § 13 Rn. 73 f.; *Habersack*, in: Emmerich/Habersack, Anh. § 318 Rn. 29; *Koppensteiner*, in: KK z. AktG, Vorb. § 311 Rn. 4; *Lakner*, S. 149; *Lutter/Drygala*, ZGR 1995, 557, 565; *Mülbert*, S. 274; *H.-F. Müller*, in: Spindler/Stilz, AktG, § 311 Rn. 1; *Tröger*, S. 154.

580 So *Wimmer-Leonhardt*, S. 103; a.A. – tendenziell für quantitative Ausweitung – *Binnewies*, S. 36; *Emmerich*, FS Stimpel, S. 743, 748; *Strohn*, S. 40; *Liebscher*, S. 262.

angesichts der Schwierigkeiten der Kontrolle der Einflussnahme auf die Geschäftsführung zu befürworten wäre, lässt sich also nicht begründen. Selbst wenn man unter Heranziehung der Grundwertung des Konzernkonflikts postulieren wollte, die Vermögenssubstanz der Tochtergesellschaft würde automatisch ausgehöhlt, so sind doch die diesbezüglichen Abwehransprüche – abgesehen davon, dass nur sie die richtige vermögensrechtliche Zuordnung garantieren – insofern abschließend. Ansonsten würde die (heutige) Grundwertung des Abhängigkeitsrechts, durch verfahrensmäßige Erleichterungen[581] die Sicherung (nur) des *„status quo sine"* zu ermöglichen,[582] unterlaufen.

Da die Entscheidung der Mehrheit in diesem Fall keine ausreichende Richtigkeitsgewähr mehr in sich trägt,[583] ist der Weg also der Zwang zur sachlichen Rechtfertigung[584] jeglicher Ausschüttung. Denn das Gesetz geht in der Abhängigkeitslage im Gegensatz zur Situation außerhalb der Unternehmensgruppe gerade *nicht* davon aus, dass die Interessen der Beteiligten durch die bestehenden Schutzmechanismen ausreichend abgesichert sind (keine „Vorprägung"). Damit lässt sich die aus der Diskussion um die Reichweite der sachlichen Rechtfertigungspflicht bekannte Argumentation[585] auch hier übernehmen. Auch wenn in der Streitfrage über die Reichweite dieser „zweite Stufe" der Beschlusskontrolle allgemein ein Eingriff in (originäre) Minderheitsinteressen voraussetzt wird,[586] der hier nicht vorliegt, so muss man die Abhängigkeitslage doch als Sonderfall sehen. Hier geht es quasi um den umgekehrten Fall zum Bezugsrechtsausschluss. Nicht der unmittelbare Minderheitenschutz steht hier in Rede, sondern der reflexive Schutz durch Sicherung des Verbandsinteresses.

Dies hindert aber richtigerweise nicht, eine umfassende Rechtfertigung zu verlangen, da das Konzernrecht hier eine entsprechende Grundwertung mit sich

581 Exemplarisch *Tröger*, S. 155; *Wimmer-Leonhardt*, S. 392.

582 Anders natürlich die Stimmen, die mit der Konzernierung automatisch die Verlustausgleichpflicht verbinden. Sie nehmen die Einflussnahme als solche zum Anlass, – über die Ersetzung der „als ob"-Betrachtung durch eine pauschale Ausgleichspflicht – eine potentielle Besserstellung vorzunehmen.

583 Begr. RegE, in: Kropff, AktG, S. 373; *Binnewies*, S. 2; *Haar*, S. 271 Fn. 322; *Löffler*, S. 155; *Schießl*, S. 41; *Strohn*, S. 36; *Timm*, S. 84.

584 Vgl. allg. BGHZ 80, 69 (Süssen); BGHZ 71, 40, 33 (Kali und Salz). Zum Verhältnis zur einfachen Treuepflichtprüfung *Hirte*, S. 150; *Lutter*, ZGR 1981, 171, 174; *K. Schmidt*, in: Großkomm. z. AktG, § 243 Rn. 47; *Tröger*, S. 254, 272; *Wiedemann*, DB 1993, 141, 144.

585 Vgl. dazu BGHZ 71, 40, 33 (Kali und Salz); *Lutter*, ZGR 1979, 401, 411; *ders.*, ZGR 1981, 171, 178 ff.; *Martens*, GmbHR 1984, 265, 269; *K. Schmidt*, in: Großkomm. z. AktG, § 243 Rn. 46; *Tröger*, S. 272 ff.; *Zöllner*, AG 2000, 145, 155.

586 S. *Martens*, GmbHR 1984, 265, 270; *Hirte*, S. 150 ff.; *Tröger*, S. 286 ff.; *Zöllner*, AG 2005, 145, 155.

bringt.[587] Denn wenn für die Kontrolle der Einflussnahme auf die Gesellschaftssphäre in der abhängigen Gesellschaft gemäß der gesetzlichen Grundwertung die herkömmlichen Schutzsysteme nicht ausreichen,[588] so kann auch die einfache Treuepflicht zum Verband bei der Mehrheitsentscheidung nicht genügen.[589] Die entscheidende Frage ist also *nicht*, welche Interessen tangiert sind, sondern, ob eine „Vorprägung“ anzunehmen ist. Im Regelfall ergibt sich dabei, dass im Bezug auf die Interessen des Verbands von einem Gleichlauf auszugehen ist.[590] Im Bezug auf die Mitgesellschafter ist demgegenüber stets von einem Widerstreit auszugehen, weshalb sich in der unverbundenen Gesellschaft auch nur dort die Frage nach der Reichweite der normativen Hinnahme von Eingriffen stellt. Dies wird durch die „Süssen-Entscheidung“ des Bundesgerichtshofs[591] zur Abhängigkeitsbegründung bestätigt. Systematisch ging es dort auch „nur“ um einen Eingriff in die Verbandssphäre.[592] Allerdings muss an dieser Stelle der These vom Vorrang der Präventivkontrolle[593] eine Absage erteilt werden. Dies fällt allerdings nicht schwer, da auch in der Legitimation der Abhängigkeitsbegründung gerade keine Änderung des rechtlichen Rahmens steckt. Auch in dem Fall, in dem man von einer unmittelbaren Vorteilhaftigkeit der Gruppeneinbeziehung ausgeht, ist doch damit keinesfalls gesagt, dass das weitere Gefährdungspotential ausgeräumt wäre. Soweit es um die Kontrolle des sonstigen Einflusses auf die abhängige Ge-

587 Vgl. BGHZ 80, 69, 74 (Süssen); *Limmer*, S. 163; *Timm*, ZGR 1987, 403, 422 f.

588 S. für diese Regelungslücke *Löffler*, S. 56; *Mülbert*, in: MüKo, HGB, KonzernR Rn. 26; *Schäfer*, in: Staub, HGB, Anh. § 105 Rn. 15; *Schießl*, S. 61 ff.; *Windbichler*, in: Großkomm. z. AktG, § 15 Rn. 1.

589 Vgl. Begr. RegE, in: Kropff, AktG, S. 408. Die Regierungsbegründung bezieht sich zwar nur auf die Verschärfung der Schadenersatzhaftung gem. § 317 Abs. 2 Akt, im Bezug auf die Anfechtung ist ihr aber keine negativ abschließende Aussage zu entnehmen; vgl. *Strohn*, S. 39.

590 Das zeigt sich schon daran, dass es kaum verbandsschützende Normen bei Grundlagenentscheidungen gibt. Eine Ausnahme stellen insoweit §§ 302, 308, 309 AktG dar.

591 BGHZ 80, 69 (Süssen).

592 So *Martens*, GmbHR 1984, 265, 269; *M. Winter*, S. 95. Die Abhängigkeitsbegründung belässt nämlich das Rechtsverhältnis der Gesellschaft unberührt; vgl. nur *Löffler*, S. 255; *Schäfer*, in: Staub, HGB, Anh. § 105 Rn. 39.

593 So insbes. *Emmerich*, FS Stimpel, S. 743, 749; *Limmer*, S. 174; *Timm*, ZGR 1987, 424 f., letzterer unter Berufung auf entsprechende Gedanken in BGHZ 83, 122 (Holzmüller), obwohl es doch in der Obergesellschaft nicht um die (fortdauernde) Gefahr der Schädigung des Verbandsinteresses, sondern um den Mediatisierungseffekt geht. Der Gedanke vom Vorrang der Präventivkontrolle trifft auf den weiteren Gruppenaufbau nur insoweit zu, als die Vertragskonzernbildung rechtfertigungsfrei ist (*Hüffer*, AktG § 293 Rn. 7; *Wiedemann/Hirte*, FS 50 Jahre BGB, Bd. III, S. 327, 373). Dies lässt sich allerdings systemkonform mit der Berücksichtigung der Verbandsinteressen (§§ 302, 308, 309 AktG) durch die gesetzlichen Schutzmechanismen begründen.

sellschaft geht, geht schließlich auch niemand von einem abschließenden Charakter der Gruppenbildungskontrolle aus.

Obwohl mit der sachlichen Rechtfertigung des Beschlusses – nach allgemeinen Grundsätzen[594] – eine Beweislastumkehr verbunden ist,[595] fügt sich diese dabei in die vorliegend befürwortete Konzeption von der Sicherung des „*status quo sine*" ein. Denn auch für die – im Bezug auf den inhaltlichen Maßstab gleiche[596] – Schadenersatzhaftung bringen die allgemeinen Grundsätze der Beweislastverteilung im Gesellschaftsrecht für das herrschende Unternehmen die Auferlegung der umfassenderen „Plausibilisierungslast"[597] mit sich. Dies schließt die subjektive *und* objektive[598] Pflichtgemäßheit der Maßnahme ein.[599] Die Unanwendbarkeit der *business judgement rule* (§ 93 Abs. 1 Satz 2 AktG) ist daneben auch klar.[600] Es handelt sich dabei systematisch nicht um eine – angesichts der h.M. zur Reichwei-

---

594 Vgl. *Hirte*, S. 220 f.; *Hüffer*, FS Fleck, S. 151, 167; *Leipold*, in: Stein/Jonas, ZPO, § 284 Rn. 13: *Lutter*, ZGR 1979, 401, 414; *M. Winter*, S. 299.

595 *Hirte*, S. 221; *Hüffer*, FS Fleck, S. 151, 167; *Lutter*, ZGR 1979, 401, 414; *K. Schmidt*, in: Großkomm. z. AktG, § 264 Rn. 82; *Timm*, ZGR 1987, 403, 413; *Wiedemann*, ZGR 1980, 140, 158; *M. Winter*, S. 299; a.A. BGHZ 71, 40, 48 (Kali und Salz). Ob der Bundesgerichtshof damals wenigstens die Darlegungslast umgekehrt hat, ist umstritten; vgl. dazu *Hirte*, S. 220; *Hüffer*, FS Fleck, S. 151, 166; *M. Winter*, S. 299.

596 Vgl. für den systematischen Gleichlauf der materiellen Maßstäbe der Geschäftsführung und der Sachgrundrechtfertigung *Lutter*, ZGR 1979, 401, 414; *Zöllner*, ZHR 162 (1998), 235, 244.

597 Soweit es um die unternehmerische Vertretbarkeit geht, ist der Begriff „Beweislast" problematisch, da es sich bei der Richtigkeit der unternehmerischen Entscheidung *auch* um ein Tatbestandsmerkmal handelt; vgl. *Hirte*, S. 221 ff.; *Leipold*, in: Stein/Jonas, ZPO, § 284 Rn. 13 *Tröger*, S. 155 Fn. 11; *M. Winter*, S. 299; *Zöllner*, ZHR 162 (1998), 235, 243 f.

598 BGHZ 152, 280, 284; *Fleischer*, in: Spindler/Stilz, AktG, § 93 Rn. 209; *Goette*, ZGR 1995, 648, 672 ff.; *Hüffer*, AktG, § 93 Rn. 16; *Lutter/Hommelhoff*, GmbHG, § 43 Rn. 32.

599 BGHZ 93, 146, 150; BGH, WM 1975, 1152, 1154 (ITT), insoweit in BGHZ 65, 15 nicht abgedruckt; *Emmerich*, in: Scholz, GmbHG, Anhang § 13 Rn. 85a; *ders.*, FS Stimpel, S. 743, 751; *Habersack*, in: Emmerich/Habersack, Anh. § 318 Rn. 30 Fn. 85; *Kleindiek*, S. 263; *Lakner*, S. 149; *Löffler*, S. 157; *Martens*, GmbHR 1984, 265, 268; *Rehbinder*, ZGR 1977, 568, 639; *Schilling*, FS Hefermehl, S. 383, 386; *K. Schmidt*, ZIP 1986, 146, 149; *U. H. Schneider*, ZGR 1980, 511, 535; *Strohn*, S. 41 f.; *Tröger*, S. 142, 155 ff.; *Wiedemann*, GesR I, S. 435; *ders./Hirte*, FS 50 Jahre BGH, Bd. III, S. 327, 354; *M. Winter*, S. 113; *Zöllner*, ZHR 162 (1998), 235, 242; a.A. BGHZ 122, 123, 133 (TBB); *Henssler*, ZGR 2000, 479, 485; *Koppensteiner*, in: Rowedder/Schmidt-Leithoff, GmbHG, Anh. nach § 52 Rn. 77; *Mülbert*, in: MüKo, HGB, KonzernR Rn. 190; *Ulmer*, ZHR 148 (1984), 391, 420 f., die objektive Pflichtwidrigkeit müsse nachgewiesen werden.

600 Denn die Freiheit von anderweitiger Interessenbindung ist ungeschriebenes Tatbestandsmerkmal der *business judgement rule*; Begr. RegE UMAG, BR-Drucks. 3/05, S. 20; *Fleischer*, in: Spindler/Stilz, AktG, § 93 Rn. 68; *Lutter*, ZIP 2007, 841, 844.

te der §§ 311 ff. AktG[601] problematische – Übernahme des § 318 Abs. 2 AktG,[602] sondern um die Anwendung der *allgemeinen Grundsätze* zur Beweislastverteilung beim Geschäftsführerstreit auf den einflussnehmenden (auch privaten) Gesellschafter.[603] Denn wer auf die Geschäftsführung einwirkt, muss sich auch an deren Pflichtenmaßstab messen lassen. Damit wird der Gesellschafter nicht über Gebühr eingeschränkt, da er sich der Geschäftsführung bedienen kann, um die fachliche Vertretbarkeit sicherzustellen. Der tragende Grund für die Vermutung der (auch) *normativen Pflichtwidrigkeit*, die Sachnähe des Beklagten,[604] besteht in diesen Fällen auch, da der Gesellschafter, der etwa einen Geschäftsabschluss anregt, die Interna der konkreten Maßnahme kennt. Für die Kenntnis der Verhältnisse des Verbands gilt damit die Regel, dass sich (bei der Geschäftsführung) informieren muss, wer sich informieren kann. Alles andere wäre ein widersprüchliches Verhalten.

In jedem Falle bleibt also die systematische Stimmigkeit zwischen den Pflichtenmaßstäben bei (indirekten) Geschäftsführungshandlungen und beim Streit um die Wirksamkeit der Stimmabgabe bestehen. Denn richtigerweise findet auch die (umfassendere) Regel „Im-Zweifel-(auch normativ) pflichtwidrig" hier auf die Sachgrundrechtfertigung Anwendung.[605] Auch wenn sich § 92 Abs. 2 Satz 2 AktG als Ausdruck eines allgemeinen Grundsatzes explizit auf das Geschäftsführerhandeln bezieht, und im Rahmen der Sachgrundrechtfertigung in der unverbundenen Gesellschaft von dessen Unanwendbarkeit im Bezug auf die normative Beurteilung des Geschehens ausgegangen wird,[606] so besteht doch

---

601 BGHZ 65, 15 (ITT); *Hüffer*, AktG, § 311 Rn. 51; *Schäfer*, in: Staub, HGB, Anh. § 105 Rn. 15.

602 So aber *Koppensteiner*, in: Rowedder/Schmidt-Leithoff, GmbHG, Anh. nach § 52 Rn. 77; auch mit abhängigkeitsrechtlicher Begründung BGHZ 93, 146, 150; *Lakner*, S. 150; *K. Schmidt*, ZIP 1986, 146, 149; *Tröger*, S. 156; *Wimmer-Leonhardt*, S. 338 f.

603 So *Kleindiek*, S. 263; *Löffler*, S. 157; *Mertens*, FS Rob. Fischer, S. 461, 464; *Wiedemann*, GesR I, S. 435: *M. Winter*, S. 112 f.

604 So BGHZ 152, 280, 283; *Fleischer*, in: Spindler/Stilz, AktG, § 93 Rn. 207; *Hüffer*, AktG, § 93 Rn. 17; *Mertens*, FS Rob. Fischer, S. 461, 464.

605 So *Zöllner*, AG 2000, 145, 153 f.; *ders.*, FS Kropff, S. 333, 343; *Schilling*, FS Hefermehl, S. 383, 386 f.; *Wiedemann*, GesR I, S. 435; s. auch *Hirte*, S. 80 ff., 227; a.A. *Limmer*, S. 173; *Lutter*, ZGR 1981, 171, 175, 178 Fn. 34. *M. Winter*, S. 112 sieht die Befassung der Gesellschafterversammlung als ausreichenden Schutz der Minderheitsgesellschafter, übersieht damit aber, dass es primär auf die Bewertung der unternehmerischen Vertretbarkeit ankommt.

606 So *Hüffer*, FS Fleck, S. 151, 167; *Koppensteiner*, in: Rowedder/Schmidt-Leithoff, GmbHG, § 47 Rn. 129; *Lutter*, ZGR 1979, 401, 414; *K. Schmidt*, in: Großkomm. z. AktG, § 264 Rn. 82; *Ulmer*, ZHR 148 (1984), 391, 414; *M. Winter*, S. 299; *Zöllner*, AG 2000, 145, 154; s. allgemein auch BGHZ 93, 146, 150; a.A. *Hirte*, S. 221 ff.; *Wiedemann*, GesR I, S. 435, 444 ff.

bei der Konkretisierung des Verbandsinteresses dort immer noch der vermutete Gleichlauf.

Auch wenn in der Unanwendbarkeit des Rechtsgedankens § 92 Abs. 2 Satz 2 AktG für konzernfreie Grundlagenbeschlüsse im Verhältnis zu den Schadenersatzansprüchen wegen Eingriffs in die *Geschäftsführung* eine Abstufung der Pflichtenmaßstäbe deutlich wird – es klingt darin die Argumentation von der „Zweckverfolgungsnähe"[607] bzw. der allgemeinen Privilegierung der Stimmrechtsausübung an[608] –, ergibt sich vorliegend daraus kein Argument. Denn auch wenn die Reichweite der Geschäftsführerhaftung mit der – bei Grundlagenentscheidungen fehlenden – Sachnähe des Beklagten zu begründen ist, so muss die Regel doch erst recht auf den anzuwenden sein, den das Gesetz für „verdächtig" erklärt (vgl. § 317 Abs. 2 AktG).[609] Dass, abhängig von der konkreten Kompetenzverteilung, neben der beschließenden Mehrheit eine (unbeteiligte) Geschäftsführung zur Verfügung stehen könnte, um im Prozess gegen die Rechtmäßigkeit der Maßnahme in Stellung gebracht zu werden, kann insofern kein Argument sein,[610] als die Beweislastumkehr auch auf den unmittelbar in die Geschäftsführung Eingreifenden angewendet wird.[611] Dass die Stimmrechtsausübung insoweit privilegiert werden müsste, ist also zumindest in der Abhängigkeitslage nicht einzusehen. Damit geht im Rahmen des Streits um die Wirksamkeit des Beschlusses die Rechtsfertigungslast für die praktisch bedeutsamere Frage[612] nach der normativen Bewertung als unternehmerisch vertretbar ebenfalls über.

---

607 Man geht hier teilweise sogar davon aus, die Freistellung der Haftung des Geschäftsführers bei Ermächtigungsbeschlüssen (gem. § 43 Abs. 3 Satz 3 GmbHG) ließe einen Rückschluss auf die weitere Freiheit der Gesellschafter bei der Stimmrechtsausübung (im Bezug auf die objektive Pflichtgemäßheit) in Geschäftsführungsangelegenheiten zu (so *Drygala*, S. 108; *Fleck*, ZGR 1990, 31, 35 f.; *Koppensteiner*, in: Rowedder/Schmidt-Leithoff, GmbHG, § 43 Rn. 68; *Lutter/Hommelhoff*, Anh § 13 Rn. 18; *Mertens*, FS Rob. Fischer, S. 461, 464 f.; *Ulmer*, ZHR 148 [1984], 391, 415). Der Anwendungsbereich lässt sich aber auf einstimmige Dispositionen reduzieren, womit für den hier in Rede stehenden Gesellschafterstreit ein Berufen auf den objektiven Maßstab des § 43 GmbHG möglich bleibt (so auch *Wimmer-Leonhardt*, S. 229; *M. Winter*, S. 109 Fn. 69), womit allerdings nichts zur Beweislast gesagt ist.

608 Ausnahmen von der Anwendung des objektiven Maßstabs der Geschäftsführung werden für Weisungsbeschlüsse angenommen; vgl. BGHZ 93, 146, 150; *Koppensteiner*, in: Rowedder/Schmidt-Leithoff, § 43 Rn. 68; *Mertens*, FS Rob. Fischer, S. 461, 464 f.

609 S. auch *Tröger*, S. 155 ff.; *Wimmer-Leonhardt*, S. 338.

610 In diese Richtung aber *Mertens*, FS Rob. Fischer, S. 641, 464; ähnlich *M. Winter*, S. 112.

611 S. BGH, WM 1975, 1152, 1154 (ITT), insoweit in BGHZ 65, 15 nicht abgedruckt; *Kleindiek*, S. 263.

612 Vgl. *Hirte*, S. 222; *K. Schmidt*, in: Großkomm. z. AktG, § 264 Rn. 82; *Zöllner*, ZHR 162 (1998), 253, 244.

3. Ergebnis

Das herrschende Unternehmen unterliegt bei der Gewinnverwendung in der abhängigen OHG/KG einer umfassenden Rechtfertigungslast für Übereinstimmung der Maßnahme mit dem Verbandsinteresse. Das Verhältnis zu den Mitgesellschaftern ist insoweit nicht betroffen. Letztlich kann der in § 93 Abs. 2 Satz 2, 318 Abs. 1 Satz 2 AktG ausdrücklich normierte Haftungsmaßstab des Geschäftsleiters herangezogen werden. Denn das für die personalistischen Verbandsformen ungeregelte Konzernrecht bringt hier die Grundwertung mit sich, dass dem herrschenden Unternehmen eine gleiches Gefährdungspotential zugeschrieben werden muss.

IV. Die Direktverpflichtung der Obergesellschafter

1. Einführung

Die Frage nach der Direktverpflichtung der Organe der Obergesellschaft aus einer schuldrechtlichen Verbindung zwischen der Tochtergesellschaft und diesen ist für die Personenhandelsgesellschaft hauptsächlich für den Kommanditisten bedeutsam. Für die verschiedenen Rechtsschutzfragen muss man differenzieren:

Geht es um die Nichtigkeit der Stimmabgabe oder um die Klage auf Zustimmung wegen treuwidriger Ablehnung, so ist allein das Außenverhältnis des herrschenden Unternehmens betroffen. Das obsiegende Urteil ersetzt die Zustimmung gem. § 904 ZPO, eine Beteiligung der Obergesellschafter ist in beiden Fällen nicht erforderlich.[613] Es bleibt der Fall des Schadensersatzanspruchs wegen treuwidriger Beschlussfassung. Hierbei ist der Komplementär nach der Erfüllungstheorie in jedem Fall gem. § 128 verpflichtet, dem Ersatzverlangen der abhängigen Gesellschaft nachzukommen, und zwar *in natura*.[614] An dieser Stelle ergibt sich – abhängig von der Rechtsnatur der Haftung der aus Treuebindungen Verpflichteten im Außenverhältnis[615] – kaum ein Schutzbedürfnis der abhängigen Gesellschaft. Anderes gilt für den haftungsbeschränkten Kommanditisten, dessen Verpflichtung aus externem Rechtsgrund vor allem in der Insolvenz der Personenhandelsgesellschaft bedeutsam ist. Die – natürlich stets mögliche – Abwicklung über die Veranlassungskette[616] – bei Beschlussfassung über die Gewinnverwendung in der

---

613 Insofern erübrigt sich also das Problem, inwieweit ohne mitgliedschaftliche Verbindung über reine Rücksichtnahmepflichten hinausgehende (Leistungs-)Ansprüche (vgl. *Wimmer-Leonhardt*, S. 274) gegen die Obergesellschafter begründbar sind.

614 Vgl. dazu *K. Schmidt*, in: MüKo, HGB, § 128 Rn. 24.

615 S. dazu noch unten IV. 5.

616 Die Untergesellschaft liquidiert den Schaden bei der Obergesellschaft, diese liquidiert ihren beim Gesellschafter; vgl. dazu *Assmann*, FS 100 Jahre GmbHG, S. 657, 709 f.; *Lakner*, S. 166 f. *Schießl*, S. 95 f.; *Tröger*, S. 39.

Tochtergesellschaft liegen die Voraussetzungen grundsätzlich vor – hilft hier deshalb kaum weiter, da sich die Pflichtverletzung im Recht der Obergesellschaft *nicht* automatisch aus der in der Untergesellschaft ergibt.[617] Der geschädigten Untergesellschaft im Falle der Abwicklung über die Veranlassungskette zumindest einen nach § 36 Abs. 1 Satz 1 InsO i.V.m. § 851 Abs. 1 ZPO insolvenzrechtlich privilegierten Anspruch auf Abtretung des – gem. § 399 Alt. 1 BGB nicht *anderweitig* abtretbaren – Befreiungsanspruchs (§ 257 BGB)[618] des evtl. insolventen „Zwischengeschalteten" zu geben,[619] ist aus anderem Grunde problematisch. § 36 InsO findet seinem Zweck nach auf Handelsgesellschaften nämlich überhaupt keine Anwendung.[620] Es bleibt bei dem bereits erwähnten Befund, dass sich eine im Interesse des effizienten Außenseiterschutzes einzurichtende Durchgriffsbindung „von unten" ergeben muss.[621]

2. Dogmatische Begründung

Zwar muss man annehmen, dass nicht jede Leitungsmacht im Konzern im Wege der Verhaltenszurechnung an die Spitze der Pyramide zurückzuführen ist,[622] bei aktivem Tätigwerden der obersten Instanz drängt sich die Frage nach deren Verantwortung aber auf. Da es systematisch um die Verantwortlichkeit *der Obergesellschafter* geht, ist die zentrale Frage nicht die der Zurechnung, sondern die der Haftung.[623] Als Rechtsgrund kommen hierbei die Stellung als faktisches Organ,[624] eine Verantwortlichkeit kraft konzernrechtlicher Leitungsmacht, sowie die einfache Treuepflicht in Frage. Ersteres scheidet hier schon deshalb aus, weil es nicht um die Verdrängung der ordentlichen Verbandsvertre-

---

617 Insofern genügt es nämlich nicht, mit *Lakner*, S. 167 und *Tröger*, S. 39 auf die Haftungsverpflichtung der Obergesellschaft abzustellen, da diese erst im Verhältnis zu den aus der Schädigung der Tochtergesellschaft erwachsenden Vorteilen zur Pflichtwidrigkeit führen kann. Die Einschränkung in Fällen der einwirkenden Ein-Mann-Gesellschaft (vgl. *Assmann*, FS 100 Jahre GmbHG, S. 657, 710; *Bitter*, S. 285; *Lakner*, S. 153 f., 169; *Löffler*, S. 147) deutet das Problem der relativen Wirkung der Treuebindung zur Tochtergesellschaft an – dort kann natürlich keine Pflichtverletzung in der Obergesellschaft akut werden –, erfasst es allerdings nicht in Gänze.

618 Vgl. BGHZ 12, 136, 141; *Heinrichs*, in: Palandt, BGB, § 257 Rn. 2; *Uhlenbrock*, in: Uhlenbrock, InsO, § 36 Rn. 2

619 So *Lakner*, S. 63, 168 f.

620 *Peters*, in: MüKo, InsO, § 36 Rn. 6; *K. Schmidt*, Insolvenzrecht, S. 69; i.E. ebenso *Löffler*, S. 145 Fn. 9.

621 *Löffler*, S. 147.

622 *Bork*, ZGR 1994, 237, 253; *Hommelhoff*, S. 214 f.

623 Dazu *Bitter*, S. 94 f., 98 f.; *Bork*, ZGR 1994, 237, 238; *Wiedemann*, Unternehmensgruppe, S. 21, 29 f.

624 S. dazu *Lakner*, S. 172 ff.; *Wimmer-Leonhardt*, S. 211 ff.

ter, sondern um die Ausübung genuin mitgliedschaftlicher Rechte geht.[625] Die besondere Verantwortung kraft Leitungsmacht beruht auf einem zusätzlichen Abhängigkeitsverhältnis,[626] womit sie die Anwendbarkeit auf den mittelbar herrschenden Unternehmer-Gesellschafter verengen würde.

Die mittelbare Treuebindung ist im Ergebnis – gerade für den vorliegenden Fall der rechtlich gesicherten Einwirkungsmöglichkeit – zu bejahen. Zwar bleibt das Problem, dass kein konkreter Vertrauenstatbestand zwischen den Parteien besteht: Der im Rahmen der *culpa in contrahendo* als Grundregelung rechtsgeschäftsähnlicher Haftung als tragender Gesichtspunkt empfundene gesteigerte soziale Kontakt[627] beruht zwischen Untergesellschaft und Obergesellschaftern nicht auf einem eigenständigen Willensentschluss. Es liegt vielmehr nur das Ergebnis, die „gesteigerte Einwirkungsmöglichkeit" vor.[628] Allerdings ist auch diese, wie die Rechtsprechung zur Treuepflicht der Mitglieder der Kapitalgesellschaften[629] zeigt,[630] ausreichend.[631] Die hier in Rede stehende *begrenzende* Wirkung der Treuepflicht wird dadurch allemal vermittelt.[632] Daneben lässt sich das Argument des Umgehungsschutzes fruchtbar machen.[633] Nicht jede formallegale Gestaltung kann im Angesicht berechtigter Schutzwertungen bestehen. Der Zweck der Treuebindung liegt doch gerade in der *unmittelbaren* Verpflichtung zur Rücksichtnahme.[634] Angesichts der nur relativen Wirkung der Zweck-

---

625 *Bitter*, S. 282; *Lakner*, S. 175; *Tröger*, S. 43; *Wiedemann*, Unternehmensgruppe, S. 84.

626 Die Vertreter dieser Ansicht (*Limmer*, S. 78 ff.; *U. H. Schneider*, BB 1981, 249, 251) entwickeln die Sonderverbindung aus einem Abhängigkeitsverhältnis bzw. der Aufnahme einheitlicher Leitung. Damit erscheint schon fraglich, ob sie im Falle punktueller Einflussmöglichkeiten ebenfalls vorliegt. Die Argumentation von der Inkongruenz des Schutzbereiches der Treuepflicht ggü. dem gewünschten Schutzbereich eines angeblich effizienten Konzernhaftungsrechts (dazu *Kropff*, FS Semler, S. 517, 536; *Limmer*, S. 66) muss angesichts der Anerkennung des GmbH-Bestandsinteresses als Schutzaspekt der ersteren dabei als überholt gelten.

627 Vgl. dazu BGHZ 6, 330, 333; *Kramer*, in: MüKo, BGB, Einl. §§ 241 ff. Rn. 81.

628 *Lackner*, S. 180 f.; *Tröger*, S. 56; *Wimmer-Leonhardt*, S. 324 Fn. 218.

629 BGHZ 129, 136, 143 f. (Girmes).

630 So auch *Binnewies*, S. 70 f.; *Bitter*, S. 284; *Lakner*, S. 233.

631 So allgemein für die Vertrauenshaftung *Canaris*, FS 50 Jahre BGH, S. 129, 197; gesellschaftsrechtlich *Wimmer-Leonhardt*, S. 188 f.; i.E. ebenfalls bejahend *Binnewies*, S. 70 f.; *Drygala*, FS Th. Raiser, S. 63, 77; *Kleindiek*, S. 261; *K. Schmidt*, ZIP 1986, 146, 149; a.A. z.B. *Schießl*, S. 103 f.

632 Vgl. *Binnewies*, S. 70 f.; *Drygala*, FS Th. Raiser, S. 63, 77; *Habersack*, in: Emmerich/Habersack, Anhang zu § 318 Rn. 28; *Tröger*, S. 52; *Wimmer-Leonhardt*, S. 232 f.

633 So *Canaris*, FS Larenz, S. 27, 98; *Lakner*, S. 233; *Tröger*, S. 50; *Wiedemann*, GesR I, S. 221 f.

634 So *Tröger*, S. 50 f., unter Berufung auf die Normzwecklehre, die – auch für Kommanditgesellschaften (vgl. *Bitter*, S. 83; *Wiedemann*, Unternehmensgruppe, S. 18) – die zu-

bindung der Tochter- im Recht der Muttergesellschaft wird dieser Mechanismus durch die Möglichkeit der Haftungsbeschränkung ausgehebelt. Flankierend streiten makroökonomische Gesichtspunkte für eine zusätzliche Anbindung,[635] da die Gewinnerzielung auf Kosten der Tochtergesellschaft nicht die gewünschte wohlfahrtssteigernde Investitionsförderung der Haftungsbeschränkung (Ausgleich natürlicher Risikoaversität)[636] bewirkt.[637] Das Hauptaugenmerk liegt dabei zwar auf der Kapitalsammelfunktion der Aktiengesellschaft, auch kleine Unternehmergesellschaften sind aber betroffen. Es geht insgesamt um die Attraktivität gesamtwirtschaftlich erwünschter Unternehmenskonzentrationen.[638] Abhängig von der Risikoprämie kann zunächst die Überlassung des Kapitals an die Unternehmensgruppe durch die außenstehenden Gesellschafter zu einer ineffizienten Investitionsstrategie führen.[639] Die nachteilige Einwirkung auf die Tochtergesellschaft bewirkt analog dazu eine schädliche Kostenexternalisierung zu Lasten der außenstehenden Gesellschafter durch eine *nachvertragliche* Risikoerhöhung (*moral hazard*)[640]. Diese unterscheidet sich von der zu Lasten der – im Rahmen der Diskussion primär beachteten – Gläubiger nur graduell.[641] Diese Erkenntnisse betreffen dabei natürlich auch Grundlagenentscheidungen.[642]

---

sätzliche Anwendbarkeit von einzelnen Haftungsnormen auf den Gesellschafter ihrem Zweck nach abgrenzt; dazu *Müller-Freienfels,* AcP 156 (1957), 522, 536 f.; *Weick*, in: Staudinger, BGB, Einleitung zu §§ 21 ff Rn. 43.

635 Für deren Beachtlichkeit im Rahmen der Durchgriffslehren *Fleischer*, ZGR 2001, 1, 16; *Raiser*, in: Ulmer/Habersack/Winter, § 13 Rn. 69; *Röhricht*, FS 50 Jahre BGH, Bd. I, S. 83, 97 ff.; *Wiedemann*, GesR I, S. 222; *ders./Hirte*, FS 50 Jahre BGH, Bd. III, S. 327, 361 f. Ihre Einbindung wird zwar eher im Rahmen der Missbrauchslehren diskutiert, die Argumentation gilt aber angesichts der verminderten Wirkung erst recht für die Normzwecklehre; vgl. *Wiedemann*, Unternehmensgruppe, S. 20, der beide Lehren für komplementär hält.

636 Dazu *Bitter*, S. 151, 168 f., 180; *Fleischer*, ZGR 2001, 1, 18 f.; *Hofstetter*, S. 77 ff.; *Kirchner*, ZGR 1985, S. 214, 230; *Röhricht*, FS 50 Jahre BGH, Bd. I, S. 83, 98 f.; *Wiedemann/Hirte*, FS 50 Jahre BGH, Bd. III, S. 327, 361.

637 Vgl. *Fleischer*, ZGR 2001, 1, 20 ff.; *Kirchner*, ZGR 1985, 214; 230 ff.; *Mülbert*, S. 458-462; *Schäfer/Ott*, S. 646 f.; *Tröger*, S. 2; *ders*., ZGR 2009, 447, 451 f.

638 *Bitter*, S. 176 f.; *Fleischer*, ZGR 2001, 1, 22; *Hofstetter*, S. 91 ff.; *Kirchner*, ZGR 1985, 214, 230.

639 *Bitter*, S. 183; *Kirchner*, ZGR 1985, 214, 232; *Pellens/Amshof/Schmidt*, ZGR 2009, 231, 249 Fn. 107.

640 Vgl. dazu *Schäfer/Ott*, S. 637.

641 *Bitter*, S. 177, 206; *Hofstetter*, S. 80, 91; *Kirchner*, ZGR 1985, 214, 230; *Wiedemann/Hirte*, FS 50 Jahre BGH, Bd. III, S. 327, 363.

642 *Wiedemann/Hirte*, FS 50 Jahre BGH, Bd. III, S. 327, 363 ff

3. Keine reine Unternehmenshaftung?

Mit dieser Haftung des Privatvermögens der Gesellschafter der herrschenden Gesellschaft – auch im Falle der Vermögensverlagerung auf diese – wird der ursprünglich im Spannungsfeld *vertikale* Haftung über die Ausweitung des Unternehmensbegriffs auf private Mehrfachbeteiligte („Autokran")[643] vs. (ausschließlich) *horizontale* Haftung im Gleichordnungsverhältnis[644] vertretenen Begrenzung auf die Haftung der *Unternehmens*massen im Konzernverbund[645] eine Absage erteilt. Eine solche Beschränkung hat zwar auch heute noch, unabhängig vom Wandel des Haftungsgrundes (Struktur- oder Verhaltenshaftung), eine gewisse Berechtigung.[646] Sie könnte darin liegen, die Haftungsbeschränkung trotz bestehender Rechtsbindung in komplexeren Konzernstrukturen aus Wertungsgesichtspunkten zu schützen.

Dagegen spricht aber bei mitgliedschaftlicher Haftung wegen schädlicher Eingriffe wiederum der Zweck der Verhaltenssteuerung.[647] Zwar bestehen die Begründungsschwierigkeiten einer Haftung des unmittelbaren Leistungsempfängers in der mehrstufigen Unterordnungsbeziehung anders als im Horizontalverhältnis regelmäßig nicht. In der Gleichordnungsbeziehung ist man mit der Schwierigkeit konfrontiert, dass der Leistungsempfänger regelmäßig nicht Handelnder ist. Damit wird es schwer, eine Haftungsgrundlage zu finden. Dies mag die Zurückhaltung im Bezug auf diese Begrenzung der Haftung (aus anderer Sicht: Ausweitung) begründen. Vom Sinn und Zweck der Einschränkung her, Konzerngefahren (Vermögensverlagerungen auf *Unternehmen*) auch nur mit konzernspezifischen Rechtsfolgen zu begegnen,[648] wäre die Ausklammerung des Privatvermögens dagegen bei Verlagerung auf andere Konzernverbände sinnvoll. Doch geht es hier

---

643 BGHZ 95, 330 (Autokran).

644 Vgl. dazu *Bitter*, S. 55 f; *Lutter/Drygala*, ZGR 1995, 557, 557; *K. Schmidt*, ZHR 155 (1991), 417, 432 f; *ders.*, FS Lutter, S. 1167, 1188; *ders.*, FS Wiedemann, S. 1199, 1200, 1208; *Wimmer-Leonhardt*, S. 454: der weite „Autokran"-Unternehmensbegriff hat die Entwicklung einer horizontalen Haftungsgemeinschaft zurückgedrängt.

645 Dafür *Bitter*, S. 50 f.; *Drygala*, S. 102 f., 125 f.; *Henssler*, ZGR 2000, 479, 501; *K. Schmidt*, ZIP 1986, 146, 148; für die Holdingkonstruktion ebenso *Assmann*, FS 100 Jahre GmbHG, S. 657, 713; *Bayer*, ZGR 2002, 933, 944; a.A. BGHZ 95, 330 (Autokran); BGH, NJW 1994, 446, 447 (EDV-Peripherie); BAG, NZG 1999, 543, 543; *Hommelhoff*, ZGR 1994, 393, 398; *Koppensteiner*, in: KK z. AktG, § 15 Rn. 42; *Priester*, ZIP 1986, 137, 143, letzterer weist allerdings gerade auf die Möglichkeit des vertikalen Mittelabflusses hin.

646 Vgl. *Koppensteiner*, in: KK z. AktG, § 15 Rn. 42.

647 I.E. ebenso *Bayer*, in: MüKo, AktG, § 15 Rn. 32; *Ulmer*, NJW 1986, 1579, 1786.

648 Vgl. *Assmann*, FS 100 Jahre GmbHG, S. 657, 713; *Bitter*, S. 50; *Ulmer*, NJW 1986, 1579, 1586.

eben nicht nur um die für den Gläubigerschutz ausreichende[649] Beschaffung von Haftungsmassen.

4. Haftungsmaßstab

Dabei ist zwar die *Begründung* für die Sonderverbindung nicht konzernspezifisch, es ergibt sich aber eine *Zurechnung* der Unternehmenseigenschaft[650] der herrschenden OHG/KG zum beschließenden Mehrheitsgesellschafter. Da dieser mit der internen Entscheidung über die Ausübung des Stimmrechts in der Tochtergesellschaft aktiv in die Beteiligungsverwaltung eingreift, ist auch er im Verhältnis zur abhängigen Gesellschaft in dieser Beziehung als Unternehmen zu qualifizieren.[651] Dies muss selbst dann gelten, wenn der Mehrheitsgesellschafter der herrschenden OHG/KG dort *kein* Geschäftsführungsrecht hat, er also nicht mittelbar „herrschend" i.S.d. § 17 AktG ist. Denn auch wenn er bzgl. der *seiner* Geschäftsführung zustehenden Einwirkungsmöglichkeit auf die Tochtergesellschaft keine abhängigkeitsrechtlich relevante Einflussmöglichkeit hat,[652] so trägt er doch bei der Entscheidung über die Ausübung des Stimmrechts in der Tochtergesellschaft den – zugerechneten – Konzernkonflikt *punktuell* in sie hinein.[653] Damit ist eine partielle Analogie des Konzernhaftungsrechts[654] auf ein „nicht-herrschendes" Un-

---

649 Vgl. *Bayer*, in: MüKo, AktG, § 15 Rn. 32; *Henssler*, ZGR 2000, 479, 501; *Ulmer*, NJW 1986, 1579, 1786.

650 Vgl. allgemein *Koppensteiner*, FS Ulmer, S. 349, 360; *Windbichler*, in: Großkomm. z. AktG, § 15 Rn. 44; *Zöllner*, ZGR 1976, 1, 19.

651 Vgl. *Bayer*, in: MüKo, AktG, § 15 Rn. 31; *Cahn*, AG 2002, 30, 31; *Emmerich*, in: Emmerich/Habersack, § 15 Rn. 17; *Hüffer*, AktG, § 15 Rn. 9a; *Windbichler*, in: Großkomm. z. AktG, § 15 Rn. 46; noch weiter gehend – Unternehmenseigenschaft des Holdinggesellschafters von dessen Einfluss auf die Tochtergesellschaft unabhängig – *Bayer*, in: MüKo, AktG, § 15 Rn. 33; *Emmerich*, in: Emmerich/Habersack, § 15 Rn. 30; *Koppensteiner*, in: KK z. AktG, § 15 Rn. 68; *ders.*, FS Ulmer, S. 349, 360; a.A. *Priester*, ZIP 1986, 137, 144 und *Wiedemann*, Unternehmensgruppe, S. 84, denen es aber bei genauerem Hinsehen nur um die Frage des Haftungs*grundes* (i.S. der heute nicht mehr aktuellen Konzeption in BGHZ 95, 330 [Autokran]) geht, und nicht um die der Ausgestaltung; vgl. *K. Schmidt*, ZIP 1986, 146, 149; *Schall*, in: Spindler/Stilz, AktG, § 15 Rn. 39).

652 Als Beispiel sei hier ein Weisungsrecht ggü. der Tochtergeschäftsführung genannt (dazu *Mülbert*, in: MüKo, HGB, KonzernR Rn. 58), dessen Ausübung in die Kompetenz der Geschäftsführung der herrschenden OHG/KG fiele, und das dem Mehrheitsgesellschafter als Beherrschungsmittel angesichts des Fehlens einer Weisungsbindung nicht zugerechnet werden könnte; vgl. *Bayer*, in: MüKo, AktG, § 17 Rn. 72 ff.; *Emmerich*, in: Emmerich/Habersack, § 17 Rn. 26; *Kronstein*, BB 1967, 637, 638.

653 Der Rückgriff von *Wimmer-Leonhardt*, S. 189 Fn. 235 auf die Beherrschungsformen der §§ 15 ff. AktG als Abgrenzung für die Entstehung von Treuepflichten ist also zu eng.

654 Dazu *Drygala*, GmbHR 2003, 729, 738; *Priester*, ZIP 1986, 137, 142; *Schall*, in: Spindler/Stilz, AktG, § 15 Rn. 17; *Zöllner*, ZGR 1967, 1, 21 f.; s. auch BGHZ 93, 146, 150;

ternehmen zu begründen, die entsprechend keine umfassende Anwendung etwa der Veranlassungsvermutung bei schädlichen Eingriffen[655] rechtfertigen kann. Darauf kommt es zwar nach der h.M. zur Frage der Haftung des Holdinggesellschafters an.[656] Mit der Differenzierung, ob die Beteiligungen nur „geparkt" seien,[657] ist aber schon die richtige Abgrenzung angedeutet. Sie muss nur dahingehend verfeinert werden, dass bei nur teilweise möglicher Einflussnahme – wie sie die hier angenommene Konzeption der Konzernleitungskontrolle darstellt – nur teilweise auf das Konzernrecht zurückgegriffen werden kann.

Eine weitere Einschränkung muss allerdings dann gemacht werden, wenn die ausgeschütteten Mittel der Tochtergesellschaft an die Obergesellschafter gelangen. In diesen Fällen liegt der Einflussnahme nicht der Konzernkonflikt zugrunde.[658] Dann ist entsprechend *auch* eine Abstufung der Verschuldensanforderungen i.R.d. § 276 BGB denkbar.[659] Demnach gilt (nur) für die Klage gegen den Mehrheitsgesellschafter der herrschenden OHG/KG wegen Veranlassung einer treuwidrigen Gewinnausschüttung zugunsten *seiner* Gesellschaft der verschärfte Haftungsmaßstab des Geschäftsleiters. Aus der Treuepflicht haftet er aber in jedem Fall.

5. Das Verhältnis der Verpflichteten zueinander

Der Mehrheitsgesellschafter und seine Personenhandelsgesellschaft sind Gesamtschuldner i.S.d. §§ 421 ff. BGB,[660] womit sich auch im Verhältnis zur akzessorischen Haftung gem. § 128 für den Gläubiger im Bereich der § 425 BGB (Einzelwirkung) ein Vorteil durch die Solidarhaftung ergibt. Problematisch ist dabei das *interne* Ausgleichsverhältnis. Die Orientierung nur an der Veranlassung[661] würde bei der Konzernthesaurierung zwangsläufig zur endgültigen Gesellschafterhaftung führen; dies kann nicht überzeugen. Wie bereits zur relativen Wirkung externer

---

BGHZ 80, 69 (Süssen); *Lakner*, S. 150; *Limmer*, S. 65; *K. Schmidt*, ZIP 1986, 146, 149; *Wimmer-Leonhardt*, S. 219.

655 Dazu *Kleindiek*, S. 263; *Wimmer-Leonhardt*, S. 365; *Ulmer*, ZHR 148 (1984), 391, 420.

656 S. dazu *Bayer*, in: MüKo, AktG, § 15 Rn. 34; *Bitter*, S. 52 f. (Fn. 227); *Hommelhoff*, ZGR 1994, 395, 397; *Wimmer-Leonhardt*, S. 361.

657 *Bayer*, ZGR 2002, 933, 943; *Hüffer*, AktG, § 15 Rn. 9a; *Ulmer*, NJW 1986, 1579, 1586.

658 BGHZ 148, 123 (MLP); *Assmann*, FS 100 Jahre GmbHG, S. 657, 713; *Bayer*, ZGR 2002, 933, 950; *Bitter*, S. 51; *Dauner-Lieb*, DStR 2006, 2034, 2041; *Drygala*, ZIP 1992, 1628, 1629 f.; *ders.*, S. 125; *Henssler*, ZGR 2000, 479, 501; *Limmer*, S. 66.

659 Vgl. *Martens*, GmbHR 1984, 265, 268; *M. Winter*, S. 110 f.

660 *W. F. Bayer*, FS Ballerstedt, S. 157, 181; *Habersack*, in: Emmerich/Habersack, § 317 Rn. 6; *Hüffer*, AktG, § 317 Rn. 3; *Koppensteiner*, in: KK z. AktG, § 317 Rn. 31; *Lakner*, S. 46; *Löffler*, S. 151; *H.-F. Müller*, in: Spindler/Stilz, AktG, § 317 Rn. 7; *Rehbinder*, ZGR 1977, 568, 593.

661 So *Koppensteiner*, in: KK z. AktG, § 317 Rn. 31; *Kronstein*, BB 1967, 637, 644.

Treuebindungen im Verbandsinnenverhältnis ausgeführt, bedarf die Beurteilung der (dort) schädlichen Einflussnahme auf die Tochtergesellschaft einer Requalifikation, da auch in der Unternehmensgruppe der Zweck der Obergesellschaft der entscheidende Orientierungspunkt ist.[662]

Es ergibt sich also, dass der Gesellschafter zumindest auch dann (teilweise) endgültig mit dem Schaden zu belasten ist, wenn der Vorteil, der dem eigenen Verband zufließt, geringer als der Nachteil ist.[663] Insbesondere ist hier aber der Prognosespielraum bei Einflussnahme auf den Verband zu beachten. Das interne Ausgleichsverhältnis i.S.d. § 426 Abs. 1 Satz 1 BGB wird also durch die Requalifikation der Maßnahme bestimmt.[664] Natürlich ist die Lokalisierung der Vorteile für die Pflichtgemäßheit im oberen Verband (mit-)entscheidend. Fließen die Mittel an den Gesellschafter, so handelt es sich immer um eine verbotene Verbandsschädigung, auch wenn die Beteiligung nur einen Teil des Vermögens darstellt. Damit ist der Gleichlauf zur (sonstigen) verbandsinternen Rechtsmäßigkeitskontrolle (Geschäftsführungswiderspruch) hergestellt.

6. Ergebnis

Für den Obergesellschafter gilt dabei dieselbe (direkte) Bindung an das Verbandsinteresse der Tochtergesellschaft. Obwohl sich dies aus allgemeinen Rechtsgrundsätzen ergibt, kann ihm die Unternehmenseigenschaft seiner Gesellschaft zugerechnet werden, womit er im Falle der Ausschüttung an diese ebenfalls dem verschärften Haftungsmaßstab des Konzernrechts unterliegt.

Das interne Ausgleichsverhältnis zwischen beiden Verpflichteten orientiert sich am Ergebnis der Requalifikation in der Obergesellschaft.

---

662 S. dazu schon Teil 5, II. 3. a. f.

663 I.E. ebenso *Lakner*, S. 44; *Rehbinder*, ZGR 1977, 568, 593.

664 *Rehbinder*, ZGR 1977, 568, 593; s. auch *Drygala*, FS Th. Raiser, S. 63, 65.

Teil 8: Zusammenfassung der wesentlichen Ergebnisse

I. Die Einordnung im Rahmen des Bestimmtheitsgrundsatzes

Nach der Aufgabe des Ungewöhnlichkeitskriteriums i.R.d. Prüfung der formellen Legitimation von Mehrheitsentscheidungen, ist es nur noch relevant, inwieweit die Thesaurierungsentscheidung eine Vertragsänderung darstellt. Bei Betrachtung dieser Fragestellung ist festzustellen, dass die Gesellschafter angesichts des Fehlens entgegenstehender Drittinteressen Gestaltungsfreiheit haben. Im Regelfall lässt sich dabei ersehen, dass eine dynamische Fehlerfolgenregelung gewollt ist, die nur zur Anfechtbarkeit vertragswidriger Einzelfallbeschlüsse führt. Damit kann die Gewinnthesaurierung grundsätzlich auf Grundlage einer einfachen Mehrheitsklausel beschlossen werden. Die Legalisierung im Verhältnis zu einer möglicherweise entgegenstehenden Regelung im Vertrag kann zwar grundsätzlich nur durch Vertragsänderung – unter Beachtung entsprechender Formerfordernisse – vollumfänglich bewirkt werden. Die Vertragswidrigkeit stellt aber einen Mangel dar, der, dem Willen der Gesellschafter nach, durch Zeitablauf unbeachtlich wird, wie dies im Rahmen der Anfechtbarkeit des bürgerlichen Rechts der Fall ist.

II. Die Kernbereichsrelevanz

Die Thesaurierung von Gewinnanteilen ist nicht dem Kernbereichsschutz unterworfen, eine individuelle Zustimmung ist nicht erforderlich. Dies lässt sich aus der gesetzlichen Systematik, von der eine inhaltliche Bestimmung des Kernbereichs der Gesellschafterrechte auszugehen hat, ableiten. Die handelsrechtlichen Entnahmerechte wurden gerade nicht entsprechend mehrheitsfest ausgestaltet. Da das Handelsgesetzbuch auf eine Angleichung zum Bürgerlichen Gesetzbuch abzielt, muss davon ausgegangen werden, dass die Regelung des § 707 BGB als ausdrücklich normierter Teil der Kernbereichslehre zugrunde gelegt wurde. Wäre die Gewinnentnahme vom Kernbereichsschutz erfasst, hätte es einer Kodifikation nicht bedurft. Eine nur klarstellende Wirkung des § 122 ist nicht anzunehmen.

III. Die Pflichtenbindung

Bei richtiger Bestimmung der rechtsgeschäftlichen Grundlage der Treuepflichten lässt sich eine im Verhältnis zur h.M. erhöhte Rücksichtnahmepflicht auf die Verbandsinteressen feststellen. Die Einordnung in den Grundlagenbereich als solche kann nicht ausreichen, um die Berücksichtigung des Verbandsinteresses auf ungenaue – und im Rahmen der Diskussion kaum inhaltlich bestimmte – Verhältnismäßigkeitskriterien zu reduzieren. Vielmehr sagt diese Einordnung nichts über die Reichweite der Bindung an das Verbandsinteresse aus, es kann nur um eine – nach Gesetz und Vertrag ausgerichtete – inhaltliche Bestimmung der Interessensphären gehen. Für die Gewinnthesaurierung bedeutet dies, dass die Ausschüttungssperre des § 122 Abs. 1 Satz 1 Hs 2, unter Berücksichtigung der Erforderlichkeit gerade der Eigenkapitalbindung, entsprechend angewendet werden kann. Soweit ist die Bindung dann entgegen manchen Stimmen der Literatur zwingend. Darüber hinaus besteht durchaus auch ein Recht der Mehrheit auf Erweiterung der finanziellen Basis. Allerdings sind auch hier die herkömmlichen Verhältnismäßigkeitskriterien für die Berücksichtigung der Gesellschafterinteressen zu ungenau. Vielmehr muss bereits auf Ebene der Geeignetheit eingegrenzt werden, da der Mehrheit sonst eine Ermächtigung zur Seite stünde, bei der die Eigen- der Fremdfinanzierung stets vorgehen müsste. Dieser weite Spielraum aus dem Staatsrecht ist abzulehnen.

IV. Gruppenweite Zustimmungsrechte und Verhältnis zur Obergesellschaft

Die Gesellschafterversammlung hat bei der Thesaurierungsentscheidung in der Tochtergesellschaft ein Zustimmungsrecht. Dieses ergibt sich aus der Einordnung der Maßnahme als mittelbares Grundlagengeschäft, welches sich wiederum daraus ergibt, dass dieser Bereich grundsätzlich der Gesellschafterdisposition unterworfen ist, Ermächtigungen der Geschäftsführung die Ausnahme sind. Der Gedanke von der Ermächtigung der Geschäftsführung zur umfassenden Konzernleitung ist insofern aus Sicht des Mitgliedschaftsschutzes lückenhaft, im Regelfall wird sich eine solche Ermächtigung nicht nachweisen lassen. Dabei ergibt sich eine Pflichtenbindung im Verbandsinnenverhältnis der Konzernmutter, in deren Verbandsinteresse das Wohl der Tochtergesellschaft einfließt. Eine Direktbindung, wie sie im Rahmen der Diskussion um einen effizienten Außenseiterschutz im Konzern teilweise befürwortet wird, kann nicht begründet werden.

V. Die Phasengestaltung

Die Gestaltung der Bilanzierungsvorgänge auf den einzelnen Konzernstufen zueinander ist aus der Perspektive des Gesellschafterschutzes in der Gruppenspitze ebenfalls zu requalifizieren, was auch zu einem Beteiligungsrecht führt. Denn die verzögerte Gewinnrealisierung ist – wiederum im Rahmen des erarbeiteten Verhältnisses zwischen unbegrenzter Grundlagenhoheit und begrenzter Geschäftsführungsermächtigung – als Eingriff in das vermögensbezogene Verwaltungsrecht der Gesellschafter zu werten.

VI. Der Schutz der abhängigen Gesellschaft

Die Pflichtenstellung im Verhältnis zur abhängigen Gesellschaft ergibt sich aus den allgemeinen Grundsätzen der mitgliedschaftlichen Treuepflicht. Jedoch kann der Haftungsmaßstab im Bereich der §§ 15 ff. AktG verschärft werden. Im Ergebnis findet damit auch auf die Gewinnthesaurierung als Grundlagengeschäft der Pflichtenmaßstab des § 93 Abs. 2 Satz 2 AktG Anwendung. Auch wenn dieser sich grundsätzlich darauf beschränkt, das Verwaltungshandeln zu binden, so kann er doch außerdem auf das „verdächtige" herrschende Unternehmen angewendet werden. Gesamtschuldnerisch haftet daneben auch der Gesellschafter der herrschenden OHG/KG, seine Rechtsbindung ergibt sich aus einer Erstreckung der Treuebindungen der abhängigen Gesellschaft aufgrund der gegebenen Einwirkungsmöglichkeiten. Auch für den Holding-Gesellschafter lässt sich insofern der verschärfte Haftungsmaßstab des Konzernrechts heranziehen, da er – soweit er zum Vorteil seines Verbandes handelt – den Konzernkonflikt zumindest punktuell in die abhängige Gesellschaft hineinträgt.